괘일록
掛一錄

붕당의 주도권 확보 일환으로 빚어진 정여립의 기축옥사에 대한 야사록

괘일록
掛一錄

李肇敏 원저·申海鎭 역주

보고사
BOGOSA

머리말

이 책은 윤원형의 사위 이조민(李肇敏)이 중종 때부터 1600년대 초반까지의 크고 작은 정치적 사건을 서술하면서 붕당의 주도권 확보 일환으로 빚어진 정여립의 기축옥사도 아울러 서술한 야사록 〈괘일록(掛一錄)〉을 번역하고 주석한 것이다.

〈괘일록〉의 저자임을 스스로 밝히지는 않았지만, 후인들의 주석을 통해 이조민(李肇敏, 1541~?)이 서술한 것으로 확인된다. 그의 본관은 용인(龍仁), 호는 육물(六勿)이다. 그의 첫째부인이 원계성(元繼誠)의 딸이고, 둘째부인이 바로 윤원형(尹元衡)의 서녀이다. 곧 윤원형의 첩인 정난정(鄭蘭貞)의 소생이다.

이정귀(李廷龜, 1564~1635)의 《월사집(月沙集)》 46권에 수록된 〈홍산현감 증 승정원 좌승지 이공 묘갈명 병서(鴻山縣監贈承政院左承旨李公墓碣銘 幷序)〉에 따르면, 이조민의 고조할아버지는 이봉손(李奉孫)으로 임피 현령을 지냈으며, 증조할아버지는 이효독(李孝篤, 1451~1500)으로 사헌부지평, 호조와 병조의 정랑, 보성 군수 등을 지냈으며, 할아버지는 이홍간(李弘幹, 1486~1546)으로 공주·청주·광주의 목사 등을 지냈으며, 부친은 이향성(李亨成, 1524~1598)으로 홍산 현감(鴻山縣監)을 지냈다. 이향성은 4남 6녀를 두었으니, 아들로는 장남 조민(肇敏), 이남 근민(謹敏), 삼남 정민(貞敏), 사남 정민(靖敏)이며, 딸로는 일녀가 허경필(許鯁弼)에게, 이녀가 황진(黃璡)에게, 삼녀가 송계선(宋繼先)에게, 사녀가 신충일(申忠一)에게, 오녀가 이량(李樑)에게, 육녀가 박완도(朴安道)에게 시집갔다. 이홍간은 월사 이정귀에게 외증조가 된다. 이로써, 민인백(閔仁伯, 1552~1626)의 〈토역일기(討逆日記)〉와 비교도 물론 중요하지만, 이조민이 야사록을 서술하게 된 다양한 배경을 더 정치하게 살펴야 할 것이다.

또한 〈괘일록〉은 야사록의 문헌 전승에 있어서도 중요한 위치에 있다고 하겠다. 홍중인(洪重寅, 1677~1752)이 임진왜란 이후의 당쟁에 관한 기록물을 모아 엮은 《아주잡록(鵝洲雜錄)》에 온전히 제 모습 그대로 수록되어 있으며, 남인을 대표하는 당론서로서 붕당론에 관한 한 통사적 체계를 갖춘 최초의 저술이라고 평가되는 남하정(南夏正, 1678~1751)의 《동소만록(桐巢漫錄)》에는 참고문헌으로 밝혀져 있다. 이긍익(李肯翊, 1736~1806)의 《연려실기술(燃藜室記述)》에도 역대 왕조의 기사를 정리하는 가운데 '선조조 고사본말(宣祖朝故事本末)'의 많은 부분에서 출처를 밝히며 〈괘일록〉을 인용하고 있다. 심노숭(沈魯崇, 1762~1837)에 의해 1821년 편찬된 《대동패림(大東稗林)》에도, 또 대동패림의 지대한 영향을 받은 것으로 알려진 편찬자 미상의 《패림(稗林)》에도 수록되어 있다. 이렇듯, 〈괘일록〉은 야사록의 문헌 전승과정에서 전사자의 인식 양상에 따른 다양한 국면을 살펴볼 필요가 있을 것이다.

　조선조에 있어서 붕당 발생의 조짐으로부터 동서분당, 동인의 남북 분당까지 인물과 사건 중심으로 엮은 이 〈쾌일록〉에도 정여립의 기축옥사에 관하여 서술되어 있는지라, 이미 간행한 민인백의 〈토역일기〉와 좀 더 다양한 시선으로 비교하여 살펴보는데 도움이 되기를 바라마지않는다. 또한 이조민에 대한 작가론적 접근을 용이하게 하기 위하여 앞서 언급한 월사 이정귀의 글을 인용하여 참고자료로 덧붙여 놓았다. 〈쾌일록〉의 현전 문헌상 가장 이른 시기의 것과 가장 늦은 시기의 것으로 생각되는 자료를 이 책의 말미에 영인 자료로 첨부했다.

　늘 하는 말이지만 나름대로 최선을 다하고자 했다. 그러나 여전히 부족할 터이라 대방가의 질정을 청한다. 한결같은 마음으로 편집을 맡아 수고해 주신 보고사 가족들의 노고에 심심한 고마움을 표한다. 끝으로 이 책의 발간 날짜에 지난 7년 동안 수행한 전남대학교 대학원 국어국문학과 BK21플러스 '지역어 기반 문화가치 창출 인재 양성 사업단'의 단장직을 내려놓는다. 학과 교수를 비롯해 신진연구인력과 참여대학원생, 주위에서 후의를 베풀어주신 모든 분들께 진심으로 감사의 마음을 전한다.

2020년 7월 빛고을 용봉골에서
무등산을 바라보며 신해진

일러두기

이 책은 다음과 같은 요령으로 엮었다.

01. 번역은 직역을 원칙으로 하되, 가급적 원전의 뜻을 해치지 않는 범위 내에서 호흡을 간결하게 하고, 더러는 의역을 통해 자연스럽게 풀고자 했다. 다음의 번역서가 참고 되었다.
  『국역 연려실기술』 13권·14권·18권, 한국고전번역원, 1967.
  『정여립이여, 그댄 정말 모반자였나!』, 이희권, 신아출판사, 2006.

02. 원문은 저본을 충실히 옮기는 것을 위주로 하였으나, 활자로 옮길 수 없는 古體字는 今體字로 바꾸었다.

03. 원문표기는 띄어쓰기를 하고 句讀를 달되, 그 구두에는 쉼표(,), 마침표(.), 느낌표(!), 의문표 (?), 홑따옴표(' '), 겹따옴표(" "), 가운데점(·) 등을 사용했다.

04. 주석은 원문에 번호를 붙이고 하단에 각주함을 원칙으로 했다. 독자들이 사전을 찾지 않고도 읽을 수 있도록 비교적 상세한 註를 달았다.

05. 주석 작업을 하면서 많은 문헌과 자료들을 참고하였으나 지면관계상 일일이 밝히지 않음을 양해바라며, 관계된 기관과 여러분들께 진심으로 감사드린다.

06. 이 책에 사용한 주요 부호는 다음과 같다.
  1) ( ) : 同音同義 한자를 표기함.
  2) [ ] : 異音同義, 出典, 교정 등을 표기함.
  3) " " : 직접적인 대화를 나타냄.
  4) ' ' : 간단한 인용이나 재인용, 또는 강조나 간접화법을 나타냄.
  5) < > : 편명, 작품명, 누락 부분의 보충 등을 나타냄.
  6) 「 」 : 시, 제문, 서간, 관문, 논문명 등을 나타냄.
  7) 《 》 : 문집, 작품집 등을 나타냄.
  8) 『 』 : 단행본, 논문집 등을 나타냄.

07. 이 책에서는 역문과 원문에 임의로 일련의 번호를 달아 서로 대조하기에 편리하도록 하였다.

차례

괘일록
掛一錄

괘일록

(협주: 사계(沙溪: 김장생)가 그의 아버지인 황강(黃岡: 김계휘)의 행장을 지으면서 이르기를, "김효원(金孝元)은 후진들에게 추대를 받고 있었는데, 심의겸(沈義謙)이 일찍이 김효원이 과거 공부를 할 때, 윤원형(尹元衡)의 첩의 사위와 사귀는 것을 보고서 그가 이조 전랑(吏曹銓郞)으로 선발되는 것을 저지한 적이 있었다."고 하였는데, 이른바 윤원형의 첩의 사위가 아마도 괘일록(掛一錄)을 찬한 자인 듯하다.)

[1] 중종(中宗)의 전 왕비와 후 왕비는 모두 윤씨(尹氏)이다. 전 왕비는 장경왕후(章敬王后)이고 후 왕비는 문정왕후(文定王后)인데, 인종(仁宗)이 탄생한 날에 장경왕후가 승하하였고, 문정왕후는 경원대군(慶源大君)을 낳았으니 곧 명종(明宗)이다. 대윤(大尹)이니 소윤(小尹)이니 하는 말이 이때부터 시작되었다.

　인종이 동궁(東宮)에서 덕을 길러 성학(聖學)이 일찍 성취되고 행동이 모두 법도를 따랐으며, 날마다 유신(儒臣)들과 고서(古書)를 강론하는데 낮이나 밤이나 게을리 하지 않았다. 당시의 선비들도 집에서 행실을 닦고 삼가 훗날 등용되어 나아갈 계책으로 삼고는 눈을 비비며 기다렸다. 그리하여 유학의 기풍이 크게 진작되어 덕화가 사방으로 퍼지니, 사람들은 미소년이 요순과 같은 임금이 될

것이라며 칭송하였고 중종(中宗)도 애지중지하였다. 그러나 피부에
젖어들 듯한 참소(讒訴)가 날이 갈수록 더 깊어지니, 그 형세가 의지
할 데 없고 위태로웠다.

이 당시 김안로(金安老)가 죄를 지어 외방에 있었는데, 조정에서
의논하여 동궁을 보좌하도록 그를 불러들여 좌의정을 삼았다. 대개
그의 아들 연성위(延城尉: 金禧)의 부인인 공주(公主: 孝惠)가 인종의
친누이였기 때문이다. 김안로는 천성이 음험하고 악독하였는데,
뜻을 얻게 되자 허원(許沆: 詐沆의 오기)·채무택(蔡無擇)·이무선(李茂
先)을 매와 사냥개로 삼아 자기와 뜻이 다른 자를 물리치고 제거하
였다. 그 재앙이 선비들에게까지 임박하니, 중종(中宗)이 그를 미워
하여 대사헌 양연(梁淵)에게 밀지를 내려서라도 먼 곳으로 귀양을
보내고 사사하였다. 이후로 조야(朝野: 조정과 민간)가 조금 안정되었
으나, 양궁(兩宮: 인종과 명종) 사이를 서로 헐뜯는 참소가 시간이 지
날수록 더욱 심각해졌다. 대신과 삼사(三司: 사헌부, 사간원, 홍문관)는
날마다 들뜬 공론을 진정시켜야 한다고 임금에게 아뢰었다.

인종(仁宗)은 자질이 순수하고 선한데다 지극한 효성을 타고났으
니, 환관과 궁녀들이 감화되지 않는 이가 없었다. 그러나 문정왕후
(文定王后)는 조금도 보호할 마음이 없었고 인종을 저주한 사실이
발각되자, 박 숙의(朴淑儀: 경빈박씨)와 그녀의 아들 복성군(福城君)에
게 덮어씌워 모자 모두 사약을 내려 죽게 하니, 사람들이 다 원통하
게 여겼다. 가정(嘉靖) 정해년(1527) 2월 26일에 동궁에서 해방(亥方:

서북방)이 되는 땅에 그슬린 쥐 한 마리를 달아매고 물통을 만든 나뭇조각에 비방하는 글을 써서 함께 걸었다. 이때 인종(仁宗)이 동궁으로 있었는데, 인종은 해년생(亥年生)이고 2월 26일은 바로 탄신일이었다. 해(亥)는 돼지에 속하는데 쥐가 돼지와 같은 부류였기 때문에 이때의 여론이 동궁을 저주한 것이라 하였다. 궁중에서는 경빈박씨(敬嬪朴氏)를 지목하여 그 시녀 및 당성위(唐城尉: 洪礪, 경빈박씨 소생 慧靜翁主의 부군)의 노복들이 곤장에 많이 죽었다.

갑진년(1544) 11월 중종이 승하하자, 인종은 몹시 애통해하여 몸이 여윌 정도로 예(禮)에 지나쳤고 밤낮으로 소리를 내어 울었다. 아침저녁으로 문정왕후(文定王后)에게 문안을 하고 잠자리를 돌보았지만, 문정왕후는 오히려 대하는 것이 매우 모질었다. 이 때문에 인종의 옥체가 편치 못하고 상하여 다음해 7월 2일에 승하하고 말았다. 깊고 외진 산골짜기의 어린아이와 아낙네까지도 달려와 울부짖지 않음이 없었고 마치 부모를 잃은 듯이 하였으니, 성덕(盛德)이 골수에 깊이 사무치지 않고서 어찌 이 같을 수 있으랴? 오직 소윤당(小尹黨)의 사람들만 갓에 쌓인 먼지를 털며 벼슬할 마음에 서로 축하하면서 득의양양하였다. 상복(喪服)을 입는 날에 모든 관료들이 줄지어 서 있는데 윤원형(尹元衡)과 이기(李芑)가 종종걸음으로 들어오자, 교리(校理) 정황(丁熿)이 바라보고 격분하여 꾸짖었다.

"이 사악한 자들의 기색을 보니 통탄스러움이 막심하구나."

정황(丁熿)은 본디 두터운 명망이 있었지만 거제도(巨濟島)로 귀양을 가서 죽었다.

[2] 명종(明宗)이 즉위하니, 나이가 겨우 12세이었다. 그래서 문정왕후(文定王后)가 수렴청정을 하자, 이기(李芑)와 윤원형(尹元衡)이 권력을 잡고 마음대로 행사하였다. 문정왕후가 대신들에게 밀지를 내려 일렀다.

"우의정 류관(柳灌)·이조판서 류인숙(柳仁淑)·병조판서 윤임(尹任)과 수찬 이휘(李輝: 李煇의 오기)·이조 정랑 이중열(李仲說: 李中悅의 오기) 등이 맏아들을 왕으로 세우고 어진 이를 골라서 세워야 한다는 주장을 공공연히 지껄였으니 종묘사직을 위태롭게 하고자 함일러라."

그때 삼사(三司)는 모두 인종(仁宗)의 성스런 교화에 젖은 정인군자(正人君子: 마음씨 올바른 군자)들로 중학(中學: 중부학당)에 회합하고 연명으로 소장(疏章)을 올려 논주(論奏)하였는데, 말과 글이 굳고 곧으니 늠름한 기상은 범할 수 없었다.

헌납(獻納) 백인걸(白仁傑)이 홀로 남아 아뢰었다.

"대사헌 민제인(閔齊仁)과 대사간 김광준(金光準) 등은 밀지가 내려졌다는 말을 듣고 대신들의 집을 뛰어다니는 것이 명령을 전달하는 군졸(傳令軍卒)과 같았사옵니다."

문정왕후(文定王后)가 크게 노하여 즉시 백인걸(白仁傑)을 잡아가두고 국문하도록 하였다.

찬성(贊成) 권벌(權橃)이 차자(箚子)를 올려 류관(柳灌) 등의 원통한 옥사(獄事)에 있어서 억울함을 벗겨 구원하려 했으나, 정순붕(鄭順朋)도 같은 날에 차자(箚子)를 올렸는데 말이 극히 흉악하고 참혹한 것은 일망타진할 계책으로 삼은 것이니, 류관·류인숙(柳仁淑)·윤임(尹任) 모두가 사사되었다. 한림(翰林) 안명세(安名世)가 '중종의 빈소 앞에서 삼사와 대신들을 죽였다(殯前殺三司大臣).'고 크게 썼는데, 동료 한지원(韓智遠)이 이를 누설하였다. 윤원형(尹元衡)이 사필(史筆: 역사를 기록한 필법)을 조사하고 상고할 것을 청하자, 안명세가 자수하여 말했다.

"그것은 신(臣)이 쓴 것이니 사필(史筆)을 조사하고 상고할 필요가 없습니다."

그날로 조복(朝服)을 갖추어 입히고 기시형(棄市刑: 교수형 이후에 시체를 길거리에 버려지는 형벌)을 집행했는데, 안명세는 말하는 것이나 웃는 것이 평상시와 전혀 다름없이 동요하지 않고 형벌을 받으러 나아가면서 그의 아들을 돌아보며 말했다.

"부디 과거에 응시하지 말거라."

이로부터 사람들의 마음이 위축되고 기가 꺾여서 길거리에서는 만나도 눈인사만 하였다.

응교(應敎) 윤결(尹潔)은 문장과 절의가 당대에 뛰어났는데, 능원위(綾原尉: 중종의 셋째사위) 구사안(具思顔)과 술을 마시다가 술잔을 내려놓고 크게 한탄하여 말했다.

"안명세(安名世)의 충성스런 의기가 온 우주에 떠돌거늘, 우리들은 참 보잘것없구나."

그리하여 능원위(綾原尉)는 다음날 고변하였고, 윤결(尹潔)은 몽둥이질에 죽었다. 능원위의 동생은 찬성(贊成) 구사맹(具思孟)이다. 구사맹이 겉으로야 소박하고 우아해 보이지만 속으로는 실로 남의 재능을 시기하고 능멸하였는데, 권력을 잡은 지 여러 해 동안 탐욕스럽고 독살스럽기가 그지없었다. 그의 아들 구성(具宬)은 기축역변(己丑逆變: 정여립의 역모사건) 때 헌납(獻納)으로 있으면서 처사(處士) 수우당(守愚堂) 최영경(崔永慶)을 모함하여 죽였다. 구씨 집안이 대대로 악행을 저지른 것은 말할 수도 있겠지만 말하면 추해진다.

이조 정랑(吏曹正郎) 오윤겸(吳允謙)이 강첨(姜籤)을 장령(掌令)으로 삼자, 그 당시 무리[時流: 윤원형의 당여]들이 말했다.

"그는 필시 우리들에게 쓰이려 하지 않으리라."

과연 강첨이 경연(經筵)에서 구사맹이 권력을 탐하여 사사로운 정을 따르고 공정한 도리를 능멸한 죄를 맨 먼저 따지니, 구사맹은 다음날 체직(遞職)되었다. 강첨은 구차히 세속과 화합하지 않는 강직함을 지녀 청빈함으로 스스로를 지켰고, 남의 선행 좋아하기를 내가 행한 것처럼 하였다. 관직이 대사헌에 이르렀으나, 임종하는 날에 집에는 빈렴(殯斂: 염하여 초빈하는 것)할 옷조차 없었다.

찬성(贊成) 회재(晦齋) 이언적(李彦迪) 선생은 강계(江界)에서 객사하였고, 찬성 권벌(權撥)은 유배지에서 죽었다. 이 찬성(李贊成: 이언적)의 본관은 경주(慶州)이고, 권 찬성(權贊成: 권벌)의 본관은 안동(安東)이다. 일시에 잡혀서 같은 날 충주에 도착하였는데, 탄수(灘叟) 이 교리(李校理: 이연경)가 용탄(龍灘)에 있다가 이 찬성을 찾아가 보니 근심스러운 낯빛으로 기꺼워하지 않으면서 나라가 위태하고 망할까 걱정하였으며, 권 찬성을 찾아가니 크게 웃고서 맞아들이며 말했다.

"이 찬성과 권 찬성이 일시에 함께 도착했으니 어찌 이리도 빛나는가?"

조금도 걱정하는 기색이 없었으니, 탄수가 사람들에게 말했다.

"이 찬성은 나라에 대한 걱정을 죽을 지경에 이르러서도 잊지 못하였고, 권 찬성은 화가 되던지 복이 되던지 개의치 않고 모두 잊었는데, 가히 두 사람 모두 잘한 것으로 생각할 만하다."

탄수(灘叟) 이연경(李延慶)은 기묘완인(己卯完人: 기묘사화 때 사림으로 처신을 잘한 명현)이다.

[3] 교리(校理) 정언각(鄭彦愨)이 장촌역(長村驛)을 지나면서 역(驛)의 벽에 글이 붙은 것을 보았는데, 그 글에는 다음과 같이 쓰여 있었다.

"계집 임금이 정권을 잡고 간신이 권력을 휘두르니, 나라가 망하는 것을 가만히 앉아서 기다릴 따름이다."

정언각(鄭彦愨)이 벽서(壁書)를 떼어다 고변하였다. 그리하여 사류(士類)에 대한 재앙의 불길이 더욱 치성하였는데, 이미 귀양을 간 자는 모두 사사되었고 미처 귀양을 가지 못한 자는 곤장에 죽었으니 현인과 군자들이 모두 어육이 되고 말았다. 대략 들어서 기록하니, 벽서는 바로 정언각이 손수 쓴 것이다. 규암(圭庵) 송인수(宋麟壽)·대사헌 구수담(具壽耼)·승지 이림(李霖)·직학(直學) 임형수(林亨秀)·참봉 나식(羅湜)·참판 한주(韓澍)는 모두 귀양지에서 죽었으며, 이중열(李中悅)·이휘(李輝: 李煇의 오기)·주서(注書) 이덕응(李德應, 협주: 윤임의 사위)은 모두 기시형(棄市刑: 교수형 이후에 시체가 길거리에 버려지는 형벌)을 받았으며, 사간(司諫) 곽순(郭珣)·장령(掌令) 정희등(鄭希登)·사간 박광우(朴光佑)는 모두 곤장을 맞아 죽었다.

박광우는 기묘사화(己卯士禍) 당시 태학생(太學生)이었다. 정암(靜庵) 조광조(趙光祖)가 죄를 입었을 때, 성균관(成均館)과 사학(四學)의 유생(儒生) 1천여 명을 이끌고 대궐의 뜰에서 목 놓아 슬피 울며 날마다 소장(疏章)을 무려 10여 차례나 올렸다. 중종이 중사(中使: 내시)로 하여금 그들을 달래어 대궐의 뜰에서 내보내게 하였으나, 유생 등은 고집스레 간쟁하였다. 이에 중종이 위사(衛士: 근위병)와 금군(禁軍: 친위군)으로 하여금 달려가 그들을 쫓아내게 하였다. 박광우는 머리를 대궐 문에 부딪쳐 흘러내리는 피로 얼굴에 범벅이 되자 자기의 옷소매를 찢어 머리를 싸매고 누워 입으로 불러주며 김로(金魯)·이찬(李澯)으로 하여금 붓을 잡도록 하여 좌우에서 받아쓰게 하였는데, 글을 짓기 위한 생각을 쏟아내어 상소문을 짓는데 미처 따라가며 쓰지 못했으니, 그의 문장이 호한함을 가히 알 수 있다. 두 아들이 있었으니, 장남은 박수(朴受)로 역학(易學)에 정통하였으며, 차남은 박의(朴宜)로 또한 사류(士流)로서 관직이 양주 목사(楊州牧使)에 이르렀는데, 둘 다 척암(惕菴: 金謹恭의 호)의 문하로 사림들이 중히 여겼다.

지평(持平) 김저(金䃡)·처사(處士) 성우(成遇)·장원리(掌苑吏) 박수경(朴守敬: 朴成蕃의 오기)은 곤장을 맞아 죽었으며, 이조 좌랑 노수신(盧守愼)은 진도(珍島)로, 정랑(正郎) 이광록(李光祿, 협주: 李芑의 조카)은 강계(江界)로, 정언(正言) 김난상(金鸞祥)은 해남(海南)으로, 응교(應敎) 류희춘(柳希春)은 종성(鐘城)으로, 장령(掌令) 권물(權勿)은 순천(順天)으로, 사인(舍人) 류감(柳堪)은 온성(穩城)으로, 승지 이문건(李聞建: 李文楗의 오기)은 성주(星州)로 각각 귀양 갔다.

백인걸(白仁傑)은 찬성(賛成) 허자(許磁)와 어릴 적 벗이었는데, 백인걸이 죽기에 이르자 허자가 죄 없음을 밝혀 구원해주어서 벼슬이 삭탈된 채로 고향으로 내쫓겼다. 노수신은 응교(應敎) 윤춘년(尹春年)과 같이 공부하던 친구였는데, 윤춘년이 윤원형(尹元衡)의 5촌 조카로 재주와 문장이 풍부하였고 윤원형의 심복으로서 을사년(1545)의 사화를 일으켰었다. 때문에 노수신은 죽는 화를 면할 수 있었지만, 그 나머지 명망 있는 인사들은 각기 죄의 경중에 따라 금고(禁錮: 벼슬길을 막음)가 되거나 보외(補外: 지방관으로 좌천)되어 개략적이라도 다 기록할 수가 없다.

[4] 윤원형(尹元衡)이 그의 형 윤원로(尹元老)를 죽였을 때, 윤춘년 (尹春年)은 윤원형의 뜻을 살펴서 그의 마음에 들도록 임금에게 차 자(箚子)를 올려 윤원로의 죄악을 아뢰며 말했다.

"차라리 윤원로를 저버릴지언정 차마 전하를 저버릴 수 없사옵 니다."

이로써 윤원로는 즉시 옥에 갇혔다가 사사되었다. 대개 윤원로 는 요사스럽고 망령되었는데 음관(蔭官)으로서 그의 동생 윤원형과 권력을 다투며 무도한 말을 많이 퍼뜨렸다. 그로써 화를 불렀으니, 사람들은 윤원형이 그의 형을 죽인 것이 아니라 윤춘년이 실은 당 숙(堂叔)을 죽인 것으로 여겼다. 윤춘년은 벼슬이 판서에까지 이르 렀으나 성격이 교묘한 수단으로 남을 그럴 듯하게 속였는데, 유가 서(儒家書)와 방외서(方外書)까지 널리 읽고 후학들을 불러들여 공론 을 다지면서 선비들을 우롱하고 자기의 죄악을 엄폐하려 하니, 식 자(識者)들이 더욱 통분하였다.

백관들이 조정에서 봉성군(鳳城君)을 법에 따라 죄 주기를 청하니 사약을 내려 스스로 목숨을 끊도록 하였는데, 그 화가 계림군(桂林 君, 협주: 중종의 아들. 이것은 봉성군의 협주인 듯)에까지 미쳤다. 계림군 은 도망하여 안변(安邊)의 석굴(石窟)에 숨었는데, 계림군(桂林君)의 사내종이 토산(兔山)을 지나다가 도직(盜直: 도적을 지키는 사람)에게 체포되어 계림군이 있는 곳을 알리자, 계림군이 잡혀와 정강이를 맞으며 신문을 당하여 없는 죄를 자복하고 기시형(棄市刑: 교수형 이

후에 시체를 길거리에 버려지는 형벌)을 받았다.

　퇴계(退溪) 선생의 사적은 그의 유집(遺集)에 전해오시만 시말이
자세하지 않으나, 형이 무고하게 화를 당하자 애석하게 여겨 응교
(應敎)로 있으면서 해직을 청하고 고향으로 내려와서는 종신토록
벼슬하지 않았다.

　석천(石川) 임억령(林億齡)이 사림(士林)들이 장차 낭패를 당할 것
을 알고 역시 고향으로 내려와서는 종신토록 벼슬하지 않았다. 내
려올 때에 동료들이 강가에서 송별하였는데, 석천은 시를 읊고 그
의 동생 임백령(林百齡)에게 주었으니, 이러하다.

　　한강 물에 말을 전하나니,　　　　　　　寄語漢江水
　　고요히 흐르고 물결일랑 일지 말라.　　　安流莫起波

　임백령은 윤원형(尹元衡)의 당여(黨與)로 위사공신(衛社功臣) 1등에
숭선부원군(崇善府院君)으로 책봉되고 관직이 1품직[一品職: 右贊成]
에 이르렀지만, 중국 갔다가 돌아오는 도중에 죽었다. 석천이 태인
(泰仁) 피향정(披香亭)을 지나다가 시를 지었으니, 이러하다.

　　원량이 새로 땅에 묻혔고　　　　　　　元亮新埋地
　　고운은 그 옛날 하늘에 올랐다.　　　　　孤雲舊上天
　　다만 못 물만이 남아 있어　　　　　　　空餘池水在
　　흰 이슬은 가을 연꽃에 떨어진다.　　　　白露滴秋蓮

그 기상이 초연하고 대범함을 알 수 있다. 원량(元亮)은 영천자(靈川子) 신잠(申潛)의 자(字)로 기묘년(1519) 현량과(賢良科)에 급제한 사람이다.

규암(圭菴) 송인수(宋獜壽: 宋麟壽의 오기)는 덕망이 세상을 덮을 만하여 사림(士林)들이 태산북두(泰山北斗)처럼 의지하였다. 대사헌 구수담(具壽聃)은 기묘년의 나머지 어진 이로 몸가짐이 반듯반듯하고 그것이 의(義)가 아니면 터럭 하나라도 구차하게 취하지 않았으며 학문에 뜻을 두어 소견이 월등히 뛰어났는데, 여러 차례 큰 화란을 겪고도 〈죽고 사는 것은 천명에 달렸으니〉 조용히 기다리다가 임종할 때에 목욕하고 옷을 갈아입고서 세상을 떠났다. 이림(李霖)은 남명(南溟: 南冥의 오기) 선생이 언급하며 오열하였으니, 그 사람됨이 알 만하다. 임형수(林亨秀)는 헌걸찬 기남자(奇男子: 재주가 남달리 뛰어난 남자)로 시를 잘 지었는데, 죽을 적에 독이 든 술을 받들고 크게 웃으면서 말했다.

"이 술은 주고받는 예가 없지만, 유쾌히 마시고 세상을 떠나려네."

나식(羅湜)은 북쪽을 향해 두 번 절하는데 임금이 지척에 있는 듯이 꿇어앉았다가 일어나기를 매우 공손히 하니, 금오랑(金吾郞: 의금부도사)들이 서로 말했다.

"조용히 죽음을 맞이하기로는 참봉 나식(羅湜)이 으뜸이다."

사간(司諫) 곽순(郭珣)의 신도비(神道碑)는 소재(蘇齋: 盧守愼)가 찬했는데, 곽순이 죽을 적에 노비에게 말했다.

"나의 상여(喪輿)가 충주(忠州)에 도착하기만 하면 근심이 없으리라."

노비는 미처 그 뜻을 깨닫지 못하다가 충주에 도착하니, 탄수(灘叟: 李延慶) 선생이 발인(發引)하는데 필요한 모든 물건을 일일이 갖추고 기다렸으며 호상군(護喪軍)도 함께 고개를 넘어 돌아가게 하였다. 소재(蘇齋: 盧守慎)와 주천(舟川: 康惟善)은 탄수(灘叟)의 사위들이다.

기묘년(1519)의 명현들이 중종조(中宗朝)에서는 미처 신원되지 못한 채, 인종(仁宗)이 즉위하자 태학생(太學生)들이 세 번 소장(疏章)을 올렸는데, 소장은 내용이 완연히 절절하여 귀신을 울릴 만하였으니 바로 주천(舟川)이 지은 것이었다. 인종이 비답(批答)하여 말했다.

"그대들이 옳고 그름을 말하는 것은 옳지만, 옳고 그름을 확정하도록 기약하는 것은 그대들이 할 일이 아니니 우선 책을 읽도록 하라."

인종이 임종할 때에 특별히 비망기를 내려 기묘년의 명현들 모두 관작을 회복하게 하였다. 수우당(守愚堂: 崔永慶) 선생은 항상 주천(舟川)의 사람됨을 일컬으면서, 불편한 심기가 쌓일 때에 주천이 지은 소장(疏章)을 펼쳐 읽으면 기분이 활기차게 된다고 하였다.

[5] 소재(蘇齋: 盧守慎)는 관직이 좌의정에 이르렀는데, 〈숙흥야매잠주(夙興夜寐箴註)〉와 〈인심도심변(人心道心辨)〉은 후학의 나침반이 되었다. 미암(眉菴: 眉巖의 오기) 류희춘(柳希春)은 관직이 예조판서

겸 부제학(副提學)에 이르렀는데, 학문이 해박하였으니 읽지 않은 책이 없었다. 백인걸(白仁傑)은 대사헌이 되었고 김난상(金鸞祥)은 대사간이 되었는데, 정직하고 강경한 것이 늙을수록 더욱 왕성하였다. 정희등(鄭希登)은 담론할 때면 의기(意氣)를 숭상하고 평생토록 명예와 절조를 자부하였다.

김저(金儲)는 기묘명신(己卯名臣) 이조 참판 김세필(金世弼)의 아들이다. 그 명예와 절조에는 유래가 있었던 것이니, 김세필이 쫓겨나 충주(忠州) 땅에 살고 있을 때 승려에게 시를 지어 주었는데, 이러하다.

> 숲 아래에서 영철을 만나 부끄러우니　　　　却慚林下逢靈澈
> 벼슬을 쉬는 게 아니라 쫓겨난 것이네.　　　不是休官是黜官

김세필(金世弼)은 학문이 해박하였으니 늘 경연(經筵)에 들어갈 때면 의리가 막힘없이 통하여 임금을 감동시켰다. 비록 정암(靜菴: 靜庵의 오기) 선생이라도 스스로 따라갈 수 없다고 여겼다. 검암서원(劍巖書院)에 배향되었다.

이중열(李仲悅: 李中悅의 오기)은 이름난 정승이었던 판서 이윤경(李潤慶)의 아들이다. 이휘(李輝)는 맑은 명망을 스스로 지킨데 비해, 이덕응(李德應: 윤임의 사위)은 어리석고 겁이 많은데다 터무니없는 막말을 해서, 박수경(朴守敬: 朴受敬의 오기)이 속으로 그를 미워하여 맛본 진미(珍味)를 옥에 갇힌 제현(諸賢)에게까지 두루 미치도록 했으나 이덕응에게는 주지 않았다. 수경(守敬: 朴受敬의 오기)이란 자는 윤임(尹任)이 가까이 여겨서 신임한 사람이었다. 윤씨 집안의 화(禍)가 이덕응으로 인하여 더욱 기승을 부리게 되었던 것도 이 때문이었다. 처사(處士) 성우(成遇)는 대곡(大谷: 成運) 선생의 형으로 생각하는 바나 취미가 서로 같아서 서로 우열을 가릴 수가 없었다.

사간(司諫) 송희규(宋希奎)는 체격이 왜소했고 타고난 체질이 쇠약했는데, 윤원형(尹元衡)의 무리들이 그 사람됨을 가볍게 여기고 으르며 협박하자, 송희규가 말했다.

"내 살을 점점이 베어낸다 해도 어찌 받아들일 수 있으랴? 사특한 의논을 따를 수가 없으니 나를 내쳐라."

권 찬성(權贊成: 權橃)이 이를 듣고서 무릎을 치고 탄식하여 말했다.

"용모로 사람을 취할 것이 아니다. 이후로 아들을 낳으면 재주가 있든 없든 모두 교육시켜야 되겠다."

수찬(修撰) 김취문(金就文)은 송당(松堂) 박영(朴英)의 문하에서 가르침을 받았는데, 인종(仁宗) 즉위 초에 상소하여 초상(初喪)과 길례(吉禮)의 잘못을 조목조목 아뢰니, 인종이 깨닫고 감탄하였다. 오래지 않아 모친상을 당하여 이 때문에 을사사화라는 큰 화를 면할 수 있었다. 사람됨이 단정하고 준수한데다 오로지 심학(心學)에만 마음을 써서 사림(士林)의 추앙을 받았다.

[6] 이기(李芑)·윤원형(尹元衡)·정순붕(鄭順朋)이 괴수가 되어 임백
령(林百齡)·최보한(崔輔漢)·김명윤(金明胤)·최연(崔演)·민제인(閔齊
仁)·김광준(金光準)·허자(許磁)·정언각(鄭彥慤)이 정난공신(定難功臣:
衛社功臣의 오기)을 위차 있게 책봉되었다. 정순붕과 김명윤은 기묘
년(1519) 현량과(賢良科)의 급제자이다. 만년에 사림들을 해치고 종
묘사직을 위태롭게 하려는 모의를 하느라 못하는 짓이 없었다. 대
개 명성이 관 뚜껑이 덮인 뒤에라야 정해진다는 것은 바로 이들을
두고 한 말이다. 허자와 민제인은 후회하고 있던 것을 말하는 가운
데 나타내는 바람에 공훈이 삭제되고 멀리 귀양을 갔다.

　탄수(灘叟: 李延慶) 선생이 하루는 일 때문에 도성 안의 본가에 들
어갔는데, 정순붕(鄭順朋)이 찾아와서 말했다.
　"류인숙(柳仁淑)은 우리들이 정인군자(正人君子: 마음씨가 올바르며
학식과 덕행이 높고 어진 사람)로 여겼었는데, 뜻밖에 오늘날 음흉한
모략이 이 지경에 이르렀으니 공의 뜻에는 어떠하오?"
　탄수(灘叟) 선생이 말했다.
　"내 생각으로는 지금도 정인군자라고 여기오."
　그러자 정순붕은 부끄러워하면서 물러났다. 류정(柳貞)이 곁에
있다가 두려워하면서 말했다.
　"호랑이 앞에서 춤을 추는 것은 사람마다 모두 위험하다고 하는
데, 공은 어찌하여 그런 말씀을 하신 것이오?"

탄수 선생이 웃으며 말했다.

"이령(耳齡: 정순붕의 字)이 교활하게 원명(原明: 류인숙의 字)을 죽인 것은 재물을 얻을 수 있는 기회로 삼아 자기 자손을 위함이네. 그러나 만약 나를 해치면 다만 친구를 죽였다는 이름만 남을 뿐 자기에게 이로울 일이 아무 것도 없네. 그러니 나는 걱정할 일이 전혀 없네."

어떤 사람이 시 한 편을 던지고 갔는데, 그 시는 이러하다.

성시의 티끌이 어찌 몸을 더럽히리오	城市風塵豈被身
녹문의 높은 절개는 정히 사람을 놀래네.	鹿門高節正驚人
음애의 영혼이 아직 지하에 있다면	陰崖地下精靈在
응당 자주 오가는 왕량을 부끄러워하리라.	應愧王良屑屑頻

(협주: 음애(陰崖)는 기묘년 명재상 이자(李耔)의 호이다. 기묘사화 때 공훈이 삭탈되어 검암(劍巖)에 물러나 살면서 노를 젓거나 나귀를 타며 탄수(灘叟: 이연경)와 서로 어울려 지냈다. 검암서원에는 음애·김 참판(金參判: 金世弼)·탄수 세 현인이 배향되어 있다.) 선생은 깜짝 놀랐다가 그 다음날 고향으로 돌아갔는데, 어떤 자가 그 시를 심언광(沈彦光)이 지은 것이 아닐까 의심하였다. 심언광은 문장에 능한 선비여서 일찍부터 명성이 있었으나, 나중에 김안로(金安老)에게 아부하였다.

북창(北窓) 정렴(鄭磏)은 정순붕(鄭順朋)의 아들로 자기 아버지가 간언하지 않을 줄 알고 몹시 걱정하다가 피를 토하며 죽었다. 선인

의 풍모와 도사의 골격으로 남달리 뛰어난 풍채는 우리 동방의 여
동빈(呂洞賓)이라 하겠고, 의술·잡술·천문·지리 등 정밀히 음미하
지 않은 것이 없었으며 역학(易學)이 더욱 잇달아 일어났다.

[7] 기유년(1549) 옥사(獄事: 李洪男 형제의 옥사) 때에 귀천을 막론하
고 패가하거나 멸족된 자가 수십여 명이었다. 주천(舟川) 강유선(康
惟善: 李延慶의 사위)이 곤장을 맞고 죽었는데, 노 상국(盧相國: 盧守愼,
李延慶의 사위)이 지은 묘갈명의 그 끝부분에 일렀다.

"매번 이런 생각을 할 때마다 다만 하늘을 우러르며 가슴을 치다
가 다시 다른 사람으로 하여금 치게 하여 백 번 치고 천 번 치고
만 번 치는데 이르기까지 그치지 않았다."

주천(舟川)의 형 강경선(康景善)도 옥사에 연좌되어 양반 신분을
박탈하여 서인(庶人)이 되었다. 품성이 준엄하고 도량까지 혼연히
갖추었는데 그의 아우와 뜻이 같고 도(道)도 합치되자, 주천을 한
집안의 엄한 사우(師友)로 공경하고 중히 여겼다. 호는 극재(克齋)이
다. 소재(蘇齋: 노수신)·하서(河西: 김인후) 두 선생 및 김문지(金文之)
와 도의지교(道義之交)를 맺었다. 문지(文之)는 김취문(金就文)의 자
(字)이다.

이홍남(李洪男)의 동생인 이홍윤(李洪胤)은 연성(延城: 김희, 尹任의
오기)의 사위로 경박한 젊은이였다. 이홍남은 그의 아버지 이약빙
(李若氷)이 정미사화(丁未士禍: 양재역 벽서사건)에 연루되어 사사된 것

에 연좌되어 영월(寧越)에 유배되어 있었다. 이약빙은 기묘년의 이름난 선비였지만 얕은 땅에 묻혀 있었으니, 이홍윤이 그 이장하는 일을 주관하면서 새 묘지 터를 잡고 이홍남에게 편지를 보내어 말했다.

"제왕(帝王)·제후(諸侯)·장수(將帥)·재상(宰相)이 나올 만한 산입니다."

또 말했다.

"폐조(廢朝: 연산조)가 사람을 죽인 것이 갑자년(1504: 갑자사화)과 을축년(1505)에 극에 달하여 끝내 병인년의 화[丙寅之禍: 中宗反正]가 있었으니, 금상(今上: 명종)도 또한 어찌 능히 오래 왕위에 있을 수 있겠습니까?"

이홍남(李洪男)은 이홍윤(李洪胤)의 편지를 봉해서 곧바로 전한(典翰) 정유길(鄭惟吉)에게 보내어 고변하도록 하니, 정유길은 마치 호랑이를 탄 형세를 만난 듯 마지못하여 편지를 승정원에 올렸다. 문정왕후(文定王后)가 임금의 뜻을 전하여 역마를 타고 올라오게 하니, 이홍남이 상복을 입은 채로 거만스럽게 역마를 달려 궐문에 도착하였다. 문정왕후가 대의에 입각하여 친족의 정을 끊은 것으로 술을 내렸다. 이홍남이 차비문(差備門) 밖에서 술에 취해 쓰러지니, 출입하는 사람들이 통분해 마지않았다. 이홍남은 아버지의 상중에도 공조참의(工曹參議)가 되었다.

이약빙(李若氷)이 일찍이 두 아들을 데리고 탄수(灘叟: 이연경)을 찾아와 자만하는 듯한 기색이 있었는데, 이약빙이 돌아간 후에 탄수 선생이 말했다.

"그에게 두 아들이 있는 것은 나에게 아들이 없는 것만 못하도다."

선생의 사람을 알아보는 것이 이와 같았다.

초당(草堂) 허엽(許曄)이 대사간이었을 때, 이홍남의 아들 이민각(李民覺)이 자기 아버지를 위해서 다스리기 편한 고을을 구하자, 초당이 그를 공박하여 말했다.

"그 아버지가 어떤 사람인데, 감히 어버이 봉양을 핑계로 삼아 편한 벼슬자리를 구하려 한단 말이냐?"

당시 사람들이 통쾌하게 여겼다.(협주: 초당(草堂) 허엽(許曄)은 기묘년의 이름난 현인으로 어진 이를 높이고 선비들에게 겸손한 것이 지극한 정성에서 우러나왔으니, 학자들이 초당선생이라고 불렀다.)

결국 이홍윤(李洪胤)은 없는 죄를 자복하고 기시형(棄市刑: 교수형 이후에 시체를 길거리에 버려지는 형벌)을 받았다.

흉악한 무리들이 조정에 가득하여 사람들이 기개가 꺾여서 두려움에 떨며 무서워해 편치 못하였으니, 그 무리들이 소학(小學)으로써 화를 뒤집어씌우는 구실로 삼자 부형(父兄)들이 그 자제를 경계하며 일체 금지하였다. 선비들의 습속이 야박해지고 미쳐 날뛰며 방자하였는데, 만일 한 행실이 뛰어난 선비가 있으면 미친 선비로 여겨 무리들이 그때마다 공격하여 몸을 사리도록 하였다. 하늘의 도[天道]는 지극히 신묘하였으니, 이기(李芑)가 탑전(榻前)에서 국사

를 아뢰다가 말이 끝나기도 전에 갑자기 죽었고, 정언각(鄭彦慤)은
입궐하다가 말에서 떨어져 피로 토하며 죽었고, 임백령(林百齡)과
최연(崔演)은 중원(中原)에서 죽었고, 정순붕(鄭順朋)도 오래지 않아
잇달아 죽었다.

[8] 신중하지 못하고 경박하여 출세에만 급급한 무리들이 각각
사당(私黨)을 세웠으니, 김여계(金汝季: 金汝孚의 오기)·최우(崔祐: 崔
堣의 오기)·이명(李溟: 李銘의 오기)·김진(金鎭)이 한 패가 되고, 김홍
도(金弘度)·김계휘(金繼輝)가 한 패가 되었는데, 그와 같은 패거리가
심히 많아서 스스로 서로 공격하였다. 윤원형(尹元衡)은 스스로 부
귀가 이미 극에 달했다 여기고 정치싸움에 관여하지 않고 예사롭게
그 붕당간의 승부를 보고만 있으리라 생각하면서 말했다.
　"모두가 우리 집 사람이니, 어찌하여 그 사이에서 한쪽 패만을
취사선택할 필요가 있겠는가?"
　대체로 김홍도(金弘度)와 김계휘(金繼輝)의 뜻은 인재를 수합하여
을사년(1545)에 처벌을 받은 바 있는 죄인의 원한을 풀고 치욕을
씻으려는 계획이었다. 우리들이 만약 법을 지키면 먼저 배척될 것
이라며 행실과 처신이 협객(俠客: 의협심이 있는 사람)과 똑같은 바가
있었지만, 선비들의 습속이 날로 더욱 신중하지 못하고 경박해진
것은 실로 여기에서 비롯된 것이었다. 김홍도가 어쩌다 을사사화
의 남은 어진 이들을 쓰자 허엽(許曄)·김취문(金就文)이 가만히 캐내

니, 윤원형이 놀라고 노하여 말했다.

"하마터면 저 자들에게 속을 뻔하였다."

즉시 김여계(金汝季: 金汝孚의 오기) 등으로 하여금 공격하여 물리
치게 하니, 김홍도는 사인(舍人)으로 갑산(甲山)에 유배되었다가 죽
었고, 그 나머지는 귀양을 가거나 관직이 삭탈되기도 하였으며, 김
계휘는 이조 좌랑으로 연천(連川)에 귀양을 갔으며. 김여계(金汝季:
金汝孚의 오기)의 사당(私黨) 또한 오래지 않아 파직되고 쫓겨났다.
김계휘의 아들 사계(沙溪) 김장생(金長生), 김홍도의 아들 김첨(金瞻)
과 김수(金睟)는 모두 한 시대에 이름난 사람들이다.

또 하나의 사당(私黨)이 연이어 일어났는데, 이량(李樑)은 인순왕
후(仁順王后) 심씨(沈氏)의 외숙으로 이감(李戡)을 심복으로 삼았으
니, 마치 윤원형(尹元衡)에게 있어 이기(李芑)와의 관계 같았다. 이
량은 사람됨이 어리석고 사리에 어두워 나라의 정사(政事)를 관장
하는 대신(大臣)을 감당하지 못할 자였다. 심씨 집안에는 권세를 부
릴 수 있는 자가 없어서 비록 이량의 사람됨을 알았으나 기대항(奇
大恒)으로 하여금 보좌하게 하면 그 일을 이룰 수 있을 것으로 여겨
시험삼아 그를 등용하였는데, 당여(黨與: 붕당)들이 머지않아서 조
정에 가득하여 권세가 윤원형을 능가하니, 윤원형 역시 무서워하
고 두려워하였다. 기대항은 기묘년(1519)에 응교(應敎)였던 기준(奇
遵)의 아들이다.

수년이 지나 심의겸(沈義謙)이 과거에 급제하자, 권세가 그때부터 서로 나뉘었다. 이량이 그것을 싫어하여 하루는 사기의 도당들을 모아놓고서 사림의 화(禍)를 일으키고자 꾀하려 문을 닫아걸고막 의논하는데, 심의겸이 도착하니 문지기가 이량이 외출했다고핑계를 대었다. 심의겸이 문을 밀치고 곧바로 들어가 병풍 뒤에서몰래 엿들으니, 저들이 말했다.

"아무개는 무슨 죄가 있으니 쫓아낼 수가 있고, 아무개는 무슨죄가 있으니 삭탈할 수가 있다."

차례차례 죄과(罪科)를 정하는 논의가 미처 끝나기 전에 심의겸이 갑자기 밖으로 뛰쳐나가니, 자리를 메웠던 사람들은 경악하며얼굴빛이 변하였다.

다음날 이량(李樑)의 도당이 먼저 허엽(許曄)·박소립(朴素立)·기대승(奇大升)·윤두수(尹斗壽)·윤근수(尹根壽) 등을 죄주었는데 모두당시 이름난 사람들이었다. 온 나라가 불안에 떨자, 심의겸(沈義謙)이 즉시 임금에게 비밀리 이량의 전횡하고 문란한 죄를 아뢰니,명종이 답하여 말했다.

"이미 처 외숙(妻外叔: 이량)의 우매함을 알고도 조정의 정사(政事)를 맡겼으니, 이는 누구의 허물이겠느냐?"

대전(大殿: 명종)도 이미 알고 있는 것인지라, 심의겸은 즉시 부제학(副提學) 기대항(奇大恒)을 청하고 의논하여 말했다.

"큰일이 장차 일어나 예측할 수 없을 것이니, 부제학이 차자(箚

子)를 올려 그들을 탄핵해 주오."

기대항이 겁을 먹고 능히 대답하지 못하자, 심의겸이 말하기를, "이미 내지(內旨: 문정왕후의 명령)를 받든 것이오."라고 하면서 꺼내어 보여주니, 기대항은 뛸 듯이 기뻐하며 흔쾌히 허락하고 갔다.

다음날 아침에 사학(四學)이 일제히 모였지만, 기대항은 이량의 집을 지나다가 한가롭게 담화하고 음식을 나누어 먹으며 밥을 덜어주기도 하여 신의(信義)를 보이고서 갔다. 잠시 뒤에 대사헌 이감(李戡)이 이량에게 편지를 보내어 말했다.

"뜻밖에 중학(中學)에서 일제히 모였으니 극히 우려스럽습니다."

이량이 대답하여 말했다.

"부제학이 방금 나를 만나보고 갔는데 무슨 일이 있겠소? 책을 교정하려는 데에 불과할 뿐일 것이오."

이윽고 이량(李樑)의 당여(黨與: 도당) 수십 명을 탄핵하도록 아뢰어 죄를 다스렸으니, 이량은 강계(江界)에 유배되었다가 죽었고, 이감(李戡)은 경원(慶源)에 유배되었다가 죽었다. 명종이 전교(傳敎)하여 말했다.

"칠간(七奸)은 김백균(金白均)·황삼성(黃三省)·이영(李鈴: 李翎의 오기) 같은 무리들이로다."(협주: 칠간에 속한 자들을 이루 다 기록할 수가 없다.)

고맹영(高孟英)·고경명(高敬命) 부자는 벼슬을 빼앗고 유배되었으며, 이언충(李彦忠)·조덕원(趙德源)·원계검(元繼儉)은 벼슬을 빼앗았으니, 혹 삭출하거나 혹은 파직하여 이로부터 선비들의 기세가 조금 진작되어서, 오래된 병이 소생되는 것 같았다고 하였다.

그 다음해를 지나 을축년(1565)에 문정왕후(文定王后)가 승하하자, 심의겸(沈義謙)이 대사간(大司諫) 박순(朴淳)과 서로 의논하여 윤원형(尹元衡)을 파직하고 내쫓았다. 윤원형은 궁지에 내쫓긴 도적이 되었는데 집집마다 모두 그의 살을 도려 먹고자 하니, 항쇄(項鎖: 죄인의 목에 씌우는 刑具)가 설치된 수레를 몰래 타고 강음(江陰)으로 가서 스스로 죽었다.

[9] 심의겸(沈義謙)은 사류(士類: 사림)들과 상의하였다.

"명묘(明廟: 명종)께서 어리신 데다 문정왕후(文定王后)의 강박을 당하시어 사림(士林)을 마구 유린하였으니, 불도(佛道)가 크게 행해지고 정학(正學: 유학)이 사라질 지경에 이르렀소. 이때를 당하여 만일 새롭게 개혁하지 않는다면, 나라가 나라답지 못할 것이고 주상께서는 스스로 일신(一新)하신 덕을 사림에게 감동시킬 길이 없소."

심의겸이 내전(內殿)에 밀소(密疏: 비밀상소)를 올려 성상의 윤허를 받았는데, 맨 먼저 을사사화(乙巳士禍) 때 화를 입은 제현(諸賢)의 억울함을 풀어주도록 주창하였고, 또 육조(六條)가 구비된 사람을 추천하였으니 곧 일재(一齋) 이항(李恒)·대곡(大谷) 성운(成運)·갈천(葛川) 임훈(林薰)·후계(后溪) 김범(金範)·한수(韓修: 韓脩의 오기, 자는 永

叔)·남언경(南彦經, 자는 時甫) 등 6명이었다.

편전(便殿)에 불러서 면대하고 각기 나라를 다스리는 방도에 대해서 아뢰도록 하였는데, 주상이 인심도심의 설[人心道心之說]을 물으니, 남언경과 한수(韓修: 韓脩의 오기)의 입장에서는 능히 대답하지 못했고, 일재(一齋: 이항)는 옳고 그름을 따져가며 해명한 것이 가장 명쾌하였다.

오직 대곡(大谷) 선생만은 벼슬을 사퇴하고 오지 않았는데, 여러 번 벼슬을 내리는 주상의 명[恩命]이 내려지자 최후로 상경하여 사직하는 차자(箚子)를 올리고는 은명(恩命)에 사은(謝恩)하지 않고 고향으로 돌아갔다. 선생의 자는 건숙(建叔)이고, 한양 사람이다. 아내를 보은(報恩)에서 맞이하였기 때문에 그곳에서 살았다. 관직은 집의(執義)에 이르렀다. 남명(南溟: 南冥의 오기)의 비문을 지었다. 자식이 없어 처조카인 김가기(金可幾)로 죽은 뒤의 일을 맡겼다.

남명(南溟: 南冥의 오기, 조식) 선생도 또한 징사(徵士: 학문과 덕행이 높은 遺逸이 천거되어 조정에 나아가는 선비)로 대궐에 나아갔는데, 주상이 편전(便殿)에 불러들여 나라를 다스리는 방도를 물으니, 선생의 말한 바는 세속의 선비들이 놀라며 듣지 않을 수 없는 것이었다.

명종이 또 물었다.

"제갈공명(諸葛孔明)이 고토(古土)를 회복하지 못한 것은 무엇 때문이오?"

선생이 말했다.

"신(臣)이 아는 것이 아닙니다."

아마도 선생이 말한 뜻은 천운(天運)이 이미 다했으면 비록 제갈공명일지라도 성공할 수 없다는 것이었지만, 출처(出處)에 대해 갖추어지지 않았기 때문이리라. 다음날 고향으로 돌아갔다. 조야(朝野)가 모두 그의 문채 있는 환한 밝은 덕을 우러러보았으니, 배움에 뜻을 둔 선비들이 무수히 배출되었다.

이때 퇴계(退溪: 이황) 선생은 주상의 부름을 받고 대궐에 나아갔으며, 척암(惕菴: 김근공)·습정(習靜: 민순) 두 선생은 스승으로 자처하여 배우려는 자들이 구름처럼 모였다.

나라가 불행하여 명종이 승하하였으니, 곧 정묘년(1567) 6월 28일이다. 백성들이 두려워하고 무서워하며 다시 을사년(1545) 같은 화를 겪을까 염려하였는데, 영의정 이준경(李浚慶)이 의젓하게 홀로 우뚝 서서 명종(明宗)의 유교(遺敎: 유서)를 받들고 또 중전(中殿: 仁順王后 沈氏)의 명을 받아서 덕흥군(德興君: 명종의 庶兄弟)의 셋째아들 하성군(河城君)을 옹립하여 대통(大統)을 이어 즉위하게 하니, 뭇사람들의 의혹이 풀리고 조야(朝野)가 모두 우러러보았다.

[10] 선조(宣祖)는 즉위 초에 나이가 겨우 16세였는데도 명나라 사신을 접대하면서 자연히 예에 맞아 조금도 어긋남이 없었으니,

명나라 사신들이 매우 기이하게 여겨 존경하고 감복해 마지않았다. 명나라 사신들은 바로 허국(許國)과 위시량(魏時亮)으로 명성이 천하에 가득한 자들이었다. 선조(宣祖)는 정신을 가다듬어 나라 다스리는 도리를 찾았으니 날마다 유신(儒臣)을 모아 강론하는 것으로 일삼았으며, 을사년(1545)의 옥사 때의 간흉 등을 추죄(追罪)하여 그들의 관직(官職)과 작위(爵位)를 삭탈하고 자손들을 벼슬하지 못하게 하였으니, 이는 심의겸(沈義謙)의 공이 대부분이었다. 〈이황의 문인임에도 불구하고〉 우계(牛溪) 성혼(成渾)·율곡(栗谷) 이이(李珥)와도 교유하였고, 또 한영숙(韓永叔: 韓脩)·남시보(南時甫: 南彦經)·기고봉(奇高峯: 奇大升)·윤두수(尹斗壽)·윤근수(尹根壽)·김계휘(金繼輝) 등과 친구가 되었다.

심의겸(沈義謙)이 사인(舍人: 의정부의 정4품 벼슬)이었을 때 공무를 물으러 윤원형(尹元衡)의 집에 갔었는데, 글 읽는 소리가 들리는 것이 구슬이 구르듯 낭랑하여 들을 만하기에 윤원형의 자제에게 물으니 김효원(金孝元)이라고 하는지라, 마음속으로 불만스럽게 여기며 돌아왔다. 대개 김효원의 장인(丈人: 鄭承季)이 윤원형과 가까운 인척이었는데, 윤원형이 김효원을 데려다가 아들과 함께 공부하게 하였다. 김효원은 나이가 미처 20세도 못되어 아무런 지식이 있지 않아서 그러하였던 것이다. 척암(惕菴: 김근공)의 학문이 고명하다는 말을 듣고 가서 스승으로 섬긴 지 오래지 않아 알성과(謁聖科)에 장원급제하여 명성이 자자하였다. 이에 김계휘가 심의겸에게 물었다.

"김효원을 천거하여 이조전랑(吏曹銓郎)을 삼으려 하니, 그대의 생각으로는 어떠한가?"

심의겸이 묵묵부답이었다. 김계휘가 재차 물으니, 심의겸은 김효원이 윤원형의 집에 문객으로 있었던 것을 들어 언급하였다. 김계휘가 손을 내저으며 말했다.

"부디 입 밖에 내지 않도록 하게. 소년 때의 일이라네."

심의겸도 역시 그렇게 여기고 다시 말하지 않았다. 그러나 서로 친한 사람들은 이를 들어 알지 못하는 자가 없었다.

심충겸(沈忠謙: 심의겸의 동생)이 장원급제를 하여 이조전랑(吏曹銓郎)으로 추천하려는데 미쳐서, 김효원(金孝元)이 그것을 막으며 말했다.

"외척(外戚)을 등용해서는 안 되는 것이오."

심의겸(沈義謙)이 말했다.

"외척이 원흉(元凶: 윤원형)의 문객보다는 오히려 낫지 않겠소?"

김효원의 말을 존중하는 자들은 말했다.

"김효원의 말은 공론에서 나온 것이지만, 심의겸은 개인적인 혐의로 품행이 단정한 선비[佳士]를 배척하니 지극히 그릇된 것이오."

반면, 심의겸의 말을 존중하는 자들은 말했다.

"심의겸의 말은 스스로 지어낸 말이 아니오. 그 실상을 말한 것인데, 김효원이 오래전부터 마음속에 원한을 품고 있다가 겉으로는 외척을 핑계삼아 이조전랑으로 삼는 것을 막는 척하지만 속으로는 실로 중상하여 해치려는 계책이 있는 것이오."

이를 두고 양쪽 동료들이 각기 소견을 주장하며 서로 배척하였으니, 동인(東人)과 서인(西人)이라는 말이 여기서 비롯되었다. 대개 김효원의 집이 건천동(乾川洞)에 있고 심의겸의 집이 정릉동(貞陵洞)에 있었는데, 이로 말미암았다.

동인은 모두 나이가 젊어 총명하고 민첩하였는데 학행(學行)이 있고 명예와 절조를 스스로 힘쓰는 자가 많았다. 서인은 비록 어진 사대부도 있었지만 이익을 탐하는 무리들도 그 가운데 섞여 있는데, 가령 박순(朴淳)·김계휘(金繼輝)·홍성민(洪聖民)·이해수(李海壽)·윤두수(尹斗壽)·윤근수(尹根壽)·이산보(李山甫) 등 몇몇 사람은 나랏일을 함께할 만하였다. 그런데 동인의 뜻은 을사사화라는 이전의 본보기가 멀지 않으니, 외척은 결코 등용해서는 안 된다는 것이었다. 서인은 심의겸(沈義謙)이 공로가 많이 있고 또한 사류(士類)라고 생각하여, 어찌 막을 수 있느냐며 거절하고 따르지 않았다. 한수(韓修: 韓脩의 오기)·남언경(南彦經)의 무리는 서인에 들고, 성혼(成渾) 역시 이를 면치 못하였다. 이이(李珥)는 양쪽 다 온전할 수 있게 꾀하려고 맨 먼저 조정지설(調停之說: 중간에서 화해를 꾀하는 설)을 펼쳤으나, 동인은 논의가 당당하고 도리어 이이의 설이 구차한 논의라며 공격하여 조금도 용인하지 않았다. 이로부터 붕당의 논쟁이 날마다 심해져, 이미 소굴을 이룰 정도로 견고하여 깨뜨릴 수 없었다.

서인의 자제는 모두 우계(牛溪)와 율곡(栗谷)의 문하생들이다. 또 송
익필(宋翼弼)과 송한필(宋翰弼) 형제가 있었는데 기묘년(己卯年: 辛巳
年(1521)의 오기)에 무옥(誣獄)을 일으킨 송사련(宋祀連)의 아들로서
문장으로 높다고 뽐내어 당대 사람들을 놀라게 하였는데, 서인의
핵심 막료가 되어 간사한 논의가 모두 그들의 입에서 나왔다.

대신(大臣)으로부터 미관말직에 이르기까지 그리고 시정(市井)이
나 궁벽한 향촌에 이르기까지 모두 동인이니 서인이니 하는 당론이
있게 되자, 비록 한 집안의 부자와 형제라 하더라도 또한 서로 다른
당론이 있으니, 조정을 돕는 것이 또한 어렵지 않겠는가. 오직 상
국(相國: 宰相) 노수신(盧守愼)만이 그 붕당 사이에 간여하지 않으면
서 당시의 정세가 위태로워 사화(士禍)가 장차 일어날 것을 알고,
탑전(榻前)에서 맨 먼저 동서 편당의 폐해에 대하여 의견을 내놓으
며 말했다.
"그 근본을 제거한 뒤에야 민심을 조금이나마 진정시킬 수 있사
옵니다."
선조(宣祖)가 바로 그날 특명을 내렸으니, 심의겸(沈義謙)은 개성
유수(開城留守)로 김효원(金孝元)은 부령 부사(富寧府使)로 내보냈다.
노수신이 또 아뢰었다.
"김효원은 늙으신 어미가 있으니 멀리 내보내서는 아니 됩니다."
그리하여 삼척 부사(三陟府使)로 전직시키니, 서인들은 도리어 노

수신을 동인이라고 지목하였다. 동인들은 이로부터 조정에 편히 있지 못하였으니, 외직으로 좌천되거나 벼슬에서 물러났다. 서인들이 비로소 권력을 잡았으니 을해년(1575)이었다.

조원(趙瑗)이 이조 좌랑(吏曹佐郞)이 되었다. 조원은 갑자년(1564)에 장원급제하여 진사가 되었으니 일찍부터 재주와 명망이 있는 자로, 습정(習靜: 閔純) 선생을 찾아가 만나서 동인이 편당(偏黨)을 지은 잘못과 서인이 지극히 공정하며 사사로운 뜻이 없다는 것을 있는 힘을 다해 말하자, 습정(習靜) 선생이 한참 있다가 대답했다.

"동인과 서인의 옳고 그름을 나는 알지 못하네. 다만 공이 오늘 말한 것들이 공도(公道)에 부합하는지 부합하지 않는가를 살펴보게나."

조원(趙瑗)은 부끄러워서 물러갔다. 그는 인물을 등용하고 물리침에 있어서 인망을 많이 잃었고, 처신하는 것이 부끄러운 줄도 몰랐으니 한밤중에 기생집에 갔다가 협객(俠客)을 만나서 볼기를 맞은 일이 있자 지평(持平) 홍가신(洪可臣)이 그를 논박하여 쫓아냈다. 선조(宣祖)가 어느 한 편에다 정사를 전적으로 맡기려 하지 않았는데, 이 때문에 동인과 서인은 벼슬길에 등용되기도 하고 내쳐지기도 하였으니 조개와 황새처럼 서로 물고 싸우는 것을 결정짓지 못했다.

[11] 계미년(1583) 북호(北胡: 북쪽 오랑캐)가 난을 일으켜서 경원성

(慶源城)을 공격하여 함락하자, 조야(朝野)가 매우 어수선하였다. 참찬(參贊) 정언신(鄭彦信)이 순찰사가 되어 출정할 때, 이이(李珥)는 병조판서(兵曹判書)가 되어 군사를 징발하고 군량을 운송하는 계책을 전적으로 맡았지만 뜻은 크고 재주는 엉성하여 다시 새롭게 개혁하는 것이 차츰차츰 나아지지 않았다. 전마(戰馬)를 헌납하거나 군량을 철령(鐵嶺)에 운송하는 자들을 위해 서얼허통법(庶孽許通法)을 만들자, 삼사(三司)가 번갈아 글을 올려 그 불가함을 논하였는데 차자(箚子)의 내용에는 과격한 말도 많이 있었고 또한 인정에서 벗어난 말도 있었다. 이이(李珥)도 역시 차자(箚子)를 올려 스스로 해명하며 삼사(三司)를 비난하고 배척함으로써 공론을 들끓게 하니, 공론이 떨쳐 일어나 그를 공격하는데 있는 힘을 다하였다. 이에 이이가 사직하고 교외로 나가자, 성혼(成渾)이 차자(箚子)를 올려 그의 억울함을 벗겨 구원하였다. 선조(宣祖)가 그날 바로 특명을 내려 허봉(許篈)은 갑산(甲山)으로, 송응개(宋應漑)는 경원(慶源)으로, 박근원(朴謹元)은 강계(江界)로 귀양을 보내도록 하였는데, 선조가 즉위한 이후로 이러한 조치가 이날에서야 처음 행해지니 민심이 놀라고 두려워하였다. 그 나머지 또한 외직으로 좌천되었다. 성균관(成均館)과 사학(四學)도 또한 붕당으로 나뉘어서 상소를 통해 그 옳고 그름을 다투어 마치 싸움터를 방불케 하였는데, 오늘은 서인이 상소하면 다음날은 동인이 상소하였다. 이로부터 끼리끼리 서로 모여 이미 원수가 되었으니, 같은 조정의 동료로서 서로 돌보아주는 풍조는 땅

을 쓸어버린 듯이 없어졌다.

이이가 들어와 이조 판서(吏曹判書)가 되었는데, 백유함(白惟誠: 白惟咸의 오기)을 이조 전랑으로 삼아 서인만을 등용하면서도 귀양을 간 세 사람(허봉·송응개·박근원)의 원통함을 풀고 억울함을 씻어줄 뜻이 조금도 없자, 조야(朝野)가 크게 실망하였다. 오래지 않아 이이가 갑자기 죽자, 이산해(李山海)가 그 직을 대신하니 동인이 다시 권력을 장악하였다.

이전의 어느 날 경연(經筵)에서 수령의 뇌물을 언급하였는데, 정언(正言) 김성일(金誠一)이 말했다.

"당혹스럽게도 배에 가득히 곡식을 실어서 요직에 있는 사람에게 가져다 준 사람이 있습니다."

교리(校理) 강서(姜緖)가 말했다.

"김성일이 전말을 이르지 않고 말머리를 숨겨 말하니, 자못 간관(諫官)의 태도가 아닙니다."

김성일이 땅에 엎드리고 대죄하여 말했다.

"곡식을 받은 자는 윤두수(尹斗壽)·윤근수(尹根壽) 및 그들의 조카 윤현(尹晛)이옵고, 준 자는 진도 군수(珍島郡守) 이수(李銖)이옵니다."

그때 윤두수가 도승지(都承旨)로서 역시 경연에 참여하였다가 자리를 피해 물러나 엎드려 말했다.

"이수(李銖)는 신(臣)의 4촌(이종사촌)이옵니다. 신(臣)에게 늙은 어

미가 있기 때문에 어물은 보내왔지만 그 나머지 것들은 신(臣)이
알지 못하옵니다."

그러자 장령(掌令) 이발(李潑)이 수일 동안 논계(論啓)하였으나 윤
허하지 않았다. 윤근수는 부제학(副提學)이었고, 윤현은 이조 좌랑
(吏曹佐郎)이었다. 강서와 삼윤(三尹: 윤두수·윤근수·윤현)은 이웃에
같이 산 어렸을 적 친구이었다. 강서는 실로 김성일의 말이 윤씨
집안을 가리키는 줄 알지 못하고 김성일(金誠一)을 공격하였으니,
한스럽기 이를 데가 없는 노릇이었다. 윤씨 집안에서는 강서(姜緖)
가 김성일과 서로 약속하고 말한 것으로 여겼으니, 두 집안의 교분
이 마침내 끊어지고 말았다.

[12] 송익필(宋翼弼)·송한필(宋翰弼)의 아버지 송사련(宋祀連)은 기
묘년(1519)에 좌의정이었던 안당(安塘: 安瑭의 오기)의 얼매(孽妹: 아
버지 측실의 딸) 감정(甘丁)이 낳은 아들이다. 감정은 자기비(自己婢)
의 소생인데 나이 14세 때에 못된 짓을 하자, 사예(司藝) 안돈후(安
敦厚)가 맏아들 안장(安璋)으로 하여금 발바닥을 때리도록 하여 발
가락 몇 개가 부러진 상태에서 배천(白川) 외가로 보내졌다. 갑사
(甲士: 군인) 자근금자(者斤金子) 인(璘: 宋璘)에게 시집가서 송사련을
낳았다.

그런데 감정(甘丁)이 노비의 신분을 벗어나지 않았는데도, 송익
필(宋翼弼) 형제는 스스로 몸가짐을 권문세가의 자제처럼 하였으며,

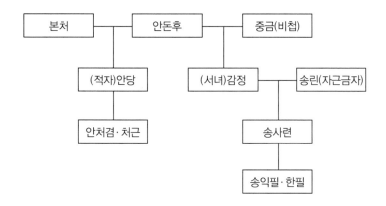

심지어 과거를 보아 나란히 1등을 하기에 이르자 교만한 마음과
자신만만한 태도로 곁에 아무도 없는 것처럼 하였으니, 이 때문에
비록 절로 같은 편의 사람일지라도 편치 않은 마음을 많이 가지게
되었다.

　안씨 집안은 멸족된 후에 자손이 쇠하여 미미하게 되었는데, 얼
손(孼孫: 서출 손자) 안정란(安庭蘭)은 문장을 잘하는 데다 재기까지
있어서 이문학관(吏文學官)이 되었고, 관직이 실동지(實同知)에 이른
자이다. 송사를 일으켜 법사(法司: 형조와 한성부)에 소장(訴狀)을 올
렸는데, 송익필은 우리 집안의 노비였으니 법에 따라 사환(使喚)으
로 부려 조금이나 복수하려는 뜻을 아뢰는 것이었다. 송익필을 아
는 자들이 놀라고 분개하지 않는 이가 없었는데 도리어 안정란의
요망함을 치죄하려 하였다. 안정란이 살고 죽는 것을 돌보지 않고
상언(上言: 국왕에게 올리는 문서)을 올리며 유서(遺書)를 꺼내어 송관

(訟官: 송사 담당관)에게 보이니, 송관이 하는 수 없이 안정란에게 판결을 내려 주었다. 안정란이 그의 족속을 거느리고 송사련(宋祀連)의 무덤을 파헤쳐서 시체를 꺼내 그 죄를 따지며 도끼로 시체의 뼈를 부수었으니, 송익필 형제를 부리려고 한 것이 아니라 이것을 계획한 것이었다. 송씨 가족들은 사방으로 흩어져 도망하였는데, 송한필(宋翰弼)은 황해도(黃海道)로 가서 성명을 바꾸어 스스로 조생원(趙生員)이라 일컬으며 밤낮으로 동인(東人)을 원망하여 억울하고 분한 마음이 골수에 깊이 사무쳤다. 동인은 실로 그 사이에 간여하지 않았다.

또 정여립(鄭汝立)이란 자가 있었는데 전주(全州) 사람이다. 학식이 넓고 견문이 많았으니 성현의 글을 읽지 않은 것이 없었으며, 우계(牛溪: 성혼)와 율곡(栗谷)의 문하에 출입하니 두 사람이 입을 모아 그를 수찬(修撰: 홍문관 수찬)에 천거하였다. 서인(西人)으로서 뜻을 못 펴게 되자 거꾸로 동인(東人)에 투탁하여 들어갔는데, 이발(李潑)이 받아들인 것이다. 이발은 남평(南平: 나주) 사람으로 이 때문에 서로 가까워졌다. 사람됨과 마음씨가 바르지 못한 데다 어리석으면서도 드세어서 도리어 이이(李珥)를 공격하는데 못하는 말이 없었으니, 서인들이 몹시 미워하였고 비록 동인일지라도 또한 뒷날의 폐단이 있을 것을 알았다. 어떤 이는 이발에게 절교할 것을 권했지만, 이발은 인재가 아깝다고 하여 듣지 않았다.

송한필(宋翰弼)의 무리들이 해서(海西: 황해도)의 어리석은 백성들을 꾀어서 말했다.

"전주에 성인이 났으니, 바로 정 수찬(鄭修撰: 정여립)이다. 길삼봉(吉三峯)과 서로 알고 왕래하는데, 길삼봉은 하루에 300리를 걸으며 용맹과 지략이 서로 견줄 자가 없으니 또한 신인(神人)이다. 너희들이 만일 찾아가서 인사한다면 벼슬이 절로 이를 것이다."

(협주: 송한필(宋翰弼)이 비록 간교하고 흉악할지라도 이처럼 사리에 어긋나는 계획으로 큰 옥사를 빚어 일으켰을 리가 있겠는가. 그렇다면 정적(鄭賊: 정여립)은 어찌하여서 자살했겠는가? 생각건대 죄를 송한필에게 돌려서 도리어 스스로 역적의 괴수에서 벗어나고자 이러한 말을 지어낸 것이면, 그는 당론(黨論)에 병든 자이리라.) 교생(校生) 변숭복(卞崇福: 邊崇福의 오기)·박연령(朴延齡) 등 몇 사람이 그 말을 믿고서 정여립(鄭汝立)을 찾아가 인사하니, 정여립은 박연령 등이 천리 먼 곳에서 찾아왔다고 하여 정성껏 대우하여 보냈다. 또한 어떤 무리들이라도 찾아와 인사하면, 정여립은 후하게 대우하였다.

그때 박충간(朴忠侃)은 재령(載寧) 군수였고 이축(李軸)은 안악(安岳) 군수였고 한응인(韓應寅)은 신천(信川) 군수였는데, 박충간이 안악으로 달려가서 이축에게 말했다.

"정여립의 역모가 이미 드러났으니, 속히 대책과 방법을 세워야겠소."

그러나 이축은 옹졸한 자라서 그것을 매우 난처하게 여겼다. 또

신천으로 가자, 한응인은 귀신같은 자라서 그 기미를 알아차리고 술을 마셔 거짓 취한 체하니, 박충간이 입을 열 수가 없었다. 이와 같은 것이 두어 번이니 박충간도 또한 한응인이 꾀를 써서 피하려 한다는 것을 알고서는, 이축을 협박하고 한응인을 겁주어 감사(監司)에게 보고하여 장계(狀啓)가 올라가니, 조야(朝野)가 놀라 동요하였다. 선조(宣祖)가 대신을 모아놓고 말했다.

"내가 정여립(鄭汝立)의 사람됨을 아는데, 어찌 역모하는 지경에 이르렀단 말인가?"

좌의정 정언신(鄭彦信)이 빙긋이 웃으며 말했다.

"어찌 이러한 일이 있을 수 있겠습니까? 비록 그러하지만, 잡아다 국문하지 않을 수 없습니다."

비록 서인들이라도 모두 말했다.

"정여립이 마음씨야 바르지 못하지만 어찌 반역할 리가 있겠습니까?"

동인이든 서인이든 말할 것 없이 모두 그것을 믿지 않았다. 그러나 한편, 반역을 꾀한 우매한 백성 몇 명을 황해도 감사 한준(韓準)이 잡아 칼을 씌워서 한양으로 올려 보냈다. 주상이 직접 국문을 하니, 곧 모두 빌어먹는 곤궁한 백성들이었다. 이에, 주상이 웃으며 말했다.

"정여립이 비록 반역했다고 한들, 어찌 이러한 무리들과 같이 모의했겠느냐?"

이어서 물었다.

"너희들이 반역을 하였느냐?"

그들이 대답했다.

"반역했는지는 알지 못하오나, 반국(叛國)하려 했나이다."

또 반국(叛國)이 무슨 뜻인지 물었다.

그들이 대답했다.

"먹고 입는 것이 넉넉한 것이옵니다."

사건 진상의 실체가 없는지라 놓아 보내려고 정여립(鄭汝立)이 잡혀 오기만을 고대하였다. 정여립은 몸을 숨겨 멀리 도망가 진안(鎭安)의 죽도(竹島) 별장에 이르러 제 손으로 목을 찔러 죽었으며, 변숭복(邊崇福)도 정여립의 시체 옆에서 역시 목을 찔러 죽었다.

큰 변고[大禍]가 이에 일어나니, 서인은 기뻐서 날뛰고 동인은 기가 꺾였다. 대개 주상이 서인을 싫어하고 고통스럽게 여겼는지라 주의(注擬: 추천서)에 따라 이산해(李山海)를 이조 판서(吏曹判書)로 삼은 지 10년 동안, 서인들은 한가한 자리에 흩어져 있게 되어 얼굴빛이 쓸쓸하였지만 정여립의 역변이 일어난 뒤로부터 갓에 쌓인 먼지를 털며 벼슬할 마음에 서로 축하하였다. 동인들은 스스로 물러나고 서인은 그 자리를 차지하여 사사로운 원한을 보복하는데 거리낌이 없었다. 주상 또한 정여립을 수찬(修撰)으로 추천한 것이 당초 이이(李珥)와 성혼(成渾)으로부터 나온 것임을 살피지 못하고, 이발(李潑)이 추천을 하여 정여립의 명성과 위세를 도운 것으로 생각했

기 때문에, 더욱 노하여 정철(鄭澈)을 불러들여 우의정에 제수하고
위관(委官: 임시 재판장)으로 삼아 그 옥사를 다스리게 하였다. 대개
정철은 동인이 내쫓았던 자였는데. 이것으로 주상께서 특명을 내
려 그 옥사를 엄하게 다스리고자 한 것이었다. 정철이 평소 유감스
럽게 여겼던 자들은 옳고 그름을 논하지 않고 모두 옥중에서 죽도
록 하였으니, 당시의 제현(諸賢)들이 모조리 죽임을 당했다.

　수우당(守愚堂: 최영경)은 정철(鄭澈)이 복수에 뜻을 두고 이를 갈
며 속을 썩인 지 오래였다. 안민학(安敏學)의 무리들과 밤낮으로 없
는 죄를 조작해 이른바 길삼봉(吉三峯)이란 자가 바로 최영경(崔永慶)
이라 하고, 생원 김극인(金克仁: 金克寅의 오기)·양천경(梁千頃)·강해
(姜海: 姜涀으로 개명)의 무리들이 고변하도록 지휘하고, 또 진주 판
관(晉州判官) 홍정서(洪廷瑞)를 꾀어서 정여립(鄭汝立)이 최영경과 몰
래 서원에 가서 밤에 모였다가 낮에는 흩어지기를 네댓새 동안 하
다가 파하였다고 말을 지어내도록 하여 최영경을 잡아와서 국문하
다가 옥중에서 죽게 하였다. 사인(士人: 학식이 있되 벼슬하지 않은 선
비) 이사렴(李士濂)이 손수 최영경의 시체를 염습하고 관에 안치하
는데 지극정성을 다했는데, 선생과는 5촌 조카로 처음부터 끝까지
최영경에게 수학했던 자이다. 선생은 천 길 높이 깎아지른 절벽의
기상에다 가을의 서릿발과 뜨거운 태양 같은 절개를 지니고, 흉금
이 갠 가을 하늘처럼 시원하고 깨끗한데다 옥으로 만든 호리병 속
의 얼음 같은 달처럼 맑고 고결한 인품을 지녔으니, 그를 바라보면

신선 같았고 그의 기상과 풍채와 절개는 남명(南冥: 조식) 선생과 우열을 가릴 수 없었다. 대대로 도성 안에 살았는데,《소학(小學)》으로 자신의 행실을 다스리며 문을 굳게 닫아걸고 뜻을 추구하니, 비록 이웃 사람이라도 그의 얼굴을 보기가 힘들었다.

우계(牛溪) 성호(成浩: 成渾의 오기)는 본래 스스로 몸가짐을 신중히 했는데, 이따금씩 도성에 들어가면 이름난 재상과 높은 벼슬아치들이 문전(門前)에 모여들어도 답례로나마 한 번도 감사의 뜻을 표하지 않았다. 그는 수우당(守愚堂: 최영경)이 덕을 감추며 자신의 재주를 숨기고 있다는 말을 듣게 되자, 즉시 가마를 메도록 하여 방문하였다가 돌아와 율곡(栗谷)에게 말했다.

"내가 오늘 최 처사(崔處士: 최영경) 아무개를 찾아가 봤더니, 겹대문을 닫아걸었는데 향기로운 화초들이 뜰에 가득한 것이 처사의 집이었네. 문을 열라고 두드리니, 한참 지나서야 푸른 옷을 입은 한 동자가 나와 인사하고 맞아들였는데 그 집 아이라고 하였네. 주인이 중문(中門) 밖에 서 있었는데, 그의 용모를 살피니 네모진 얼굴에 넓은 이마로 군자의 용모였으며, 그의 동정을 살피니 거동이 엄숙하고 방정하였네. 그와 더불어 말해 보니 흉중에 기와와 조약돌을 삼킨 듯했던 것이 맑은 바람을 소매에 가득 담고 돌아왔다네."

숙헌(叔獻: 이이의 字)도 수우당을 방문하였다. 두 사람이 입을 모아 칭찬하며 말했다.

"효원(孝元: 최영경의 字)은 옛날의 처사와 견줄 만하지 이 세상 사람이 아니네."

수우당은 집안 형편이 빈한하여 아침저녁으로 죽조차도 끼니를 대기가 어려웠지만 태연히 늘 즐거움이 있는 듯했고, 터럭 하나라도 그것이 의에 맞지 않으면 취하지 않았으니, 비록 오랜 친구 되는 사람일지라도 또한 감히 터럭 하나마저 그의 몸에다 더할 수가 없었다. 도량이 어마어마하게 컸지만 그가 소인(小人)을 대하는데 있어서는 매우 엄했으니, 이 때문에 화를 당하였다. 정철(鄭澈)이 안민학(安敏學)에게 부탁해 자신을 좋게 소개하여서 만나보도록 해주기를 바랐으나 수우당(守愚堂)이 이를 거절하자, 정철은 깊은 원한을 품었다.

조정에서 추천하여 다시 6품직에 등용한 뒤, 연달아 형조(刑曹)와 호조(戶曹)의 낭관(郎官), 지평(持平), 장령(掌令)을 제수하였으나 모두 나아가지 않았으며, 또 사축(司畜)을 제수하였지만 세가(世家)의 자제로서 집이 궐문 밖에 있는데 그 직을 맡기에는 낭패스럽다며 사축을 제수한 은혜로운 명에 사례하고 곧장 진주(晉州)로 영영 돌아갔다. 진주에는 한 이랑의 밭도 없었으나, 동생 최여경(崔餘慶)이 진주로 장가들었기 때문에 그 동생의 집에 가서 의지하였다. 그 집 앞에 연못이 있었는데, 최여경이 그물로 연못의 고기를 잡으니 그 크기가 쟁반만 했지만 수우당은 차마 먹지 못했다. 몇 년이 지난 뒤에 사람들이 그 이유를 물으니, 수우당이 말했다.

"집안 형편이 빈한하여 감히 맛있는 음식으로 봉양하지 못했는데, 늙으신 어머니께서 이미 돌아가셨는지라 이러한 생각을 마주하니 차마 먹지 못했소."

그의 정성과 효성은 하늘에서 나온 것이다.

옛 역사책을 펼쳐서 보다가 선현들이 제 명대로 죽지 못하는 것을 볼 때마다 책을 덮고 눈물을 흘렸으며, 혹 충신(忠臣)과 의사(義士)의 사당을 지나기라도 하면 머뭇머뭇 슬피 우느라 차마 떠나지 못하였다. 이처럼 어진 이를 존중하고 선비를 아끼기는 것이 즐거워 밥 먹는 것마저 잊어버렸다. 처음 남명(南溟: 南冥의 오기) 선생을 찾아뵙자, 남명 선생은 즉시 도의지교(道義之交)를 허락하였고 수우당(守愚堂)은 스승으로 섬겼다. 수우당이 국청(鞫廳)으로 잡혀 들어가는데, 풍채가 사람들의 마음을 움직였으니 마치 선학(仙鶴)이 표표히 하늘에서 내려오는 듯해 좌우의 옥졸(獄卒)들이 깜짝 놀라지 아니한 자가 없었다.

오성(鰲城) 이항복(李恒福)이 문사랑(問事郎)이 되어 추관(推官)을 돌아보고 말했다.

"제가 이 노인을 보지 못했더라면 일생을 헛되이 지낼 뻔했나이다."

정철(鄭澈)이 빙긋이 웃으며 부채로 목을 겨누면서 이놈이 내 머리를 이렇게 이같이 찍어 넘기려 했다고 이러쿵저러쿵 말하니, 우의정 심수경(沈守慶)이 황급히 말리면서 말했다.

"대감은 어찌 이러한 말을 내는가?"

정철이 말했다.

"저러한 얼굴로 죽림(竹林) 속에 드러누워서 세상일을 조롱하고 있으면, 족히 헛된 이름을 얻을 만도 하나이다."

이전의 신문(訊問)에서 진술할 때도 최영경(崔永慶)은 정신과 기색이 태연하니, 정철(鄭澈)이 사람들에게 말했다.

"이놈이 전혀 동요하는 기색이 없으니, 세력이 큰 붕당의 극악한 역적이 아니면 필시 마음을 수양한 사람일 것이다."

수우당(守愚堂)의 옥중 자취는 별도의 전(傳)에서 자세하다.

남계(南溪: 東巖의 오기) 이발(李潑)의 자는 경함(景涵)인데, 이길(李洁) 및 그의 형 이급(李汲)이 모두 곤장을 맞아 죽었고, 부제학 백유양(白惟讓) 및 그의 아들 백진민(白震民: 白振民의 오기)·백홍민(白興民)이 곤장을 맞아 죽었다. 신령(新寧) 현감 최여경(崔餘慶)도 역시 곤장을 맞아 죽었는데, 시체에서 생기는 벌레가 밖으로 나오자 사인(士人: 학식이 있되 벼슬하지 않은 선비) 이사렴(李士濂)이 손수 씻어 깨끗이 하고 염습하여 관에 안치하였다. 좌랑(佐郎) 김빙(金憑)이 곤장을 맞아 죽었고, 전라도사(全羅都事) 조대중(曺大仲: 曺大中의 오기)·김제군수(金堤郡守) 이언길(李彦吉)·장령(掌令) 류몽정(柳夢井)·선산부사(善山府使) 류덕수(柳德粹)·참봉(參奉) 윤기신(尹起莘)·참봉(參奉) 류종지(柳宗智)·찰방(察訪) 이황종(李黃鍾)이 곤장을 맞고 죽었다. 그 나머지 원통하게 죽은 자들을 능히 다 기록할 수가 없다.

동강(東崗: 東岡의 오기) 김우옹(金宇顒)은 회령(會寧)으로 귀양을 갔으며, 참봉 한백겸(韓百謙)은 한 차례 형벌을 받고 종성(鍾城)으로 귀양을 갔으며, 정개청(鄭介淸)은 온성(穩城)으로 귀양을 갔으며, 사인(士人) 심경(沈璟: 沈憬의 오기)은 한 차례 형벌을 받고 회령(會寧)으로 귀양을 갔으며, 상국(相國) 노수신(盧守愼)은 관직을 빼앗기고 쫓겨났으며, 우의정 정언신(鄭彦信)은 한 차례 형벌을 받고 경원(慶源)으로 귀양을 갔으며, 홍가신(洪可臣)·이위빈(李渭賓)·허당(許鐺)·박의(朴宜)·강복성(康復誠)·김창일(金昌一) 등 수십 명은 관직을 빼앗기고 금고(禁錮)되었으며, 김영일(金榮一)은 두 차례 형벌을 받고 관직을 빼앗겼다. 그 나머지 성균관과 사학(四學)의 유생으로서 조금이라도 이름 있는 자는 모두 금고(禁錮)되었다.

이발(李潑)은 사람됨이 중후하고 엄정하였는데, 젊어서부터 학문에 뜻을 두어 척암(惕菴: 金謹恭)을 좇아 지냈고 습정(習靜: 閔純)의 문하에 출입하였으며, 수우당(守愚堂: 崔永慶)과 가장 친하였다. 홍가신·허당·박의·윤기신(尹起莘)·김영일·김우옹(金宇顒)의 무리들과 함께 뜻이 맞는 벗이 되어 뜻을 두터이 세워 학문에 힘썼는데, 당시의 동료들이 모두 원대하게 뻗어날 것으로 기대하였다. 알성시(謁聖試)의 장원에 오르자 명성이 자자하였으니 온 조정이 인재 얻은 것을 축하하였다. 오래되지 않아 곧바로 이조 좌랑(吏曹佐郎)에 제수되었는데, 인물을 나오게 하고 물러가게 하는 것이 한결같이 공정한 도리를 따랐으며, 사림의 공론을 붙잡아 세우는 데에 정암(靜菴) 조광조(趙光祖)가 하던 옛 정치를 회복하려고 경연(經筵)에 출입하면서 항상 왕도(王道)를 진달하였으며, 기강을 떨쳐 일으키고 그릇됨과 올바름을 분별하는 것을 자기의 소임으로 여겨 조금도 구차하게 야합하려는 뜻이 없었다. 우계(牛溪: 성혼)·율곡(栗谷: 이이) 두 사람과의 교분이 점차 소원해지면서 서인들이 그를 매우 미워하였다. 세상살이한 지 이미 오래된 데다 두루 어렵고 험한 일을 겪으면서 당시의 정세를 어찌할 수 없다는 사실을 알고, 부제학(副提學)으로서 차자(箚子)를 올려 인물의 그릇됨과 올바름을 극언하고는 고향으로 물러가 집을 지어 책을 읽었다.

그의 동생 이길(李洁)도 역시 응교(應敎)로 있다가 낙향하였는데, 그의 형과 고약한 성미가 같으면서도 너무나 강직하였다. 어머니가 있었는데 80세에 이르렀으니, 이 때문에 슬하를 떠날 수가 없어서 간혹 벼슬을 하다가 그만두기도 하였다.

반역의 변고가 사림 가운데서 일어나자, 이발(李潑)은 자기도 벗어날 수 없음을 알고 조용히 길을 나서서 도성 밖에서 명을 기다리고 있다가 잡혀와 대궐의 뜰에서 국문을 받았다. 선조(宣祖)가 친히 물었다.

"네가 벼슬을 그만둔 것은 무엇 때문이냐?"

이발이 말했다.

"신(臣)에게 노모가 있어서 슬하를 떠날 수 없었기 때문이옵니다.

주상의 하늘같은 은혜가 망극하여 형 이급(李汲)이 봉양에 편리한 고을의 수령이 되어서 이로부터 노모를 받들고 정읍(井邑)에서 순종하며 봉양할 수 있게 되었습니다. 그래서 아우 이길도 이미 올라왔고, 신(臣)도 역시 올라왔습니다."

주상이 말했다.

"너는 네 죄를 아느냐?"

이발(李潑)이 말했다.

"신(臣)은 낯가죽을 긁어버리고 싶습니다."

주상이 빙그레 웃으며 말했다

"이미 늦었다."

선조의 얼굴빛이 온화하고 유순하였으며 조금도 냉담한 기색이 없었다.

이발을 종성(鍾城)으로 귀양 보낸 뒤, 주상이 역적의 협박에 못 이겨 따른 자들을 다스리지 말라는 전교(傳敎)를 내렸다. 그래서 옥사(獄事)가 장차 풀리려는데, 참소하는 말이 끝도 없어 불행한 변고의 불길이 하늘을 찌를 듯했다. 이발과 이급(李汲) 형제는 같은 날에 곤장을 맞아 죽었는데, 홍가신(洪可臣)·허당(許鐺)·김영일(金榮一)의 무리들이 직접 그 상사(喪事)를 주관하여 예에 따라 장사를 지냈다. 이길(李洁)은 희천(熙川)으로 귀양을 갔다가 뒤에 잡혀 와서 또 곤장을 맞아 죽었다. 이급(李汲)의 아들과 이발(李潑)의 아들은 큰 아이가 11세요 작은 아이가 5세였는데 모두 죽였다. 이발의 어머니는 잡혀 와서 압사형(壓沙刑: 壓膝刑)을 받아 죽기에 이르렀으니, 비록 을사년(1545)에 이기(李芑)와 윤원형(尹元衡)이 멋내로 흉악한 위력을 행사했을지라도 이와 같이 참혹한 형벌은 있지 않았다. 옥졸(獄卒)들도 눈물을 흘리지 않은 자가 없었다.

백유양(白惟讓)은 자상하고 온화한데다 용모도 옥 같이 아름다운 사람이었지만, 그릇됨과 올바름을 분별하는데 이르러서는 논의가 강직하여 굽히려고 하지 않아서 명망이 당시에 두터웠으며, 더불어 교유한 사람이 모두 어진 스승과 덕망이 높은 선비들이었다. 아들 백진민(白震民: 白振民의 오기)이 국청(鞫廳)에서 진술하여 말했다.

"아비가 알지 못하는 일을 그 자식이 어찌 알겠습니까?"

추관(推官: 심문관)들이 가엾게 여겼다. 나이가 젊은데다 총명하고 민첩하여 그 집안의 아들에 걸맞았으니, 사람들이 애통하게 여기지 않은 자가 없었다. 백유함(白惟咸)은 백유양의 사촌동생이었다. 흉악하고 험하며 모질고 사나웠는데, 이때 헌납(獻納)이 되어 터무니없는 죄를 얽어 백유양을 죽였다. 장령(掌令) 장운익(張雲翼)이 아뢰어 말했다.

"동인들은 항상 서인들이 외척과 결탁한다고 배척하였는데, 지금 그들이 역적과 결탁한 죄는 어찌해야 하겠습니까? 청컨대 삼족(三族)을 멸하는 법을 시행하소서."

주상이 말했다.

"장령(掌令)의 말이 옳도다."

수찬(修撰) 허성(許筬)이 아뢰어 말했다.

"그 법으로만 다스려도 충분히 옥사(獄事)를 이룰 수 있으니, 성군(聖君)의 조정에서 어찌 진(秦)나라에서 쓰던 가혹한 법을 쓸 수가 있겠나이까?"

그 논의가 마침내 중지되었지만, 참혹한 형벌은 장운익(張雲翼)에게서 처음으로 시작되었다.

백유양(白惟讓)의 네 부자가 모두 곤장을 맞아 죽으니, 이웃 동네의 오랜 벗들조차 그 화가 미칠까 두려워하여 한 사람도 문상하러 온 자가 없었는데, 어떤 서얼(庶孽)이 와서 네 부자의 장례를 치렀다. 백유함(白惟誠: 白惟咸의 오기)은 대공복(大功服: 4촌 동생으로서 9개월 동안 입는 服制)을 입어야 할 친척으로서 물러나 있을 수만 없어 한번 가 보았는데, 그 장례 치르는 것을 보니 지극한 정성에서 우러나와 괴이하게 여겨 물었다.

"너는 누구냐?"

대답하여 말했다.

"소인은 집안의 서얼인 아무개입니다."

백유함이 말했다.

"그렇다면 너만 어찌하여 유독 나를 찾아보지 않았느냐?"

그 사람이 말했다.

"궁벽한 시골의 천한 것이 미처 찾아뵙지 못했습니다."

백유함이 장운익에게 당부하여 역적의 장례를 치렀다는 이유로 곤장을 때려죽이도록 하였다. 그의 마음씨가 이와 같았으니, 비록 자기 아버지와 임금을 죽이는 일일지라도 (협주: 아마도 빠진 글이 있는 듯하다.)

동강(東崗: 東岡의 오기) 김우옹(金宇顯)은 남명(南溟: 南冥의 오기)의 고제(高弟: 뛰어난 제자)요, 남명의 손녀서(孫女婿: 외손녀사위)였다. 한강(寒崗: 寒岡의 오기) 정구(鄭逑)와 뜻이 맞아 함께 배우며 시종 변함이 없었는데, 모두 성주(星州) 사람이다. 사람됨이 맑고 투명하여 흠결이 없었으니, 마치 얼음으로 만든 호리병에 맑은 가을달이 비친 것과 같았다. 남명이 매양 말했다.

"어질기는 맑게 갠 밤에 두견새가 새 한 마리도 잡지 않은 것과 같다."

또 말했다.

"꽃밭이 봄 이슬에 젖어 있는데 대나무 빗자루를 들고 그 앞에 서 있는 것이 이 사람의 본디 직책이로다."

이로써 그의 기상이 맑고 깨끗함을 가히 알 만하다.

김우옹은 복록과 재앙, 삶과 죽음, 이로움과 해로움, 얻음과 잃음 등을 염두에 두지 않았으니, 큰일을 당하여 시비를 다투는 데에 이르면 용감하기가 맹분(孟賁)과 하육(夏育) 같았다. 그의 학문은 먼저 의리와 이욕의 분별을 살피고서, 동자(董子: 董仲舒)가 이른바 그

도를 밝히고 그 공로를 계산하지 않는다면서 그 의리를 바르게 지키고 그 이익을 도모하지 않는다는 학문을 깊이 체득한 것이었다.

김우옹(金宇顒)은 율곡(栗谷: 이이)과 서로 친하였는데, 율곡이 당류(黨類)를 보호하는데 주력하자 교분이 점차 줄었다. 홍문관(弘文館) 정자(正字)로부터 부제학(副提學)에 이르도록 관직을 맡느냐 그만두느냐를 스스로 신중하게 하여 나아가기도 하고 물러나기도 하였다. 차자(箚子)를 올리면 격언(格言) 아닌 것이 없었으니, 선조(宣祖)가 매우 공경하고 중히 여겼다. 부모의 봉양을 위해 고향 부근의 수령을 청해 안동부사(安東府使)가 되었는데, 집에서 지냈는데도 잘 다스려졌다. 기축년(1589)의 옥변(獄變) 때, 정여립(鄭汝立)과 서로 친했다고 하여 회령(會寧)으로 귀양을 갔다. 그의 형인 전(前) 대사간 김우굉(金宇宏)이 아우가 귀양길을 떠나는 길에 와서 송별하며 손을 잡고 통곡하니, 김우옹은 태연한 안색으로 천천히 말했다.

"형님께서 지나치게 애통해 하시면 제 마음이 편치 못합니다."

곧장 귀양길을 나서서 갔다. 유배지로 가는 길에 때마침 철령(鐵嶺)에 이르렀는데, 조헌(趙憲)이 북방에서 떠나오다가 서로 만나게 되었다. 조헌이 날씨인사도 묻지 않은 채 먼저 물었다.

"숙부(肅夫: 김우옹의 字)는 이곳에 이르러 후회하지 않나이까?"

김우옹이 웃으며 대답하여 말했다.

"공론(公論)은 후세에 가서 정해질 것이네. 어찌 한 때의 형벌로서 겁박하여 결정할 수 있겠는가?"

조헌이 아무런 응답이 없었다.

김우옹(金宇顒)은 유배지에 이르러서도 몸이 화망(禍網) 속에 있는 줄도 모른 채 날마다 시골 노인들과 바둑을 두며 소일하였다. 금오랑(金吾郎: 의금부도사)이 뜻하지 않게 회령(會寧)에 도착하니, 온 회령 사람들이 모두 안동공(安東公: 김우옹)을 잡으러 온 것으로 여기고 상하가 어찌할 바를 몰라 허둥지둥하였지만, 김우옹은 옷깃을 여미고 바르게 앉아 조금도 두려워하는 기색 없이 말하고 웃는 것이 평소와 같았다. 금오랑이 부사(府使)를 붙잡아 갔는데, 김우옹은 또한 다행히 여기는 기색이 없었다.

임진왜란 때 주상이 용만(龍彎: 의주)으로 파천(播遷: 피난)하자, 김우옹은 고생스럽게 산 넘고 물 건너 걷기도 하고 말 타기도 하여 구사일생으로 겨우 행재소에 도달하니 은혜로운 총애가 배나 더했다. 주상이 도성으로 되돌아와서는 김우옹을 대사헌(大司憲)으로 삼았는데, 맨 먼저 정철(鄭澈)이 처사(處士: 최영경)를 터무니없는 죄로 얽어 죽인 죄를 논핵하고 그 여당(餘黨: 잔당)들에 대해서도 차례로 죄를 주었으니 늠름함은 범할 수가 없었다. 김우옹은 평소 질병이 많아서 인천(仁川)의 바닷가 마을에 조용히 살다가 또 청주(淸州) 땅으로 옮겼지만 몇 년이 지나 죽었다.

윤기신(尹起莘)은 수우당(守愚堂: 최영경)의 문인으로 이경함(李景涵: 이발) 형제와 도의지교(道義之交)를 맺었는데, 열두 차례나 형벌을 받았는데도 처음부터 끝까지 조금도 흔들리지 않고 오히려 의기가 양양하였다. 그가 평생 스스로 허여한 사람은 류종지(柳宗智)인데, 류종지는 남명(南溟: 南冥의 오기, 조식)의 문인으로 수우당(守愚堂)이 아끼고 중히 여겼다.

이황종(李黃鍾)은 지극정성으로 수우당(守愚堂: 최영경) 선생을 섬겼는데, 수우당 선생이 잡혀온 이후로 한밤중마다 목욕하고 풀려나기를 하늘에 기도하였다. 이황종이 쓴 쪽지편지[片簡]가 수우당의 문서 속에 있었는데, 짧은 편지가 조보(朝報)와 같이 보내진 것으로 그 내용은 이러하다.

"김자앙(金子昂: 金睟)이 부제학으로 들어가고 홍시가(洪時可: 洪聖民)이 경상도 관찰사로 나가니, 세상일은 알만한 것입니다."

자앙(子昂)은 김수(金睟)의 자(字)이고, 시가(時可)는 홍성민(洪聖民)의 자이다. 편지를 보낸 일은 수년 전의 일인데도, 정철(鄭澈)에게 미움을 받아서 죽은 것이다.

이언길(李彦吉)이 김제 군수(金堤郡守)로 있을 때 환자(還子) 창고의 곡식 10여 석을 정가(鄭家: 정여립)에게 지급하도록 한 일이 있었는데, 진안 현감(鎭安縣監) 민인백(閔仁伯)이 정여립(鄭汝立)의 반역을 고발하면서 이언길이 100여 석을 마련해 정여립에게 지급했다고 하니, 이 때문에 죽임을 당하였다.

류몽정(柳夢井)은 호남 사람이다. 고창(高敞)에 기이한 선비 오희길(吳希吉)이란 자가 있었는데, 정여립(鄭汝立)과는 평소 교분이 두텁지 않았는데도 편지를 보내어 문책하며 말했다.

"선생(先生: 정여립)께서 우계(牛溪)·율곡(栗谷) 두 선생을 배반하고 류몽정과 교유하는 것은 무슨 뜻입니까? 우계와 율곡 두 선생은 오늘날 정자(程子)와 주자(朱子)입니다. 그러나 류몽정은 착한 사람[善人]에 불과합니다."

그 편지는 정여립의 문서 속에 있었으니, 선조(宣祖)가 즉시 오희길에게 역마를 타고 올라오도록 명하여 특별히 참봉에 제수하고서 전교(傳敎)하였다.

"류몽정이 정적(鄭賊: 정여립)과 서로 친하였거늘 그물에 걸리지 않고 빠져나간 물고기가 되어, 꽃피는 아침과 달 밝은 저녁에 제 마음대로 시가를 읊조리고 있으니 지극히 해괴망측하도다."

류몽정이 잡혀와서 형벌을 두 차례 받고 죽었다. 그의 자손들은 조상이 죄 없이 억울하게 죽은 것을 애통하게 여겨서 뒷날 과거에 급제하는 경사가 있어도 잔치를 베풀지 아니하였으니, 슬픈 감회가 배나 더하였다. 그 뒤로 오희길은 또 좌랑(佐郞) 김자한(金自漢)이 역적 허균(許筠)과 함께 반역 모의에 참여했다고 고변했으나, 도리어 무고죄로 곤장을 맞고 유배되었다.

정개청(鄭介淸)은 호남의 큰 선비로 학문이 해박하고 예법에 정통하였는지라, 배우려는 자가 구름같이 모여들었다. 정개청(鄭介淸)이 학문절의변(學問節義辨: 節義淸談辨인 듯)을 지은 대의는 여동래(呂東萊: 여조겸)가 논한 바의 절의와 학문 가운데 하나라고 주장하지만 다툼의 실마리들이 뒤섞이어 비롯된 것이라서 자못 그것을 비난하는 자들이 있었다. 이는 10년 전의 일이었지만 반역의 변고가 일어나는데 이르자, 서인(西人)들은 정개청이 배절의론(排節義論)을 지어서 선비들의 습속을 야박하게 하여 바람에 풀이 쏠리듯 역적(逆賊: 정여립)에게 따르도록 하려는 계획이라고 하였다. 김우옹(金宇顒)은 형벌을 두 차례 받고 유배지에서 죽었다. 그의 아우는 지금까지도 흰 허리띠를 하고서 고기를 먹지 않고 술을 마시지 않는다. 참봉에 제수되었지만 나아가지 않았다.

한백겸(韓百謙)·심경(沈憬)은 한림(翰林) 이진길(李震吉)의 장례를 보살폈다고 해서 각기 형벌을 한 차례 받고 북도(北道)로 귀양을 갔다. 이진길은 정여립(鄭汝立)의 생질로 문장과 학문이 정여립도 두려워할 정도였다. 이진길이 곤장을 맞고 죽은 뒤, 한준겸(韓浚謙)·정경세(鄭經世)·박승종(朴承宗)은 한림 이진길을 잘못 천거한 죄에 연루되어 옥에 몇 개월 동안 갇혔다가 내쫓겼다. 심경은 견문이 넓었고 재주가 많았다. 한백겸은 습정(習靜: 민순) 선생으로부터 가르침을 받아 그의 도(道: 공자의 도)를 전수한 자인데, 의리에 대해 털끝만큼 미세한 곳까지 파고들었고 역학(易學)에도 정통하여 당대의 통달한 유학자였다. 관직은 호조 참의(戶曹參議)에 이르렀다.

우의정 정언신(鄭彦信)에 대해 유홍(兪泓)이 아뢰었다.

"정언신은 공공연히 옥사를 뒤엎으려는 계략을 가지고 있음을 언사에 드러내면서 조금도 거리낌이 없었습니다."

주상이 영의정 류전(柳㙉: 柳㙉의 오기)에게 물었다.

"경(卿)은 이 말을 들었소?"

"신(臣)은 귀가 먹어서 들을 수가 없었사옵니다."

이산해(李山海)에게 물으니, 대답했다.

"들은 듯도 하고 듣지 않은 듯도 하여 정확하게 알지는 못하옵니다."

또 형방(刑房: 우부승지) 이준(李準)에게 물으니, 대답했다.

"신(臣)은 문서를 수정하느라 허둥지둥하는 가운데 미처 듣지 못하였사옵니다."

문사낭청(問事郎廳: 임시신문관) 강신(姜紳)에게 물으니, 대답했다.

"실로 그런 일이 없었사옵니다."

대사헌 홍성민(洪聖民)이 대답했다.

"정언신의 말은 만약 단도직입적으로 논하자면, 이 옥사가 이루어져서는 안 된다는 것이었습니다."

홍성민과 유홍이 서로 의논하여 허위 사실을 만들어낸 것이었다. 정언신은 형벌을 두 차례 받고 경원(慶源)에 귀양을 갔다가 죽었다.

계미년(1583) 북호(北胡: 尼湯介)의 난 때, 정언신이 참찬(參贊: 우참찬)으로 순찰사(巡察使: 함경도순찰사)가 되어 그들을 쳐서 평정하였다. 사마장(司馬長: 병조 판서)이 되어 변방의 일에 환히 정통한데다 지모와 책략까지 있어서 주상이 장성(長城)처럼 의지하였으나, 끝내 참소하는 말에 의해 모함에 빠지게 되니 공론이 매우 애석하게 여겼다.

유홍(俞泓)은 흉하고 음험한데다 탐욕스럽고 비루하여 당시의 공론에 버림을 받았으나, 마침 중원(中原: 명나라)에 사신으로 가서 종계(宗系: 이성계가 고려의 권신 李仁任의 아들로 잘못된 것)를 고치도록 아뢰고 돌아왔다. 이 때문에 특별히 원훈(元勳: 光國功臣 1등)이 되어 좌의정이 되었다.

상국(相國) 노수신(盧守愼)이 역변(逆變)이 일어났다는 소식을 듣고 궐문 밖에 나아가 차자(箚子) 몇 줄을 써서 올렸다.

"역변이 사림 가운데서 일어났으니 헛말을 들은 듯이 조사하고 처벌하여 죄인들을 다스리소서. 엎드려 성상께 만복(萬福)이 이르기를 바라나이다."

성혼(成渾)이 그것을 보고 말했다.

"글자 글자마다 사기(邪氣)가 띠었도다."

대간(臺諫)이 벼슬을 빼앗고 내쫓으라는 탄핵을 하자, 그때 병이 위중함에도 동대문(東大門) 밖에 나가 대죄하였다. 정철(鄭澈)이 사람을 보내어 물었다.

"상국(相國)이 진에 역직(逆賊: 정여립)을 천거하시너니 지금 어떠
하시나이까?"

노수신(盧守愼)이 대답했다.

"사람마다 제각각 소견이 있네."

조금도 굽힐 생각이 없었다. 노수신이 죽는 날에 이르러서는 찾
아오는 사람이라고는 없어 적막하였다. 상국(相國)이 그 이전에 차
자(箚子)를 올려 사직(辭職)을 청하며 말했었다.

"속담에 이르기를, '죽은 정승이 산 강아지만 못하다.'고 하였사
옵니다."

노수신이 전원(田園)으로 돌아가 죽었으니, 그의 말은 참으로 오
늘날의 상황과 부절을 합한 듯 맞았다. 도동서원(道東書院: 도남서원
의 오기)에 배향(配享)되었으며, 소재집(蘇齋集) 10여 권이 세상에 전
한다.

조대중(曺大仲: 曺大中의 오기)은 전라 도사(全羅都事)였는데, 역변
이 일어났을 때 담양(潭陽) 객관(客館)에 있으면서 때마침 기일(忌日)
을 맞아 행소(行素: 素食)하였다. 그런데 호남의 도깨비 같은 무리들
은 조대중이 역적(逆賊: 정여립)과 서로 친하여 눈물을 흘리고 행소
(行素)하였다는 말까지 지어내었는데, 조대중이 잡혀 와서 엄한 형
벌의 국문을 받아 죽기 직전에 짤막한 시를 바쳤으니, 이러하다.

지하에서 비간 따라갈 수만 있다면	若從地下比干去
그땐 웃음 머금을지니 슬퍼할 것 없네.	此時含笑不含悲

국청(鞫廳: 임시 신문관청)에서 심수경(沈守慶)이 추관(推官: 신문관)들과 상의하며 말했다.

"이 시는 역모에 관계되지 않고 막되게 말한 것에 불과하니, 모름지기 주상께 아뢸 것까지 없는 것 같소."

모두들 그렇게 생각하고 아뢰는 것을 그만두었다. 그러나 대사헌(大司憲) 최황(崔滉)이 대궐에 달려가 주달하니 주상이 진노하였는데, 조대중(曺大仲)이 이미 죽은 뒤라서 그의 처자식을 잡아들여 모두 죽였다. 임진왜란 때 최황의 가족들이 왜적에 의해 해를 당하니, 사람들이 천도(天道)는 정상으로 돌아오기를 좋아한다고 하였다.

[13] 정철(鄭澈)이 어느 날 문사낭청(問事郞廳)으로 하여금 임금에게 아뢰도록 하였다.

"영남에 있는 대적(大賊)이 장차 봉기하여 차령(車嶺)을 가로막고는 임진강(臨津江)을 군게 막고 용진강(龍津江: 북한강)을 차단하여서 사방의 근왕군(勤王軍)을 방어하며 중앙으로 쳐들어온다고 하니 미리 대비를 꾀하지 않을 수 없사옵니다."

대적이란 바로 수우당(守愚堂: 최영경)을 가리킨 것이었다. 이에 주상이 말했다.

"이 역모를 아는 자야말로 이 역모에 참여하였을 것이니, 누가 고변하였는지 즉시 회계(回啓)하라."

정철(鄭澈)이 백유함(白惟誠: 白惟咸의 오기)과 과음하다가 이를 듣고 매우 놀라 술잔을 떨어뜨리고는 어떻게 해야 할지 몰라서 또 속여 말했다.

"충의위(忠義衛) 아무개가 고변한 것이다."

아무개는 즉시 잡혀 들어와서 두 차례 형벌을 받고 죽었다. 이른바 충의위 아무개는 정철의 첩 의녀(醫女) 선복(善卜)의 정부(情夫)이었다. 이처럼 없는 죄를 얽어서 죽였으니, 정철의 심사(心事)가 대체로 이와 같았다.

(협주: 임인년(1602) 7월 27일 조강(朝講) 때에 병조 판서 신잡(申磼)이 아뢰기를, "매양 우러르며 아뢰고자 했으나 그렇지 못했사옵니다. 역적(逆賊: 정여립)의 옥사 때에 정철이 비밀리에 아뢰기를, '역적이 호남의 길목을 누르고 해서(海西: 황해도)의 어귀를 끊은 뒤에 의병이 영남으로부터 일어나면 종묘사직이 위태할 것입니다.' 하니, 주상께서 작은 종이에 써서 답하시길, '이 말을 들은 자야말로 필시 이 모의 참여하였을 것이다.'라고 하시는지라, 신(臣)이 문사낭청(問事郞廳)으로서 승정원에 나아가 봉서(封書)를 가지고 정철 앞에 가 뜯어보니, 정철이 매우 번민하며 대답할 바를 알지 못하다가 겨우 말하기를, '이런 말은 사람 사람마다 모두 하는 것이니 자네도 또한 들었는가?' 하였사옵니다. 신(臣)이 대답하기를, '나는 들은 바가 없소이다.'라고 하니, 정철(鄭澈)이 말하기를, '이 말은 기효증(奇孝曾)과 이선경(李善慶)이 하였기 때문에 들은 것이다.'라고 하였사옵니다. 그래서 신(臣)이 말하기를, '이

러한 일은 중대하와 대궐에 가서 친히 아뢰지 않을 수 없소이다.'라고 하니, 도리어 글로 아뢸 때에 기효증과 이선경의 이름은 쓰지 않고 이항복(李恒福)의 이름을 써서 바쳤나이다. 이항복이 말하기를, '정철이 스스로 말한 것이기 때문에 안 것이로다. 그런데 지금 내 이름을 써 넣은 것은 참 답답한 일이로다.'라고 하였사옵니다. 이 일은 지금 증빙할 만한 문서나 기록이 없사오나, 소신(小臣)이 분명코 보았기 때문에 우러러 아뢰나이다." 출처:《은대일록(銀臺日錄)》)

남계(南溪: 이길) 형제를 귀양 보낸 뒤, 정철이 의원(醫員) 조영선(趙永善: 趙英璿의 오기)으로 하여금 죄인 선홍복(宣泓福)을 은밀히 사주하게 하여 말했다.

"네가 만약 이발(李潑) 형제를 끌어들인다면, 네 몸은 무사하고 또 좋은 관직을 얻을 것이다.

선홍복은 그 말을 믿고 꾀인 대로 똑같이 하자, 이발의 형제가 다시 옥에 갇혔다가 죽었다. 선홍복도 또한 모면하지 못하고 저자거리에서 형을 받을 때에 말했다.

"내 죄는 진실로 마땅히 죽어야 하나, 조영선의 말을 듣고서 믿어 아무런 일도 없었던 사람을 모함하였으니 부끄럽고 한스러운 것을 어찌하랴?"

정철(鄭澈)이 국사(國士)로 조영선(趙永善)을 대우하니, 조영선은 교만과 망령됨이 날로 심하였다. 정철이 술자리를 크게 베풀었는데, 조영선도 참석하였다. 정철이 조영선으로 하여금 술을 주고받는 예를 행하도록 하니, 심충겸(沈忠謙)이 말했다.

"내 비록 노둔할지라도 차마 조영선이 권하는 술을 받아 마실 수 있겠나이까?"

그리고는 발끈하며 일어났다. 심충겸은 대사간(大司諫)이었는데, 옥사(獄事)가 사방으로 뻗쳐 사림(士林)들에게까지 미치는 것을 통분해 하여 말하는 가운데 드러낸 것이었다. 장령(掌令) 장운익(張雲翼)이 그를 죽음에 몰아넣고자 하였으나 겨우 화를 모면하였다. 심충겸은 선대 때부터 사림을 도와서 보호한 사람이었다. 남명(南溟: 南冥의 오기)이 단성 군수(丹城郡守)에 제수되자 사직소(辭職疏)를 올려 말했다.

"자성(慈聖: 명종의 어머니 문정왕후)이 성실하고 생각이 깊어도 궁중의 한 과부일 뿐이고, 전하께서는 어리시니 선왕의 한 외로운 후사일 뿐이옵니다."

이와 같은 글에 문정왕후(文定王后)가 대노하고 윤원형(尹元衡)이 남명을 잡아다가 죽이고자 했으나 심충겸의 할아버지 심통원(沈通源)이 영의정에 있으면서 지극히 변호하여 제지하였고, 을사사화(乙巳士禍) 때도 화를 입은 사람들이 죄가 없음을 밝히고 누명을 벗겨 구원하는데 힘을 쏟은 것이 있었다.

유홍(俞泓)·황정욱(黃廷彧)·구사맹(具思孟)·홍성민(洪聖民)·남언경(南彦經)은 정철(鄭澈)의 명성과 위세를 의지하는 자들이다. 백유함(白惟誠: 白惟咸의 오기)·구성(具宬)·장운익(張雲翼)·황혁(黃赫)·이흡(李洽)·류홍진(柳拱辰)은 정철의 주구 노릇을 하는 자들이다. 진사(進士) 성격(成格)·이춘영(李春英)·송익필(宋翼弼)·송한필(宋翰弼)은 정철의 심복들이다. 그들을 벌주려면 이루 다 벌줄 수 없을 정도여서 그 심한 자만 골라내서 기록한다.

우계(牛溪)와 율곡(栗谷) 두 사람은 사림의 영수로서 배우려는 자들이 스승으로 삼으니, 유학(儒學)을 일으키는데 자못 힘을 쏟았다. 다만 자기가 친하고 아끼는 자들에게만 치우쳤다. 그런 까닭에 정철에게 미혹을 당하고는 시종일관 그를 돌보고 옹호하는 것을 언제나 잊지 않았다. 정철도 그것을 믿고서 더욱 독살스럽게 굴어 조금도 꺼려하거나 두려워함이 없어서 최 처사(崔處士: 최영경)를 죽이기에 이르렀다. 그런데도 우계와 율곡은 시종일관 한마디 말도 아니하였으니, 춘추필법(春秋筆法)으로 논하자면 그 죄는 매한가지다.

나와 성문준(成文濬)이 초상집에서 만나 조문객들과 함께 앉아 있는데, 성문준이 나에게 물었다.
"남녘 고을의 의론은 아버지께서 처사(處士: 최영경)를 없는 죄로 얽어 죽였다고 한다는데 그대도 들었는가?"
내가 대답했다.

"발걸음을 남녘 고을로 향하지 않은 지가 오래라서 실은 그러한 의론이 있다는 것을 듣지 못했네."

성문준(成文濬)이 말했다.

"그대의 생각으로는 어떤가?"

내가 대답했다.

"죄를 씌워 죽였다는 죄명이야 내가 감히 단정할 수가 없지만, 구출하지 않았다[不救]는 두 글자는 후세에 면하기가 어려울 것이네."

성문준이 말했다.

"말하거나 침묵해야 할 사이에 처음에 하려고 했다가 하지 못하고 있던 것을 않는 것만 같지 못하네."

이어서 또 말했다.

"송강(松江: 정철) 역시 애매하네."

내가 대답하여 말했다.

"정철이 저 최영경(崔永慶)을 죽이지 않았다면 누가 죽였단 말인가?"

성문준이 아무런 대답을 하지 못했다.

수우당(守愚堂: 최영경)이 말했다고 한다.

"나는 평생 털끝만큼도 죄를 범한 것이 없지만, 다만 성혼(成渾)과 절교하니 이 같은 극도의 지경에 이르렀다."

[14] 황혁(黃赫)은 왕자 순화군(順和君)의 장인이다. 임진왜란 때 그의 아버지 황정욱(黃廷彧)과 함께 순화군을 배종(陪從)하여 북도(北

道)로 피난하였는데, 지나는 곳마다 삼을 베듯 사람을 많이 죽이고 여염집들을 분탕질하는 것이 도리어 왜적보다도 심하였다. 이에 북도 사람들이 이를 괴로워하여 왕자 순화군과 황정욱 부자를 아울러 결박하여 왜적에게 바치고 투항하니, 황정욱이 무릎을 꿇고 신하라고 칭하였다. 전란이 평정된 뒤에 이르러서는 조정의 논의가 황정욱 부자를 형률에 따라 죄를 정하니, 주상이 사형을 사면하여 도성 밖으로 내쫓았다.

황혁은 서쪽 변방의 무뢰배로서 깨끗한 공론에 용납되지 못한 지가 오래였다. 우성전(禹性傳)과 서로 사이좋았지만, 황혁이 우성전에게 황당지설(荒唐之說)로 말했다.

"호원(浩元: 성혼의 字)이 사람들에게 말하기를, '역모를 다스리는 이때를 당하여 반드시 서인(西人) 중에 말이나 행동을 삼가고 조심하여 일을 일으키지 않을 자를 택해 대간(臺諫: 사헌부와 사간원의 벼슬을 통틀어 일컫는 말)으로 삼아 끝내 낭패를 겪는 화가 없게 해야 한다.'고 해서 미천한 이름[賤名: 황혁의 이름]을 그 대상 중에 먼저 언급했다고 하네."

우성전이 그 말을 믿고 전상(銓相: 이조 판서) 이양원(李陽元)을 찾아가서 말하자, 이양원(李陽元)이 말했다.

"정권을 받아들여도 낭패이고 받아들이지 않아도 낭패인데, 지금 성호원(成浩元: 성혼)의 말을 들으니 매우 일리가 있네."

황회지(黃晦之: 황혁)를 먼저 대간(臺諫)의 의망(擬望: 추천서)에 올려서 다음날 장령(掌令: 사헌부의 정4품 관직)에 제수하였다. 황혁(黃赫)은 입술을 나불거리고 악행을 서시르는 자였으니, 서인을 일망타진하려는 계획을 세웠다. 호원(浩元: 성혼)이 황혁을 장령으로 삼았다는 말을 듣고 크게 놀라 말했다.

"서인은 이제부터 망하겠구나."

그 후로 황혁은 다시금 대부(臺府: 사헌부)에 들어가지 못하였다.

황정욱(黃廷彧) 부자는 김우옹(金宇顒)을 모략하여 죽이는 것을 자기의 소임으로 여겼지만, 임진왜란이 끝난 뒤에 김우옹이 대사헌이 되자 임금을 독대하여 아뢰었다.

"황정욱이 비록 적의 뜰에서 무릎을 꿇었을망정 실은 원훈대신(元勳大臣: 나라의 큰 공훈이 있는 대신)이니, 조금은 은전을 베풀어야 하옵니다."

이로써 황정욱 부자는 죽음을 모면했으니, 군자의 공명정대한 마음을 여기서 알 수 있다.

만전당(晩全堂) 홍가신(洪可臣)은 금옥(金玉) 같은 군자로 어려서부터 늙어서까지 털끝만큼도 하자가 없었다. 습정(習靜: 민순) 선생의 신도비명(神道碑銘)을 지었으며, 관직은 형조 판서(刑曹判書)에 이르렀다. 관직에서 물러나 아산(牙山)에서 살았으며, 호는 만전(晩全)이라 하였다. 홍주 목사(洪州牧使)였을 때, 홍산(洪山: 鴻山의 오기. 지금

의 부여)에서 이몽학(李夢鶴)이 반란을 일으켜 임천 군수(林川郡守) 박
진국(朴振國)과 홍산 군수(鴻山郡守) 윤영현(尹英顯: 尹英賢의 오기)을
사로잡고 연달아 5개 군현을 함락하였다. 관군은 궤멸하여 달아나
고, 마을 사람들은 메아리처럼 모여들어 열흘 안에 반군이 수천
명에 이르자 도성(都城)이 놀라서 동요하였다. 적장(賊將: 이몽학)은
홍주(洪州)가 큰 고을인데도 백면서생(白面書生)이 지키고 있으니 먼
저 홍주를 탈취하여서 차지한 뒤 곧장 경성(京城)에 이르는 것이 낫
겠다고 생각하고는 홍주를 진격해 갔다. 공(公: 홍가신)이 성위에 올
라 군중들에게 맹세하니, 온 고을 사람들이 감격하여 눈물 흘리면
서 굳게 지키고 나가 싸우지 않으며 그 정세를 관망하였다. 이에
적장(賊將: 김경창 등)은 반란이 성공하지 못할 것을 알고 이몽학의
목을 베어 바침으로써 반적의 무리들이 모두 토평되었다. 이 토평
에 의해 공신으로 책록된 뒤에는, 나이가 많다고 핑계하여 벼슬에
서 물러났다.

　허상(許鑑: 許鏜의 오기)은 효성과 우애를 타고난 데다 의론이 방
정하였는데, 관직에 나아가 정사(政事)를 볼 때 털끝만큼의 사심도
없었고, 그 도(道)에 합당하지 않으면 비록 왕공과 대신[王公大人]들
이라 할지라도 관용하지 않았으니 주상도 또한 그가 정대하고 공명
함을 알았다. 임진왜란 후에 명나라 군사들이 온 나라에 가득 넘쳐
나 폐를 일으키면서 못하는 짓이 없었다. 정주(定州)는 관서지방의

큰 고을로 그 관가의 창고에 쟁여둔 것들을 공공연히 탈취해갔는
데, 조금만 뜻에 맞지 않으면 목사(牧使)를 구타하여서 사람들은 모
두 그곳에 부임하는 것을 싫어 회피하였다. 공(公: 허당)이 정주 목
사(定州牧使)가 되어 부임하자마자 엄히 정대(正大)하기를 스스로 신
칙하면서도 은혜와 위엄을 아울러 드러내니, 명나라 군사들이 두
려워서 따르며 그의 무리들에게 경계하여 말했다.

"이 대부(大夫)는 천지신명이라도 감히 범할 수 없다."

그 뒤에 허당(許鐺)은 경주 부윤(慶州府尹)에 제수되었다. 오래지
않아 주상이 비국(備局: 비변사)에 하교(下敎)하여 말했다.

"의주(義州)는 적임자가 아닌 사람이 여러 차례 거쳐 가서 장차
버려진 고을이 될 지경이니, 문관(文官)·무관(武官)·음관(蔭官)이든
직품의 높고 낮음을 따지지 말고 천거하라."

비국(備局)에서 그러한 사람을 천거하는 것을 어려워하자, 주상
이 특명으로 허당을 제수해서 관직을 바꾸어 임명하였다. 영의정
류영경(柳永慶)이 사사로운 감정을 품고서 경주(慶州)와 의주의 거리
가 아득히 멀어 서로 바꾸어 부임하는 것이 불편하다며 방해하였
다. 허당은 오래지 않아 경주에서 죽었다.

박의(朴宜)가 직산 현감(稷山縣監)이었을 때, 명나라 군사들이 말
하기를, "충직하고 온후한데다 어진 사람이다."라고 하면서 또한
감히 폐를 일으키지 않았다.

죽정(竹亭) 김영일(金榮一)은 모습이 해학(海鶴: 갈매기)과 같았으니 표연히 세상을 벗어나려는 생각을 가지고 장의동(藏義洞)에 터를 잡아 지었는데, 정원이 맑고 산뜻한데다 대나무로 지었기 때문에 죽정이라 불렀다.

우성전(禹性傳)의 자(字)는 경선(景善)이다. 사람됨이 재주가 많고 기백이 왕성하였다. 퇴계(退溪) 선생의 문하에서 수학하였으며, 초당(草堂) 허엽(許曄)의 사위이다. 또한 당시 명망(名望)이 있어서 당대의 친구들이 모두 그를 따라 노닐었다. 타고난 기개가 드높아 남에게 몸을 낮추지 않았으니, 비록 상국(相國) 류성룡(柳成龍)일지라도 압도되었다. 성격은 남들의 우두머리 되기를 좋아하나 남에게 낮추려 하지 않았다.

이경함(李景涵: 李潑)은 우성전에게 훗날 폐단이 있을 것을 알고서 청환(淸宦)의 후보자에 추천되는 것을 허락하지 않았으니, 중론(衆論)이 시끄러웠고 또한 안으로부터 붕당이 일어날 징조마저 있었다. 서애(西厓: 류성룡)가 이조 판서가 되어 남쪽에서 왔는데, 경선(景善: 우성전)의 일파들이 강가에 나가 맞이하였다. 경선이 당시에 용납되지 못하는 것을 언급하자, 이현(而見: 류성룡)이 대답하여 말했다.

"숙헌(叔獻: 이이)이 정철(鄭澈)을 보호하다가 사론(士論)에 버림을 받았고, 경함(景涵: 이발)이 사류(士流: 士林)이니 사류와 다투어서는 안 될 것이고, 경선(景善: 우성전)도 사류이니 끝내는 반드시 알 것이네. 그때 등용되어도 또한 늦지 않을 것이네."

오래지 않아서 우성전은 연안 부사(延安府使)에 제수되어 나갔다. 경선(景善)은 회현동(會賢洞)에 살고 경함(景涵)은 장의동(藏義洞)에 살았는데, 이로써 남인과 북인으로 나뉘었다.

선조(宣祖) 말년에 동인(東人)은 나뉘어 남인(南人)과 북인(北人)이 되고, 북인은 안에서 점점 분열하여 청북(淸北)·탁북(濁北)·골북(骨北)·육북(肉北)으로 일컫기도 하다가 마침내 대북(大北)·중북(中北)·소북(小北)이 되었다. 폐조(廢朝: 광해군)에 이르러서는 더 한층 심해져서 나라가 망하고 사람들이 죽기에 이르렀으니, 기실은 상국(相國) 김응남(金應南)이 재앙의 원인이다.

이경전(李慶全)은 아계(鵝溪) 이산해(李山海)의 아들이다. 그가 처음 벼슬길에 들어서자 경박한 사람들이 이랑(吏郞: 吏曹郞廳)에 천거하니, 정경세(鄭經世)·한준겸(韓浚謙)·김홍미(金弘美)가 이를 막았다. 김응남은 이산해의 매부요, 한음(漢陰) 이덕형(李德馨)은 이산해의 사위인데, 두 사람이 대북을 주동하였기 때문에 이경전의 일파가 표범이 산에 있는 형세를 의지하여 남인을 공격하는데 못하는 짓이 없었다. 김응남(金應南)이 오래지 않아 죽으니, 이덕형(李德馨)이 북인의 조짐을 키워서는 안 될 것임을 알고 도로 남인에 들어갔다.

[15] 수우당(守愚堂: 최영경)은 마음속으로 늘 우계(牛溪: 성혼)가 산림의 선비로서 당시의 정사(政事)에 간여하는 것을 애석하게 여겼는데, 노 상국(盧相國: 노수신)이 모친상을 당했을 때 우계가 어떤 사람에게 편지를 보내어 말하기를, "후배들이 이미 좌태(左台: 좌의정)을 잃었는데도 그 틈새를 막고 시기를 엿볼만한 조짐이 없도다." 라고 한 것을 수우당이 듣고서 말했다.

"이는 남의 상사(喪事)를 요행으로 여기는 것이로다."

이로부터 교분이 마침내 소원해졌다. 그 뒤로 수우당은 우계 집을 지날 때면 방문하지 않았으니, 우계가 앙심을 품었다가 점차 시기하고 의심하니 인하여 재앙의 뿌리가 되고 말았다. 삼봉(三峯)을 수우당의 또 다른 호칭이라 하여 화(禍)가 장차 불어 닥칠 줄 헤아릴 수가 없었을 것이다.

선산(善山)에 사는 사인(士人) 김종유(金宗儒)의 자(字)는 순중(醇仲)이며, 우계(牛溪)의 문인이면서 수우당(守愚堂)과도 친한 사람이었다. 수우당을 위하여 우계를 만나러 파주(坡州)로 가서 울며 말했다.

"수우당(守愚堂)의 일을 선생님께서 구원하지 않아서는 안 됩니다. 구원한 후에는 반드시 의논할 일이 있을 것입니다."

우계(牛溪)가 아무 말 없이 한참 있다가 말했다.

"그의 사람됨이 너무 편벽되고, 사람들이 부르는 삼봉(三峯)은 아마도 그의 별호이라네."

순중(醇仲: 김종유)이 말했다.

"삼봉은 도깨비 같은 무리들이 지어낸 말이거늘, 선생이 어찌 차마 그 말을 하신단 말인가?"

돌아오는 길에 도성의 친구들을 방문하여 말했다.

"수우당이 죽네. 우계가 수우당을 구원할 생각이 없다네."

이로부터 마침내 우계의 문하가 둘로 나뉘게 되었다.

우계는 그의 아들을 옥중에 보내어 수우당(守愚堂: 최영경)의 안부를 물었고, 수우당이 출옥하게 되자 또 그의 아들을 보내어 위로하였다. 사람들이 최영경(崔永慶)에게 말했다.

"우계가 이와 같이 온 정성을 다하니, 선생을 저버리지 않았다고 할 만합니다."

최영경이 웃으며 말했다.

"이것이야말로 내가 취하지 않은 까닭이다."

최영경은 다시 옥에 갇혔고, 공초(供招: 죄인의 진술)한 말은 이러하다.

"이이(李珥)는 명망이 사람들 사이에서 높았는데, 당시 젊은이들이 매달려 벼슬에 나아가는 길로 삼고서 입을 모아 신(臣)에게 칭찬하였지만 신(臣)이 웃으며 대답하지 않았더니, 이 때문에 이이(李珥)를 헐뜯었다고 해서 비방이 몰려와 여론이 비등하였습니다. 이것이 신(臣)이 화를 받게 된 것이옵니다.

진주 판관(晉州判官) 홍정서(洪廷瑞)는 관직에 있으면서 불만이 많았는데, 사람들이 그의 사람됨을 비루하게 생각하였습니다. 그가 여러 차례 만나기를 청했지만 만나보지 않았더니, 이 때문에 터무니없는 말을 지어낸 것입니다. 신(臣)은 병으로 문밖을 나가지 않은 지가 이미 오래되었는데, 어찌 정여립(鄭汝立)과 700리 밖의 땅에서 서로 만날 수 있겠습니까?"

국청(鞫廳)에서 홍정서를 잡아들여서 서로 대면시켜 심문하기를 청하였는데, 홍정서가 잡혀올 즈음에 이르러 허둥지둥 어찌할 바를 모르다가 감관(監官) 정홍조(鄭弘祚)에게 말했다.

"이 말은 너에게서 들을 것이니, 너는 꺼리어 감추고 숨기지 말라."

감관이 깜짝 크게 놀라서 말했다.

"성주(城主: 홍정서)는 어찌 이러한 말을 하신 것입니까? 저는 어리석어서 알지도 못하는 말을 어찌 제게서 들은 것이라 하시는 것입니까?"

홍정서가 말했다.

"나는 네게서 들었으니, 너는 다른 말을 하지 말라."

감관이 말했다.

"이는 하늘이 망하는 시기이니 어찌 해야 합니까?"

홍정서(洪廷瑞)가 말했다.

"너는 나와 화(禍)든 복(福)이든 간에 일을 같이하면 부귀를 함께 누릴 것이다."

감관이 거짓으로 응낙하여 좋다고 했다.

홍정서가 옥에 나아가 자백하여 말했다.

"감관 아무개로부터 들었으므로 감관을 한꺼번에 데려와야 할 것입니다."

그래서 즉시 감관을 잡아들여 심문하였더니, 감관이 말했다.

"제가 사는 곳은 최영경(崔永慶)의 집과 60리나 떨어져 있으니, 비록 이런 일이 있었다 한들 제가 어찌 알 수 있었겠습니까? 최영경은 문을 닫고 나오지 아니하여 이웃 사람이라도 그 동정을 들어 알지 못하거늘, 하물며 먼 곳에 있는 사람임에야 말해 무엇 하겠습니까? 판관이 근거 없는 말을 해놓고는 지적할 사람이 없자 신(臣)을 증거로 삼으려고 하는 것입니다. 신(臣)이 비록 못난 사람이지만, 어찌 감히 어진 이를 예측할 수 없는 위험한 곳에 빠뜨리겠습니까? 차라리 죽어서 의로운 귀신이 될지언정 살아서 의롭지 못한 사람이 되는 것을 원치 않사옵니다."

감관은 형벌을 두 차례 받고 풀려 나왔다. 홍정서는 반좌율(反坐律: 무고죄)에 걸릴 것을 알고서 독주(毒酒)를 최영경에게 먹였다. 최영경(崔永慶)은 즉사하고, 홍정서(洪廷瑞)는 죽음을 면하였다. 최영경은 평소에 병이 많아서 식음을 전폐하고 아침저녁으로 소주 한두 잔을 마셨는데, 홍정서가 최영경이 소주 마시는 것을 알고 중간에 독으로 바꾸어 넣은 것이었다.

최영경이 죽음에 이르러 숨이 거의 끊어지려 하자 정철(鄭澈)이 의관을 보내어 진맥하게 하니, 최영경이 손짓으로 거절하며 말했다.

"위관(委官)이 나의 맥을 진찰해서는 안 된다."

　그리고는 마침내 세상을 떠나려 했다. 제자들이 와서 사후의 일에 대해 말해주기를 청하자, 최영경은 붓을 잡고서 '정(正)'자를 쓰다가 획을 미처 다 마치지 못하고 세상을 마쳤다.

　그 후에 권유(權愉)가 상소하여 최영경의 죄가 신원(伸寃)되었으며, 선조(宣祖)가 최영경에게 대사헌을 증직하였고 그의 동생 최여경(崔餘慶)에게 공조 참의(工曹參議)를 증직하였으며, 최영경의 처자식들에게 요미(料米)를 주도록 하였다. 선조(宣祖)가 정철에게 속은 것을 깊이 후회하여 매양 독철(毒澈: 악독한 정철)·간철(奸澈: 간사한 정철)·사철(邪澈: 사악한 정철)이라고 칭하였으며, 강계(江界)로 귀양을 보냈다. 애초에는 특명으로 정철을 진주(晉州)에 귀양을 보냈으니, 이것은 성스런 주상의 뜻이 있었던 것이다.

　최영경이 처음 진주옥(晉州獄)에 갇혔을 때, 선비들 및 품관(品官)들이 알든 모르든 간에 옥문 밖에 모여들었는데 거의 천여 명이나 되었다. 최영경(崔永慶)이 옥문을 닫고 들이지 아니하니, 그들은 노숙하면서 며칠 동안 흩어지지 않았다. 어떤 사람이 최영경에게 물었다.

　"선생이 옥중에 여러 달 있으면서 털끝만큼이라도 생각에 동요됨이 없었습니까?"

　최영경이 대답하였다.

　"죽고 사는 것은 이미 잊은 지가 30년이 지났네."

　최영경이 그 묻는 사람에게 말했다.

"식욕이 가장 중한 것이네."

그 사람이 물었다.

"어찌하여서 이런 말을 하시나이까?"

최영경이 말했다.

"내가 잡혀서 들어오는데 동대문 안의 길가에 야채 잎이 짙푸른 것을 보고는 한번 그 잎에 밥을 싸먹고 싶은 마음이 저절로 났었네."

이어서 크게 웃었다. 이는 최영경의 웃음거리로 하는 실없는 말일지라도, 죽고 사는 것을 신경 쓰지 않고 몸 돌보기도 마치 아무 일이 없는 것처럼 하였던 자가 그렇게 말하였으니, 음식을 먹고자 하는 마음에서 혹 이런 일도 있었을 것이다.

(협주: 승정원일기(承政院日記)를 살피니, 정철(鄭澈)이 도로 위관(委官)이 된 것은 경인년(1590) 3월 13일이었고, 이발(李潑)의 어머니와 어린 자식이 형을 받아 죽은 것은 경인년 5월 4일이었으며, 서애(西厓: 류성룡)이 우의정이 된 것은 같은 달 20일이었으니, 아직 위관이 되지 않은 때이었다. 서인의 무리들은 이발의 늙은 어머니가 죽은 것이 서애가 위관으로 있을 때라고 하니, 참으로 통탄할 일이다.)

괘일록(掛一錄)의 작자 이름은 전하지 아니하나 바로 기묘명현(己卯名賢) 사간(司諫) 이홍간(李弘幹)의 손자이자 홍산 현감(鴻山縣監) 아무개의 아들이다. 윤원형(尹元衡)의 첩인 난정(蘭貞)에게 딸이 있었는데, 홍산 현감의 아들에게 청혼을 하였으나 들어주지 아니하니, 윤원형이 크게 노하여 사지(死地)로 몰아넣으려고 하니 화(禍)가 장차 예측할 수 없게 되었다. 그 아들이 말하기를, "차라리 내 한 몸을 버려 아버지의 목숨을 잇게 하리라."고 한 뒤, 마침내 윤원형의 사위가 되어 죽을 때까지 버려진 사람으로 자처하며 살았다 한다.

청원군(靑原君: 靑陽君의 오기) 심의겸(沈義謙)과 성암(省巖) 김효원(金孝元)은 모두 그의 친우였다. 심의겸이 공적인 일 때문에 윤원형의 집에 갔다가 그의 사위 서실(書室)에 들어갔는데, 김효원의 침구를 보고는 마음속으로 비루하게 여겨 이 사실을 남들에게 전함으로써 마침내 동인(東人)과 서인(西人)의 당론이 생겼다고 한다. 홍산 현감의 자손은 지금 용인(龍仁)에 산다는 것을 한산(韓山) 사인(士人) 홍함(洪涵)의 처가가 바로 홍산 현감의 후손인 까닭에 그 자손으로부터 이와 같이 들었다.

掛一錄

(협주: 沙溪撰其父黃岡行狀云, "金孝元爲後進所推, 義謙曾見孝元, 爲擧子時, 交結元衡妾女壻, 謁其銓郞之選."云云, 所謂元衡妾女壻, 似是撰掛一錄者耳.)

[1] 中廟¹⁾前後王妣皆尹氏。前章敬王后²⁾, 後文定王后³⁾, 仁廟⁴⁾

---

1) 中廟(중묘): 中宗(1488~1544). 조선시대 제11대 임금. 이름은 懌, 자는 樂天. 제9대 成宗의 둘째 아들 제10대 燕山君이 1506년 成希顔·朴元宗에 의해 폐위된 후 추대되어 즉위하였다. 연산군은 강화도 喬桐으로 쫓겨나갔다. 혁신정치를 꾀하였으나, 수구파의 원한으로 실패하고 1519년 기묘사화를 초래하였다. 능호는 靖陵이다.

2) 章敬王后(장경왕후, 1491~1515): 본관은 坡平, 영돈녕부사 尹汝弼의 딸. 1506년에 대궐에 들어가 처음 淑儀에 봉하여지고 1507년 中宗妃 端敬王后愼氏의 遜位로 왕비에 책봉되었다. 1515년 2월에 世子(仁宗)를 낳은 뒤 그 산후병으로 엿새 만에 경복궁 別殿에서 죽었다.

3) 文定王后(문정왕후, 1501~1565): 본관은 坡平, 영돈녕부사 尹之任의 딸. 1517년 왕비에 책봉되었으며, 1545년 명종이 12세의 나이로 왕위에 오르자 8년간 수렴청정을 하는 동안 동생인 少尹 尹元衡에게 정권을 쥐게 한 결과 仁宗의 외척인 大尹 尹任 일파를 제거하기 위하여 乙巳士禍를 일으켜 尹元老를 海南으로 귀양 보내고 윤임 등을 사사하였다. 승 普雨를 신임하여 불교의 부흥을 꾀하여 1550년 禪敎 兩宗을 부활시키고 승과·度牒制를 다시 실시하였고, 중종의 능을 보우가 주지로 있는 奉恩寺로 이장시켰다. 1553년 국정을 왕에게 맡겼으나 실질적인 대권은 계속 장악하여 윤형형 등 친척에게 정사를 좌우하게 하였다.

4) 仁廟(인묘): 仁宗(1515~1545). 조선시대 제12대 임금. 자는 天胤, 휘는 峼. 중종의 맏아들이다. 어머니는 章敬王后 尹氏인데 인종을 낳고 산후증으로 7일 만에 사망하였다. 그 때문에 문정왕후의 영향을 받으며 자라게 되었으나, 문정왕후의 성격과 기질이 고약하여 인종에게 부정적인 영향을 끼치게 되었으며 목숨이 위태로운 시달림을 받았다고 전한다. 1520년에 세자에 책봉되고 1544년 30세에 즉위하였다. 이듬해 己卯士禍로

誕生之日, 章敬昇遐, 文定生慶源大君[5], 卽明廟也。大小尹[6]之
說始此。

仁廟養德東宮, 聖學夙成, 動遵規法, 日與儒臣, 講論古書, 夙
夜不懈。一時士類, 修飭於家, 爲他日進用之計, 拭目以待[7]。儒
風大振, 化動四方, 人稱少年堯舜之君, 中廟愛重之。然膚潤之
譖[8]日深, 其勢孤危。

時金安老[9]得罪在外, 朝議以羽翼東宮, 召入爲左議政。盖以

폐지되었던 賢良科를 부활하여 인재를 고루 등용하기 위해 노력하였다. 또한 기묘사
화 때 화를 입은 사람의 거두 趙光祖 등을 伸寃하였고 개혁정치를 행하려 하였다. 하지
만 중종의 계비이자 인종의 계모인 문정왕후의 권력욕에 시달렸으며 또한 인종 자신도
병약하여 포부를 펴지 못한 채 재위 9개월 만에 사망하였다.

5) 慶源大君(경원대군): 明宗(1534~1567). 조선시대 제13대 임금. 자는 對陽, 휘는 峘.
중종의 둘째아들로 인종의 아우이다. 어린 나이에 즉위하여 어머니인 문정왕후가 수
렴청정 하였다. 문정왕후의 동생인 尹元衡이 乙巳士禍를 일으켰으며 문정왕후 사후,
선정을 펼치려 노력하였다

6) 大小尹(대소윤): 전임 왕비였던 章敬王后의 일족인 윤임, 윤여필 등을 대윤, 후임
왕비인 文定王后의 일족인 윤지임, 윤원형, 윤원로 등을 소윤이라 하였음.

7) 拭目以待(식목이대): 눈을 비비며 기다림. 기대가 간절함을 형용하는 말이다.

8) 膚潤之譖(부윤지참): 《論語》〈顔淵篇〉에서 子張이 총명한 사람에 대해서 묻자, 공자
가 "점차로 젖어들 듯한 참소와 피부로 절박하게 느끼게 하는 호소를 해도 효과가 없다
면 그런 사람은 총명하다고 이를 만하다.(浸潤之譖, 膚受之愬, 不行焉, 可謂明也已
矣.)"라고 대답한 말에서 나옴.

9) 金安老(김안로, 1481~1537): 본관은 延安, 자는 頤叔, 호는 希樂堂·龍泉·退齋. 1506
년 별시문과에 장원급제하였다. 성균관전적에 처음 제수된 뒤 홍문관수찬·사간원정
언·홍문관부교리 등 요직을 역임하였다. 1511년 사가독서 하였고, 직제학·부제학·대
사간 등을 거쳤으며, 경주부윤으로 나갔다. 1519년 기묘사화로 조광조 일파가 몰락한
뒤 기용되어 이조판서에 올랐고, 아들 金禧가 孝惠公主와 혼인하여 중종의 駙馬가 되
자, 이를 계기로 권력을 남용하다가 1524년 경기도 풍덕에 유배되었다. 이후 유배에서
풀려나 다시 서용되어 도총관·예조판서·대제학을 역임하였다. 그 뒤 이조판서를 거

厥子延城尉[10]公主, 仁廟同母弟也。安老性憸毒, 及得志, 以許
沆[11]·蔡無擇[12]·李茂先爲鷹犬, 擊去異已者。禍迫士類, 中廟惡
之, 下密旨于大司憲梁淵[13], 遠竄賜死。自後朝野小安, 而交搆兩

처 1534년 우의정이 되었으며, 이듬해 좌의정에 올랐다. 1537년 중종의 제2계비인
文定王后의 폐위를 기도하다가 발각되고 체포되어 유배되었다가 곧이어 사사되었다.
이렇듯 그는 권신으로서의 정치적 행적으로 인해 '丁酉三凶'이라 불릴 정도로 역사적
으로 좋지 않은 평을 받았다.

10) 延城尉(연성위): 中宗의 駙馬 金禧(?~1531). 尉는 조선시대 때 儀賓府에 딸린 벼슬의
하나인데, 옹주와 결혼한 사람에게 주던 벼슬로 정1품에서 종2품까지 있었다. 金禧의
본관은 延安, 金安老의 아들, 중종의 맏사위이다. 중종의 맏딸 孝惠公主와 결혼하여
延城尉에 봉해졌다. 1524년 아버지 김안로가 南袞·沈貞의 탄핵을 받아 유배되자, 중
종에게 아버지의 원통함을 아뢰어 귀양에서 풀려나게 하였다.

11) 許沆(허원): 許沆(1497~1537)의 오기. 본관은 陽川, 자는 淸仲. 1524년 별시문과에
급제하였다. 1531년 정언이 되고 그 뒤 부교리·지평·사인·부응교·전한·부제학·동
부승지를 거쳤다. 1535년 대사헌에 오르고, 1536년 이조참판까지 이르렀다. 金安老가
재집권하자 蔡無擇과 함께 김안로를 도와 반대파를 몰아내고 정권을 농단하였다. 성
품이 간사하면서 교활하고 음흉하여 간신 김안로의 일당이 되어 獄事를 함부로 일으키
고 무고한 士林을 반역죄로 몰아 죽였으므로 세상에서 김안로·채무택과 함께 丁酉三凶
이라 불렸다. 김안로가 물러나자 사사되었다.

12) 蔡無擇(채무택, ?~1537): 본관은 仁川, 초명은 無斁, 자는 彦誠. 1524년 별시문과에
급제, 지평·부교리·장령·응교 등을 거쳐 1535년 대사간, 그리고 이듬해 부제학이 되
었다. 재임 중 당시 권신 金安老의 黨與가 되어 많은 사람들을 무고하여 화를 입히고,
또한 조정의 상하 신하들까지 이간시키는 등 분규를 일으킴이 심하여 김안로·許沆과
함께 三凶으로 일컬어질 정도였다. 김안로·허항과 함께 1537년 文定王后 폐위를 모의
하다가 유배되어 사사되었다.

13) 梁淵(양연, 1485~1542): 본관은 南原, 자는 巨源, 호는 雪翁. 1524년 별시문과에
급제하여 掌令·執義·直提學을 역임하였다. 1535년 공조참판으로 聖節使가 되어 명나
라에 다녀왔으며, 이듬해 전라도 관찰사가 되었다. 1537년 大司憲에 있을 때 왕의 밀
지를 받아 金安老·蔡無擇·許沆 등이 부당한 계략을 꾸민다고 상소하여 처형되게 하였
다. 그 뒤로 좌승지·병조판서·이조판서·우찬성·좌찬성 등을 거쳐, 判中樞府事에 이
르렀다. 재상 尹任과 가까운 사이였으며 훈구파의 중심으로 사림파를 배척하는 활동

宮之譖, 久而益深。大臣三司, 日以鎭靜浮議, 啓達。

　仁廟資質粹美, 誠孝出天, 宦侍宮妾, 無不感化。而文定小無保護之心, 及其咀呪事覺, 諉之於朴淑儀[14]幷與其子福城君, 皆賜藥而死, 人皆寃之。盖嘉靖[15]丁亥二月二十六日, 東宮亥地, 懸一灼鼠, 以水桶木片, 作榜[16]書掛之。時仁廟在東宮, 仁廟亥生, 而二月二十六日乃誕辰。亥屬猪而鼠類, 時議以爲東宮咀呪。宮中指朴氏, 其侍女及唐城尉[17]奴僕, 多被杖死。

　甲辰十一月, 中廟昇遐, 仁廟哀毀過禮, 晝夜號泣。朝夕定省[18]於文定, 文定待之甚薄。以此玉體不寧, 越明年七月初二日昇遐。深山窮谷, 兒童村婦, 莫不奔走號哭, 如喪考妣, 非盛德之深入骨髓, 能如是乎? 唯小尹黨類, 彈冠[19]相賀, 揚揚自得[20]。成服之日, 百官班立, 尹元衡·李芑[21]趍而入, 校理丁熿[22], 望見奮

을 많이 하였다.

14) 朴淑儀(박숙의): 敬嬪朴氏. 조선시대 제11대 中宗의 後妃. 1509년 왕자 福城君 李嵋를 낳았고, 그 뒤 惠順翁主와 惠靜翁主를 낳아 왕의 총애를 받았다. 1527년에 孝惠公主의 남편인 延城尉 金禧가 아버지 金安老의 사주를 받아, 왕세자(후의 인종)를 저주하기 위하여 꾸민 灼鼠의 변에 연루되어, 1528년 복성군과 함께 폐출되어 곧 사사되었다가 뒤에 신원되었다.

15) 嘉靖(가정): 중국 명나라 제11대 世宗 嘉靖帝 朱厚熜의 연호(1522~1566).

16) 榜(방): 謗의 오기인 듯.

17) 唐城尉(당성위): 洪礪(?~1533). 경빈박씨의 소생 慧靜翁主와 혼인하여 종2품 嘉義大夫에 책록되었고, 唐城尉에 봉해졌다.

18) 定省(정성): 昏定晨省. 저녁에는 잠자리를 보아 드리고, 아침에는 문안을 드리는 일.

19) 彈冠(탄관): 冠의 먼지를 턴다는 뜻. 관리가 될 준비를 하는 일이다.

20) 揚揚自得(양양자득): 뜻을 이루어 뽐내며 거들먹거림.

罵曰: "觀此賊氣色, 痛莫甚焉." 爌素有重望, 謫死巨濟。

[2] 明廟卽位, 年甫十二歲。文定垂簾聽政[23], 芑‧元衡, 秉權用事。文定下密旨於大臣云: "右議政柳灌[24]‧吏判柳仁淑[25]‧兵判

---

21) 李芑(이기, 1476~1552): 본관은 德水, 자는 文仲, 호는 敬齋. 1527년 한성부우윤이 되어 聖節使로 명나라에 다녀왔다. 그 뒤 경상도관찰사‧평안도관찰사를 거치면서 민정과 국방에 이바지했다. 1533년 공조참판에 오르고, 이어서 예조참판‧한성부판윤을 역임했다. 1539년 進賀使로 다시 명나라에 다녀왔다. 그 동안 지은 공로로 국왕이 병조판서에 임명하려 했으나, 이조판서 柳灌이 장리의 사위로서 서경을 받을 수 없다며 반대하였다. 1543년 의정부우찬성에 이어 좌찬성‧우의정에 올랐다. 그러나 인종이 즉위하여 대윤 일파가 득세하자, 尹任 등이 부적합하다고 탄핵하여 판중추부사‧병조판서로 강등했다. 이에 원한을 품고 있던 중 명종이 즉위해 文定王后가 수렴첨정을 하자, 尹元衡과 손잡고 을사사화를 일으켰다. 이때 윤임‧유관 등을 제거하였다. 1547 윤원형‧尹仁鏡 등과 더불어 良才驛壁書事件[일명 丁未士禍]를 일으켜 지난날 윤원형을 탄핵한 바 있는 宋麟壽, 윤임 집안과 혼인 관계에 있던 李若水를 사사하고, 李彦迪‧鄭磁‧盧守愼‧鄭熿‧柳希春‧白仁傑‧金鸞祥‧權應挺‧權應昌‧李天啓 등 사림과 20여 명을 유배하였다.

22) 丁熿(정황, 1512~1560): 본관은 昌原, 자는 季晦, 호는 遊軒. 1545년 수렴청정 하던 文定王后가 인종의 葬事를 서둘러 渴葬으로 치르려고 하는데 대하여 당시 모든 관원들이 그 기세에 눌려 침묵하고 있을 때 극력 반대하여 의례대로 장사를 거행하게 하였다. 1546년 검상을 거쳐 사인으로 있을 때 을사사화가 일어나 소윤 尹元衡 등의 외척이 권세를 잡자 그 일파인 李芑의 논계로 인하여 파직, 남원으로 돌아갔다. 1547년 良才驛壁書事件에 연루되어 곤양에 유배, 이듬해 거제로 이배되었고, 배소에서 죽었다.

23) 垂簾聽政(수렴청정): 조선시대 어린 왕이 즉위하였을 때 행해진 대리정치. 나이 어린 왕이 성인이 될 일정기간 동안 왕대비나 대왕대비가 국정을 대리로 처리하 던 일을 말한다.

24) 柳灌(류관, 1484~1545): 본관은 文化, 자는 灌之, 호는 松庵. 1519년 7월에 승정원동부승지에 임명되었으나, 이때 趙光祖를 중심으로 하는 사림과 대간의 강력한 반발을 받았다. 이를 계기로 같은 해 11월에 己卯士禍가 발생했을 때, 사헌부집의로서 조광조 일파가 득세할 때 심히 교만하고 방종했다고 비난하고, 賢良科의 폐지와 그 급제자의 罷榜을 주장하는 등 적극적으로 조광조 일파를 공격하였다. 그 뒤 동부승지‧참찬관‧강원도관찰사‧대사간‧이조참의 등을 거쳐 1525년 12월에는 특별히 통정대부에 승

尹任[26)]與修撰李輝[27)]·吏曹正郎李仲說[28)]等, 倡說立長[29)]擇賢之

진하면서 전라도관찰사에 임명되어 외직에 나갔다. 이어서 우부승지·병조참판 및 同
知成均館事를 겸하고, 예조판서·우참찬·대사헌·이조판서 등을 차례로 역임하였다.
이조판서 재직 시에는 병조판서 李芑의 비행을 공격했는데, 이것이 후일 이기의 모함
을 받는 직접적인 계기가 되었다. 이어서 우찬성·좌찬성에 올랐고 1541년 11월에는
평안도관찰사에 임명되었다. 그 뒤 인종이 즉위하자 우의정을 거쳐 좌의정에 승진하
였다. 명종이 즉위하면서 尹元衡·이기 등의 모함으로 일어난 乙巳士禍에서 尹任·柳仁
淑 등과 함께 三兇으로 몰려, 宗社를 謀危했다는 죄목으로 처벌받았다. 처음에는 絕島
流配刑에 처해져 서천으로 귀양 갔지만, 온양에 이르러 사사되었다.

25) 柳仁淑(류인숙, 1485~1545): 본관은 晉州, 자는 原明, 호는 靜叟. 1518년 11월 김정
의 후임으로 대사헌에 임명되었으나, 반대 세력인 朴壕 등의 반대로 철회되었다. 다음
해 좌승지를 거쳐 부제학에 임명되었다. 이 때 대간이 경연에서 적임자가 아니라고
반대하고, 同知事 趙光祖도 불가하다고 하자 학식이 없음을 핑계로 사직하였다. 1537
년 재서용되어 병조참의에 임명되었고, 이어서 한성부우윤·호조참판·대사헌·한성부
좌윤·대사간, 형조·호조·이조·공조의 판서 등을 역임하였다. 1545년 우찬성에 올랐
다가 인종이 죽고 명종이 즉위하면서 李芑·鄭順朋 등의 모함으로 일어난 乙巳士禍에
서 尹任·柳灌 등과 함께 종사를 謀危했다는 죄목으로 무장으로 귀양가던 도중 振威葛
院에서 사사되었다.

26) 尹任(윤임, 1487~1545): 본관은 坡平, 자는 任之. 1523년 충청도 수군절도사로 왜선
과 싸우다가 패하여 充軍되었다. 인종이 세자로 있을 때, 중종의 계비 文定王后가 慶源
大君(명종)을 낳자, 金安老와 함께 세자를 보호해야 한다고 주장하여 문정왕후와 알력
이 생겼다. 1543년부터 大尹·小尹으로 나누어 싸움이 노골화되면서 대윤의 거두가
되었다. 1544년 중종이 죽고 인종이 즉위하자 형조판서를 거쳐 찬성에 올랐다. 그러나
재위 8개월 만에 인종이 죽자, 1545년 명종이 12세로 즉위하여 문정왕후의 수렴청정
이 시작되었다. 이때 소윤 尹元衡 일파는 소위 乙巳士禍를 일으켜 평소 반목하던 대윤
일파를 모두 숙청하였으며, 마침내 윤임은 남해로 귀양 가다가 충주에 이르러 사사되
었다.

27) 李輝(이휘): 李煇(?~1545)의 오기. 본관은 星州. 자는 孟明. 默齋 李文楗의 조카.
1545년 經筵檢討官·수찬을 거쳐 정언이 되었다. 이 해 명종이 즉위한 뒤, 尹元衡·鄭
順朋·李芑·林百齡 등의 소윤이 乙巳士禍를 일으켰을 때 安世愚 등의 무고를 받은 전
주서 李德應이 이휘·羅淑·鄭希登·朴光佑 등을 끌어들임으로써 이덕응과 더불어 효수
되었다.

28) 李仲說(이중열): 李中悅(1518~1547)의 오기. 본관은 廣州, 자는 習之, 호는 果齋.

議, 謀危宗社." 其時三司, 皆沐浴仁廟聖化, 正人君子[30]也, 聚會
中學[31], 交章[32]論奏, 言論貞直, 凜不可犯。獻納白仁傑[33], 獨啓
曰: "大憲閔齊仁[34]·大諫金光準[35]等, 聞密旨之下, 奔走於大臣

병조판서 李潤慶의 아들로 태어나 1539년 별시문과에 급제하였고, 이조 정랑에 이르
렀다. 1545년 乙巳士禍에 연루된 李煇를 변호하다가 파직되어 이듬해 갑산에 유배되
고, 1547년 사사되었다.

29) 立長(입장): 맏아들을 왕으로 세우는 일.

30) 正人君子(정인군자): 마음씨가 올바르며 학식과 덕행이 높고 어진 사람.

31) 中學(중학): 1422년 한양의 중부 觀光坊에 설치된 中部學堂. 지금의 서울특별시 중구
中學洞에 있었던 학당이다.

32) 交章(교장): 三司交章. 홍문관, 사헌부, 사간원이 합의하여 임금에게 상주하던 일.

33) 白仁傑(백인걸, 1497~1579): 본관은 水原, 자는 士偉, 호는 休菴. 趙光祖의 문인으로
金安國에게도 학문을 배웠다. 1519년 己卯士禍가 일어나자 비분강개해 금강산에 들어
갔다가 돌아와 1531년 생원시에 합격하고 1537년 식년 문과에 병과로 급제하였다.
그러나 기묘사림의 일원으로 지목되어 오랫동안 성균관에 머물다가 이듬해에 예문관
검열이 되었다. 예조좌랑을 거쳐 南平縣監이 되었으며, 1541년에는 弘文錄에 올랐다.
1545년 지평을 거쳐 호조정랑이 되었으며, 春秋館記注官을 겸하였다. 같은 해 명종
즉위 뒤 尹元衡 등이 대비인 文定王后를 등에 업고 乙巳士禍를 일으켜 尹任·柳灌 등을
제거할 때, 司諫院獻納으로 있으면서 극력 반대하다가 파직되고 옥에 갇혔으나 鄭順朋
·崔輔漢 등의 도움을 받고 풀려났다. 그 뒤 1547년 문정왕후의 수렴청정과 李芑 등의
농권을 비난하는 良才의 벽서를 기회로 小尹 세력이 大尹의 잔존 세력과 사림계 인물
들을 재차 축출할 때 연루, 安邊에 유배당하였다가 1551년 사면되었다.

34) 閔齊仁(민제인, 1493~1549): 본관은 驪興, 자는 希仲, 호는 立巖. 1531년 이조정랑에
올랐고, 이어서 성균관사성으로 승진했다. 1536년 호조참의를 거쳐 홍문관부제학·사
간원대사간을 역임하고, 1538년 승정원동부승지가 되었다. 승정원에서 3년 봉직한
뒤, 1541년 외직으로 나가 평안도관찰사가 되었고, 이어서 사헌부대사헌·형조참판을
역임하였다. 중종이 승하하자, 告訃請諡承襲使로 명나라에 다녀왔다. 인종 때 사헌
부대사헌을 다시 역임하였다. 명종 즉위 초 乙巳士禍가 발생했을 때 대사헌과 호조판
서를 역임하며 尹任 일파의 처단에 관여하였다.

35) 金光準(김광준, ?~1553): 본관은 尙州, 자는 叔藝. 1532년 이조정랑에 이르렀다.
헌납으로 옮겼다가 장령으로 승진하고, 1539년 홍문관전한이 되어 경연의 시강관을

之家, 有同傳令軍卒." 文定大怒, 卽拿囚仁傑, 鞫問。贊成權撥[36]
上箚[37], 伸救柳灌等寃獄, 鄭順朋[38]同日上箚, 辭極凶慘, 爲一網
打盡之計, 柳灌·柳仁淑·尹任皆賜死。翰林安名世[39], 大書'殯前

겸임하였다. 三司의 淸宦職을 두루 거쳐, 1543년 국왕의 특명으로 좌승지에서 강원도
관찰사에 임명되었다. 이어 대사간이 되고, 명종이 즉위하자 小尹의 한 사람으로서
을사사화를 일으켰고, 대사헌으로 승진하였다.

36) 權撥(권벌, 1478~1548): 본관은 安東, 자는 仲虛, 호는 冲齋·萱亭. 1519년 예조참판
으로 있을 때 趙光祖를 비롯한 사림들이 왕도정치를 극렬히 주장하자, 기호 지역 사림
파와 연결되어 훈구파와 사림파 사이를 조정하려고 하였다. 기묘사화가 일어나자 연
루되어 파직당하고 귀향하였다. 1539년 宗系辨誣에 관한 일로 奏請使가 되어 동지사
任權과 함께 명나라에 다녀와 춘추관지사로 세자우빈객을 겸하였다. 병조판서·한성
부 판윤·예조판서·의정부 좌참찬·장령·의정부 우찬성을 역임하고, 1545년 명종이
어린 나이로 즉위하자 院相에 임명되어 활동하였다. 을사사화가 일어나자 李芑·鄭順
朋·許磁·林百齡 등 소윤 尹元衡의 세력이 대윤 尹任세력을 배척하자, 이에 반대하여
윤임·柳仁淑·柳灌 등을 적극 구하는 啓를 올리기도 하였다. 1547년 양재역벽서 사건
에 연루되어 泰川으로 유배되었다가 朔州에 이배되어 이듬해 유배지에서 죽었다.

37) 上箚(상차): 관료가 임금에게 箚子를 올리는 일. 차자는 疏의 일종으로 일정한 격식
을 갖추지 않고 간단히 사실만을 기록하여 올리며, 상소보다는 형식은 간단하면서도
말하고자 하는 것은 다 표현하는 이점이 있다. 상소처럼 단독으로 올리는 경우도 있고
연명으로 올리는 경우도 있다.

38) 鄭順朋(정순붕, 1484~1548): 본관은 溫陽, 자는 耳齡, 호는 省齋. 1519년 좌부승지
·충청도관찰사를 지내고 형조참의에 이르렀으나, 己卯士禍가 일어나 사림이 일망타
진되면서 이에 연루, 전주부윤으로 좌천되었다가 1520년 파면되고, 이듬해 관직이 삭
탈되었다. 1540년 다시 공조참판이 되었다. 그 뒤 한성부우윤으로 옮겼다가 1542년
형조판서로 승진하고, 곧 호조판서로서 오랫동안 국가 재정을 주관하였다. 1544년 의
정부우참찬으로서 內醫院提調를 겸임하다가 대사헌이 되었다. 인종이 즉위하여 대윤
이 득세하면서 의정부우참찬에서 지중추부사로 체직되었다. 명종이 즉위하여 文定王
后가 수렴청정을 하자 尹元衡·李芑 등이 乙巳士禍를 일으켰는데, 그는 이기 등과 어울
려 음모를 꾸며 많은 사람을 죽이고 귀양보내니 사람들은 그를 이기 등과 더불어 간흉
이라 하였다.

39) 安名世(안명세, 1518~1548): 본관은 順興, 자는 景應 혹은 慶應. 1545년 李芑·鄭順

殺三司大臣’, 同僚韓智遠[40]漏洩之。元衡請查考史筆, 名世自首
曰: “此臣所筆, 史筆不必查考.” 卽日具朝服棄市[41], 言笑自若,
臨刑顧謂其子曰: “愼勿赴科.” 人心沮喪, 道路以目。 應敎尹
潔[42], 文章節義, 高於一世, 與綾原尉具思顏[43]飮酒, 停盃太息
曰: “安名世忠骨橫於宇宙, 吾輩碌碌.” 綾原翌日告變, 撲殺。尉
之弟, 贊成思孟[44]也。思孟外示素雅, 內實忌克, 執政屢年, 貪毒

朋 등이 乙巳士禍를 일으켜 많은 賢臣들을 숙청하자, 자세한 전말을 춘추필법에 따라
직필한 時政記를 작성하였다. 1546년 승정원주서에 올랐다. 그러나 1548년 이기 등이
자신들의 행위를 정당화시키기 위하여 이른바《武定寶鑑》을 찬집할 때, 을사년 당시
함께 사관으로 있었던 韓智源이 시정기의 내용을 이기·정순붕에게 밀고함으로써 체
포되어 국문을 당하였다. 문제가 된 시정기에는 인종의 장례식 전에 尹任 등 3대신을
죽인 것은 국가적인 불행이라는 지적과, 이기 등이 무고한 많은 선비들을 처형한 사실,
그리고 이를 찬반하던 선비들의 명단 등이 담겨 있었다.

40) 韓智遠(한지원, 1514~1561): 본관은 淸州, 자는 士達, 호는 靑蓮. 1545년 검열에 임
명되고, 1547년 공조좌랑·수찬을 거쳐 1548년 정언에 제수되었다. 이기와 윤원형에
게 아부하여 권세를 부리고 재물을 탐하였다는 탄핵을 받고 삭직되었다가 1553년 복
관되었다.

41) 棄市(기시): 공개 장소에서 참수·교수형을 집행하여, 시체를 길거리에 버리는 형벌.

42) 尹潔(윤결, 1517~1548): 본관은 南原, 자는 長源, 호는 醉夫·醒夫. 1546년에는 琉球
에 표류하였던 朴孫의 경험담을 토대로 〈琉球風俗記〉를 저술하였다. 1548년 홍문관수
찬이 되었으나, 時政記 필화사건으로 참형된 安明世의 정당함을 술자리에서 발설한
것이 빌미가 되어, 陳復昌, 綾城君 具思顏 등의 밀고로 文定王后의 수렴청정과 尹元衡
의 세력 확장을 비판하였다고 하여 국문을 받던 중 옥사하였다.

43) 具思顏(구사안, 1523~1562): 본관은 綾城, 자는 仲愚. 1533년 중종의 셋째 딸 孝順公
主를 맞아 綾原尉로 피봉되었으나, 얼마 뒤 공주가 난산으로 죽자 국법을 어기고 다시
결혼하였기 때문에 恩眷을 빼앗겼다. 1548년 평소 친교가 두터웠던 尹潔과 그 아우
尹浚이 을사사화의 시말을 時政記에 기록하였다가 처형당한 史官 安名世와 내통하였
다고 밀계하여 마침내 이들을 죽게 하였다.

44) 思孟(사맹): 具思孟(1531~1604): 본관은 綾城, 자는 景時, 호는 八谷. 1558년 식년문

無厭。厥子宬[45]，己丑之變爲獻納，構殺處士崔守愚堂[46]。具氏世濟其惡[47]，所可道也，言之醜也[48]。吏曹正郎吳允謙[49]，以姜

과에 급제, 承文院正字를 거쳐 예문관검열 겸 춘추관기사관을 역임하였다. 1560년 典籍이 된 뒤 사간원 정언을 거쳐 1563년 사은사 서장관으로 명나라에 다녀와 校理를 역임하였다. 이듬해 이조좌랑·이조정랑을 지내고, 舍人을 거쳐 司宰監正으로 재직 중, 1567년 명종이 죽자 殯殿都監提調가 되었다. 1569년 황해도관찰사가 되고, 이어서 동부승지에 재직 중 대간의 탄핵을 받고 파직되었다. 1576년 다시 기용되어 첨지중추부사가 되었으며, 동지사로 명나라에 다녀왔다. 그 뒤 전라도관찰사·형조참의 등을 거쳐 좌부승지로 있다가 다시 대간의 탄핵을 받고 남양부사로 나갔다. 1590년 좌부승지가 되었다.

45) 宬(성): 具宬(1558~1618). 본관은 綾城, 자는 元裕, 호는 草塘. 1585년 司馬試를 거쳐 별시문과에 급제, 禮曹正郎를 거쳐 1589년 正言으로서 己丑獄事를 다룰 때 연루자 崔永慶의 獄死로 사건의 결말을 짓지 못하여 파직되었다. 얼마 뒤 병조좌랑으로 복직되어 성균직강·병조정랑을 지냈으며, 임진왜란 때에는 왕을 호종하고, 변란의 책임이 영의정 李山海에게 있다고 주장하여 平海에 유배하게 하였다. 이듬해 同副承旨·左副承旨를 지내고, 1596년 호조참판으로서 奏聞使가 되어 명나라에 다녀온 후, 判決事가 되었다. 해주목사를 거쳐 1601년 대사성에 승진되었다.

46) 守愚堂(수우당): 崔永慶(1529~1590)의 호. 본관은 和順, 자는 孝元. 당시 安敏學이 자주 찾아와 鄭澈을 칭찬하고 만나볼 것을 권했지만, 단호히 거절하였다. 鄭逑·金宇顯·吳健·河沆·朴齊仁·趙宗道 등과 교유하며, 切磋琢磨하였다. 1576년 德川書院을 창건하여 스승 조식을 배향하였다. 1590년 鄭汝立의 逆獄事件이 일어나자 그는 유령의 인물 三峯으로 무고되어 옥사하였다.

47) 世濟其惡(세제기악): 대대로 악한 짓을 하는 것.

48) 所可道也 言之醜也(소가도야, 언지추야): 《詩經》〈牆有茨〉에 나오는 구절.

49) 吳允謙(오윤겸, 1559~1636): 본관은 海州, 자는 汝益, 호는 楸灘·土塘. 1592년 임진왜란이 일어나자 兩湖體察使 鄭澈의 종사관으로 발탁되었으며, 侍直을 거쳐 평강현감으로 5년간 봉직하면서 1597년 별시 문과에 병과로 급제하였다. 현감을 그만둔 뒤 한때 結城에 우거했다가 副修撰·이조좌랑·知製敎·副校理를 역임하였다. 1602년 모함을 받아 곤경에 처한 스승 成渾을 변호하다가 時論의 배척을 받아 경성판관으로 黜補되었으며, 그 뒤 7, 8년간 안주목사·동래부사 등의 외직을 전전하였다. 1610년 비로소 내직으로 들어와 호조참의·우부승지·좌부승지 등을 역임하였다. 그러다가 당시의 권신인 鄭仁弘이 李彦迪과 李滉의 문묘 종사를 반대, 사림과 대립하자 이를 탄핵하다

籤⁵⁰⁾爲掌令, 時流曰: "渠必不肯爲吾所用." 籤於經筵, 首論思孟
之貪權, 徇私滅公之罪, 思孟翌日見遞。籤耿介⁵¹⁾, 淸貧自守, 好
善如己出。官至大司憲, 及死之日, 家無殯斂⁵²⁾之衣。贊成李晦
齋⁵³⁾先生, 客死江界, 贊成權撥, 死於配所。李贊成慶州人, 權贊

가 왕의 뜻에 거슬려 강원도관찰사로 좌천되었다. 1617년 다시 첨지중추부사가 되어
回答兼刷還使의 정사로서 사행 400여 명을 이끌고 일본에 가서 임진왜란 때 잡혀갔던
포로 150여 명을 쇄환했으며, 이때부터 일본과의 수교가 다시 정상화되었다. 1618년
북인들에 의해 폐모론이 제기되자 이를 반대, 庭請에 불참하였다. 1624년 李适의 난이
일어나자 왕을 공주까지 호종하였다. 1626년 우의정에 올랐다. 이듬해 정묘호란이 발
생하자 왕명을 받고 慈殿과 중전을 모시고 먼저 강화도로 피난했으며, 환도 뒤 좌의정
을 거쳐 1628년 70세로 영의정에 이르렀다.

50) 姜籤(강첨, 1557~1611): 본관은 晉州, 자는 公信, 호는 竹月軒. 1591년 식년문과에
급제하여 승문원정자가 되었다. 1592년 병조좌랑으로 재직 중 임진왜란이 일어나자
충청·경상도의 運糧御史가 되어 군량조달에 힘썼다. 1595년 지평이 되고 이어서 司書
를 겸하였으며, 1600년에 修撰이 된 뒤, 교리·형조정랑·장령·검상·사예·사인·사복
시정·전한·홍문관응교를 거쳐, 1603년에 사간이 되어 崔永慶·鄭澈 등을 탄핵하였다.
1604년에 부승지가 되고, 1606년 강원도관찰사에 임명되었으며, 이듬해 掌隷院判決
事를 거쳐 홍문관부제학이 되었다. 1610년에 대사헌이 되었다.
51) 耿介(경개): 지조가 굳어 세속과 구차하게 화합하지 않음. 강직함.
52) 殯斂(빈렴): 죽은 이를 염습하여 초빈하는 것.
53) 晦齋(회재): 李彦迪(1491~1553)의 호. 본관은 驪江, 자는 復古, 호는 晦齋·紫溪翁.
초명은 李迪이었으나 中宗의 명으로 彦자를 더하였다. 1514년 문과에 급제하여 이조
정랑·사헌부장령·밀양부사를 거쳐 1530년 사간이 되었다. 이때 金安老의 등용을 반
대하다가 관직에서 쫓겨나 경주의 자옥산에 들어가서 성리학 연구에 전념하였다.
1537년 김안로 일당이 몰락하자 종부시첨정으로 불려나와 홍문관교리·응교·직제학
이 되었고, 전주부윤에 나가 선정을 베풀어 송덕비가 세워졌다. 이조·예조·형조의
판서를 거쳐 1545년 좌찬성이 되었다. 이때 尹元衡 등이 乙巳士禍를 일으키자 선비들
을 심문하는 推官에 임명되었으나 스스로 관직에서 물러났다. 1547년 윤원형 일당이
조작한 良才驛壁書事件에 무고하게 연루되어 강계로 유배되었고, 그 곳에서 낳은 저술
을 남긴 후 세상을 떠났다.

成安東人。一時被拿, 同日到忠州, 灘叟李校理在龍灘54), 往見李
贊成, 則愀然不樂, 以國家危亡爲憂, 及見權贊成, 則大笑迎入
曰: "李贊成·權贊成, 一時並到, 何其赫赫哉?" 略無憂色 灘叟謂
人曰: "李贊成憂國, 至死不忘, 權贊成, 禍福都忘, 可謂兩得之
矣." 灘叟李延慶55), 己卯完人56)也。

[3] 校理鄭彥慤57), 過長村驛58), 見壁上有書曰: "女主執政, 奸
臣弄權, 國家之亡, 坐而待之." 彥慤浮壁書告變。禍焰益熾, 已謫
者皆賜死, 未謫者死於杖, 賢人君子, 盡爲魚肉。略擧而記之, 壁

---

54) 龍灘(용탄): 충청북도 충주에 있는 지명.

55) 李延慶(이연경, 1484~1548): 본관은 廣州, 자는 長吉, 호는 灘叟·龍灘子. 1504년
甲子士禍에 연루되어 섬으로 귀양갔다. 1519년 賢良科에 급제해 사헌부지평을 거쳐
곧 홍문관교리로 승진하였다. 교리로서 경연에 참석했을 때 재상의 선출이 논의되자
趙光祖를 천거하였다. 이와 같은 평소의 조광조와의 교유로 인해 1519년 기묘사화가
일어나자 연루되어 축출될 뻔했으나, 중종이 어필로 竄人錄(귀양 간 인물들을 적은
기록)에서 이름을 지워 귀양을 면했다. 현량과가 혁파되자 관직을 버리고 충주 북촌
인근에 거주하면서, 李耔와 더불어 산수를 주유하며 낚시를 즐겼다.

56) 己卯完人(기묘완인): 己卯士禍 때 사림으로서 처신을 올바르게 한 名賢을 가리킴.

57) 鄭彥慤(정언각, 1498~1556): 본관은 海州, 자는 謹夫. 1547년 부제학으로 재임 시
良才驛에서 "여왕이 집정하고 간신 李芑 등이 권세를 恣行하여 나라가 장차 망하려고
하니 이를 보고만 있을 것인가."라는 익명의 벽서를 발견, 이기·鄭順朋 등에게 알림으
로써 벽서사건을 일으켰다. 이로 인하여 乙巳士禍의 잔당이 아직 남아 있다고 하여
鳳城君(중종의 아들)·宋麟壽·李若氷 등을 죽이고, 權橃·李彥迪 등 20여명을 유배시
킴으로써 尹元衡 일파가 정권을 장악하게 하였으며, 그 권세를 빌려 온갖 횡포를 자행
하였다. 도승지·판결사를 거쳐 1551년 전라도관찰사로서 李悅의 노비를 약탈하여 파
직되기도 하였다.

58) 長村驛(장촌역): 良才驛 근처의 마을을 역말[驛村]이라고 했는데, 주로 말죽거리라
불린 것과 연관성이 있는 듯.

書乃彦慤手筆也。圭庵宋麟壽[59]·大司憲具壽聃[60]·承旨李霖[61]·

直學[62]林亨秀[63]·參奉羅湜[64]·參判韓澍[65], 皆賜死于謫所, 李中

---

59) 宋麟壽(송인수, 1499~1547): 본관은 恩津, 자는 眉叟·台叟, 호는 圭菴. 1521년 별시
   문과에 갑과로 급제하여 弘文館正字가 되었다. 이때 金安老가 정권을 장악하자, 홍문
   관의 모든 관원이 인사 행정의 공정한 실시를 내세워 김안로를 탄핵하였다. 1537년
   김안로 일당이 몰락하자 풀려나 이듬해 예조참의가 되고 대사성을 겸임했고, 이어서
   승정원동부승지와 예조참판을 거쳐 대사헌이 되었는데, 尹元衡·李芑 등의 미움을 받
   아 1543년 전라도관찰사로 좌천되었다. 仁宗이 즉위하자 冬至使로서 명나라에 다녀와
   다시 대사헌이 되어 윤원형을 탄핵하였다. 그런데 1545년 乙巳士禍가 일어나자 한성
   부좌윤에 있다가 탄핵을 받고 파직당하여 청주에 은거하여 있던 중 사사되었다.

60) 具壽聃(구수담, 1500~1549): 본관은 綾城, 자는 天老. 1533년 부수찬으로서 경연검
   토관이 되어 기묘사화 때 화를 당한 사림파의 敍用을 주장하다가 파직당하고, 金安老
   의 모함으로 용천에 유배되었다. 1543년 대사간에 올라 尹任의 대윤과 尹元衡의 소윤
   이 각기 黨與를 이루어 대립함을 지적하였다. 이것이 문제가 되어 1546년에 일시 파직
   되었다가 전라감사로 재서용된 뒤, 1548년에 대사헌이 되어 권신 李芑를 탄핵하다가
   삭직되었다. 그리고 1550년 일찍이 柳灌을 변호한 바 있다고 하여 윤원형의 사주를
   받은 대간의 탄핵으로 갑산에 유배되었다가 사사되었다.

61) 李霖(이림, 1501~1546): 본관은 咸安, 자는 仲望. 대사간 재임 시에는 東宮에 불이
   났는데, 尹元衡이 범인으로 지목되어 여론이 분분하자, 임금의 총애가 한쪽으로 치우
   쳐 일어난 일이라는 소를 올려 윤원형 일파로부터 미움을 받았다. 1545년 병조참의에
   제수되었으나, 명종이 즉위하면서 尹任·柳灌과 연루되었다는 윤원형 일파로부터의
   모함을 받아 곤장을 맞고 의주로 유배되었다가 사사되었다.

62) 直學(직학): 조선시대 초 성균관의 정9품 벼슬.

63) 林亨秀(임형수, 1514~1547): 본관은 平澤, 자는 士遂, 호는 錦湖. 1545년 명종이
   즉위하자 乙巳士禍가 일어나면서 제주목사로 쫓겨났다가 파면되었다. 1547년 良才驛
   벽서사건이 일어나자, 소윤 尹元衡에게 대윤 尹任의 일파로 몰려 絶島安置된 뒤 곧
   사사되었다.

64) 羅湜(나식, 1498~1546): 본관은 羅州, 자는 正源, 호는 長吟亭. 1545년 乙巳士禍
   때 尹任의 일파로서 李煇의 사건에 연루되어 파직, 興陽으로 유배되었다. 이듬해 江界
   로 移配된 뒤 사사되었다.

65) 韓澍(한주, 생몰년 미상): 본관은 唐津, 자는 時仲. 1543년에는 재상어사로 발탁되어
   평안도에서 활동하기도 하였다. 1545년 乙巳士禍에서 관련자의 공초에 그의 형인 韓

悅・李輝・注書李德應⁶⁶⁾(尹任之壻), 皆弃市, 司諫郭珣⁶⁷⁾・掌令
鄭希登⁶⁸⁾・司諫朴光佑⁶⁹⁾, 死於杖。光佑己卯太學生⁷⁰⁾也。 趙靜

淑의 이름이 드러나 형은 파직되었다가 이듬해에 그 여당을 일망타진하기 위해 대사헌
尹元衡 등이 다시 치죄를 청하였을 때 변방에 안치되었다. 당시 사재감정이었던 그는
관작을 삭탈 당하였다. 1547년 9월에 다시 良才驛 벽서사건이 터졌는데 이에 연루되어
利城에 부처되었다. 그러나 1565년에 을사사화 당시의 피죄자들의 원통함을 공언하면
서 그 죄의 경중을 다시 분간하여 역모에 관련되지 않은 것으로 분류됨으로써 장단으
로 移配되었다.

66) 李德應(이덕응, ?~1545): 본관은 星州, 자는 季潤. 생부는 李公楫이며, 李挺에게 입
양되었고, 尹任의 사위이다. 仁宗이 즉위하자 총애를 받아, 측근에서 記事官으로 활약
하다가 인종이 급사할 때 임종을 지켰다. 明宗이 즉위하자 소윤의 尹元衡・林百齡 등이
정세의 전환을 모색하던 중, 文定王后를 움직여 대윤의 윤임・柳灌・柳仁淑 등을 처형
하고, 이어서 安世遇의 밀고로 투옥되었다. 이덕응은 임백령 등의 위협으로, 많은 사
람들이 중종의 후궁 소생인 鳳城君을 추대하여 역모를 꾸몄다고 誣服하여 李輝・羅淑
등 10여 명이 처형되도록 하였고, 자신도 효수되었다.

67) 郭珣(곽순, 1502~1545): 본관은 玄風, 자는 伯瑜, 호는 警齋. 1544년 司藝・司成・
掌令이 되었다. 장령으로서 己卯士禍 때 화를 당한 趙光祖의 신원을 상소하였으며,
1545년에는 교리・봉상시정・사간을 역임하였다. 중종이 죽고 仁宗이 즉위하자 소윤과
대윤 간의 세력투쟁이 첨예화하더니 마침내 소윤 尹元衡의 횡포가 심해지자 明宗이
즉위한 지 얼마 되지 않아 관직을 포기하고 청도 雲門山에 입산하였으나 乙巳士禍 때
에 장살 당하였다.

68) 鄭希登(정희등, 1506~1545): 본관은 東萊, 자는 元龍. 정언으로서 喪妻하였을 때
金安老가 그의 인물됨을 높이 평가하여 사위로 맞이하려고 하였으나 이를 거절하였다.
이로 인하여 김안로의 모함을 받아 함경도도사・廣興倉守・사복시첨정 등의 한직으로
전전하다가, 1537년 김안로가 제거된 뒤 수찬・정언・교리・헌납 등 청요직에 중용되었
다. 1545년 仁宗이 죽고 明宗이 즉위하자 권세를 잡게 된 소윤의 尹元衡・李芑・鄭順朋
등이 乙巳士禍를 일으켜 대윤의 尹任・柳灌・柳仁淑 등을 제거하려 하였을 때 극력 반
대하다가 혹독한 고문을 당하고 龍川으로 유배 가던 도중에 죽었다.

69) 朴光佑(박광우, 1495~1545): 본관은 尙州, 자는 國耳, 호는 蓽齋・潛昭堂. 1519년
기묘사화가 일어나자 상처를 입고 옷을 찢어서 머리를 싸매고 政府外廊에 앉아서 당시
나이 젊고 글씨에 능한 참판 李澡과 첨지 金魯에게 붓을 잡게 하고 자신이 신원소를
불러 쓰게 하였는데, 그 文詞가 용솟음치듯 함으로써 절의와 문장을 나타내었다. 1545

菴⁷¹⁾被罪時, 率館學儒生千餘人, 號哭闕庭, 日上疏章十餘度。中
廟命中使⁷²⁾慰送之, 而儒生等固爭之。中廟使衛士⁷³⁾禁軍⁷⁴⁾馳逐
之。光佑頭觸闕門, 流血被面, 裂其袖裏頭而臥口呼, 使金魯⁷⁵⁾·
李澯⁷⁶⁾把筆, 左酬右應⁷⁷⁾, 文思涌出, 寫疏不能及書, 其爲文章浩
汗可知。有二子, 長曰受, 精於易, 次曰宜, 亦士流, 官至楊州牧
使, 皆惕菴⁷⁸⁾門下, 士林多之。

년 사간이 되었으나 乙巳士禍로 하옥, 이어 洞仙驛으로 유배되던 중 장독으로 인하여
돈화문 밖에서 죽었다.

70) 太學生(태학생): 조선시대에 성균관에서 기거하며 공부하던 유생. 주로 掌議 이하
생원과 진사를 통틀어 이른다.

71) 靜菴(정암): 趙光祖(1482~1519)의 호. 본관은 漢陽, 자는 孝直. 中宗反正 후 조정에
출사, 사림의 지지를 바탕으로 도학 정치의 실현을 위해 적극적으로 활동했다. 천거를
통해 인재를 등용하는 현량과를 주장하여 사림 28명을 선발했으며 중종을 왕위에 오
르게 한 공신들의 공을 삭제하는 위훈삭제 등 개혁정치를 서둘러 단행하였다. 사흘
후 己卯士禍가 일어나 綾州로 귀양 갔으며 한 달 만에 사사되었다.

72) 中使(중사): 궁중에서 임금의 명령을 전하던 內侍.

73) 衛士(위사): 대궐이나 陵, 官衙, 軍營을 지키던 將校.

74) 禁軍(금군): 조선시대에 금군청 또는 용호영에 소속되어 왕궁을 수비하고, 왕이 거둥
할 때 왕을 호위하고 경비하던 기마군대.

75) 金魯(김로, 1498~1548): 본관은 安東, 자는 景參, 호는 東皐. 1530년 著作으로 金安
老의 석방을 논핵했다가, 김안로가 다시 권력을 잡자 文義에 유배되었으나, 1537년
김안로가 사사되자 다시 기용되어 직제학과 첨지중추부사에 이르렀다. 글씨가 뛰어나
조정의 典册과 고관들의 碑碣를 많이 썼다.

76) 李澯(이찬, 1498~1554): 본관은 固城, 자는 子淨, 호는 守谷. 글씨를 잘 썼으며, 특히
초서·예서에 능했다.

77) 左酬右應(좌수우응): 여기저기 바쁘게 응수함.

78) 惕菴(척암): 金謹恭(1526~1568)의 호. 본관은 江陵, 자는 敬叔. 金瑠의 庶子이다.
成悌元과 李仲虎의 문하에서 수학하였다.

持平金礴[79]·處士成遇[80]·掌苑吏朴守敬[81], 死於杖, 吏曹佐郎
盧守愼[82]謫珍島, 正郎李光祿(芑之姪子)謫江界, 正言金鸞祥[83]
謫海南, 應敎柳希春[84]謫鐘城, 掌令權勿[85]謫順天, 舍人柳堪[86]

---

79) 金礴(김저, 1512~1547): 본관은 慶州, 자는 學光. 1539년(중종 34)에 유학으로서
별시문과에 급제하고 그 뒤 檢閱이 되었다. 1542년에 심한 흉년이 들자 경상도와 충청
도에 어사로 파견되어 이를 진휼하였고, 仁宗 초년에는 시독관으로서 경연에 참여하
였으며, 곧 校理·持平이 되었다. 1545년 乙巳士禍에 관련되어 관직을 삭탈당하고 삼
수에 유배되었으며 이듬해 사사되었다.

80) 成遇(성우, 1495~1546): 본관은 昌寧. 成運의 친형.

81) 朴守敬(박수경): 掌苑署의 노예 朴受敬의 오기. 李肯翊의 《燃藜室記述》 권10 〈明宗朝
故事本末·乙巳士禍〉에 "괘일록에는 박성번을 박수경이라 하였다."는 협주가 있다.

82) 盧守愼(노수신, 1515~1590): 본관은 光州, 자는 寡悔, 호는 蘇齋. 1543년 식년문과에
장원급제한 이후 典籍·修撰을 거쳐, 1544년 侍講院司書가 되고, 같은 해 賜暇讀書하
였다. 仁宗 즉위 초에 정언이 되어 大尹의 편에 서서 李芑를 탄핵하여 파직시켰으나,
1545년 明宗이 즉위하고, 小尹 尹元衡이 乙巳士禍를 일으키자 이조좌랑의 직위에서
파직되어 1547년 순천으로 유배되었다. 그 후 良才驛壁書事件에 연루되어 죄가 가중
됨으로써 진도로 이배되어 19년간 귀양살이를 하였다. 1565년 다시 괴산으로 이배되
었다가, 1567년 선조가 즉위하자 풀려나와 校理에 기용되고, 이어서 대사간·부제학
·대사헌·이조판서·대제학 등을 지냈다. 1573년 우의정, 1578년 좌의정을 거쳐 1585
년에는 영의정에 이르렀다. 1588년 영의정을 사임하고 領中樞府事가 되었으나, 이듬
해 10월 鄭汝立의 모반사건으로 기축옥사가 일어나자 과거에 정여립을 천거했다는
이유로 臺諫의 탄핵을 받고 파직되었다.

83) 金鸞祥(김난상, 1507~1570): 본관은 淸道, 자는 季應, 호는 緋山. 1545년 8월에 尹元
衡이 왕명이라 하여 兩司를 협박, 尹任·柳灌·柳仁淑 등을 탄핵하려 하자 대사간 金光
準과 대사헌 閔齊仁이 윤임 등을 대역으로 논하려 하여 집의 宋希奎, 지평閔起文, 사간
朴光佑 등과 함께 이를 반대하다가 모두 파직되었다. 1547년 良才驛壁書事件으로 李
芑·윤원형 등의 청에 의하여 남해로 유배되었고, 1565년에 감형되어 단양으로 移配되
었다.

84) 柳希春(류희춘, 1513~1577): 본관은 善山, 자는 仁仲, 호는 眉巖. 1546년 乙巳士禍
때 金光準·林百齡이 尹任 일파 제거에 협조를 요청했으나 호응하지 않았다. 1547년
良才驛의 벽서사건에 연루되어 제주도에 유배되었다가 곧 함경도 종성에 안치되었다.

諦穩城, 承旨李聞建87)諦星州88)。

白仁傑, 二相89)許磁90), 少時友也, 至死伸救, 放歸田里91)。盧

그곳에서 19년간을 보내면서 독서와 저술에 몰두하였다. 1565년 충청도 은진에 移配되었다가, 1567년 선조가 즉위하자 삼정승의 상소로 석방되었다. 直講·應敎·校理 등을 거쳐 知製敎를 겸임했으며, 이어 장령·집의·사인·전한·대사성·부제학·전라도관찰사 등을 지냈다. 1575년 예조·공조의 참판을 거쳐 이조참판을 지내다가 사직해 낙향하였다.

85) 權勿(권물, 1508~?): 본관은 安東, 자는 介之. 權軾의 아들. 1537년 식년시에 급제하였다.

86) 柳堪(류감, 1514~1569): 본관은 全州, 자는 克任, 호는 壺隱·芝齋. 1545년 전적·병조좌랑을 거쳐, 1546년 호조좌랑·副修撰을 지냈다. 이듬해 지평으로 있으면서 유신들과 함께 尹元老의 탄핵에 동조하여 사사하게 하였다. 1548년 이조정랑이 되었다. 이듬해 성종 때부터 명종 초년에 이르는 각종 내우외환의 진압 전말을 기록한《武定寶鑑》을 간행하게 되자, 책이 발간되면 민심이 동요될 것을 염려하여 押印을 거부하였다가 소윤 일파의 탄핵으로 파직당하고, 경흥에 유배되었다.

87) 李聞建(이문건): 李文楗(1494~1567)의 오기. 본관은 星州, 자는 子發, 호는 默齋·休叟. 南袞·沈貞의 미움을 받아, 1521년 安處의 옥사에 연루되어 樂安에 유배되었다. 1546년 明宗이 즉위하면서 尹元衡 등에 의해 乙巳士禍가 일어나자, 족친 李煇가 화를 입었고, 이에 연루되어 성주에 유배되었다가 그곳에서 죽었다.

88) 星州(성주): 경상북도 남서부에 위치한 고을.

89) 二相(이상): 의정부의 贊成을 달리 이르는 말.

90) 許磁(허자, 1496~1551): 본관은 陽川, 자는 南仲, 호는 東崖. 1534년 金安老가 집권한 뒤 양근군수·황주목사 등의 외직으로 나갔다가 1537년 김안로가 실각하자 동부승지를 거쳐 병조참지에 올랐다. 이듬해 이조참의를 거쳐, 1539년 충청도관찰사를 지내고, 1541년 형조참판으로 冬至使가 되어 명나라에 갔다가 이듬해에 귀국, 대사헌을 거쳐 예조판서로 승진하였다. 1543년 한성부판윤·형조판서 등을 거쳐 이듬 해 우참찬이 되고, 1545년 知中樞府事에 이어 공조판서가 되었다. 이 해 仁宗이 죽고 明宗이 즉위하자 호조판서로 전임되었다. 이어 대사헌이 되어 尹元衡·李芑 등과 함께 소윤으로서 대윤 尹任의 제거에 가담, 陽川君에 봉해졌으며, 좌참찬 겸 동지경연사를 거쳐 우찬성에 올랐다. 또한, 이듬해 좌찬성에 올랐으나 이기 등 강경파와 대립하면서 그들의 미움을 받아 한직인 판중추부사로 좌천되었다가 1549년 이조판서가 되었다. 이듬 해 대윤 일파의 伸寃을 주장하다가 유배된 閔齊仁의 동생 齊英을 당진현감으로 임명한

守愼應敎尹春年⁹²⁾, 同榻友也, 春年元衡五寸侄, 多才且文, 爲元
衡腹心, 乙巳形勢, 春年釀成之。故守愼得免死禍, 其餘名流, 各
以罪之輕重, 或禁錮⁹³⁾, 或補外⁹⁴⁾, 不可殫記。

[4]　元衡殺其兄元老⁹⁵⁾, 春年承元衡之意, 上箚⁹⁶⁾奏其罪惡曰:

일로 이기의 심복인 李無彊 등의 탄핵을 받아 홍원에 유배되어 그곳에서 죽었다.

91) 放歸田里(방귀전리): 放逐鄕里. 벼슬을 삭탈하고 제 고향으로 내쫓는 것. 유배보다는
한 등급 가벼운 형벌이다.

92) 尹春年(윤춘년, 1514~1567): 본관은 坡平, 자는 彦久, 호는 學音·滄洲. 1545년 乙巳
士禍가 일어나자, 친족인 소윤 尹元衡에게 아부하여 대윤일파의 제거에 앞장섰고, 다
음해에는 병조좌랑이 되어 尹元老 제거에 크게 노력하였다. 이를 계기로 윤원형의 총
애를 받게 되었고 이후 급속히 출세하게 되었는데, 이조정랑·장령·교리 등을 거쳐
1553년 대사간에 발탁되었다. 2년 뒤 부제학을 거쳐 대사헌이 되었으나 윤원형의 庶孼
許通論을 공박하지 못하여 많은 비난을 받았다. 1558년 冬至兼奏請使로 명나라에 다
녀왔고 이어서 이조판서가 되었다. 1565년 예조판서로 있을 때 윤원형이 제거되자
파직당하고 향리에 은거하였다.

93) 禁錮(금고): 범죄 사실이 있는 사람을 등용하지 못하게 벼슬길을 막는 형벌. 본인에
한하는 것과 본인 및 그 자손에게까지 적용하는 두 가지가 있었다.

94) 補外(보외): 조선시대 중앙 관청의 지위가 높은 벼슬아치를 징계하여 시골 수령으로
좌천시키던 일.

95) 元老(원로): 尹元老(?~1547). 본관은 坡平. 中宗의 繼妃 文定王后의 오빠이자, 尹元
衡의 형이다. 金安老가 권세를 부릴 적에 東宮(뒤에 인종)을 보호한다는 명목으로 尹任
이 중종에게 아뢰어, 윤원형과 함께 윤원로를 외직으로 내쫓았을 때부터 소위 대윤
·소윤의 싸움이 비롯되었다. 동궁이 장성하도록 아들이 없이 병약하였는데, 세자를
바꾸어 세운다는 소문을 만들어 길거리에 전파시키기도 하고, 또는 大君(명종)이 위태
롭다는 말을 퍼뜨려 대윤·소윤의 대립은 격화되어 갔다. 1544년 인종이 즉위함으로써
대윤의 세력이 확대되어 파직 당하였으나, 이듬해 인종이 재위 8개월 만에 죽고 명종
이 즉위한 뒤 軍器寺僉正으로 등용되었다. 1545년 7월, 尹仁鏡 등의 탄핵으로 파직,
해남으로 유배되었다가 이듬해 석방, 귀환되었다. 敦寧府都正에 기용되어 윤원형과
권세를 다투었으며, 공신에 참여되지 못함을 분히 여겨 자주 불평을 말하다가 윤원형
의 족질이며 심복인 병조좌랑 尹春年의 탄핵을 받아 파직, 유배되어 배소에서 사사되
었다.

“寧負元老, 不負殿下.” 卽下獄賜死。盖元老妖妄, 以蔭官與厥弟
元衡爭權, 多發不道之言。以此招禍, 人謂元衡非殺兄也, 春年實
殺叔也。位至判書, 性巧詐, 博覽儒家書·方外書, 延接[97]後學,
扶植公論, 以愚士子, 欲掩復其罪, 識者尤憤痛。

百官廷請鳳城君[98]依律定罪, 賜藥自處, 延及桂林君[99](中廟
之子)。桂林, 亡命匿於安邊[100]石窟, 家奴經過兎山, 爲盜直[101]所
捕, 知其桂林所在, 拿來刑訊[102] 誣服棄市。

退溪[103]先生事跡, 其集流傳, 不盡首末, 痛兄[104]之無辜就禍,

---

96) 上箚(상차): 箚子를 올림. 李中悅이 편한 《乙巳傳聞錄》에 尹春年의 상소문이 실려
   있다.

97) 延接(연접): 손님을 맞아서 대접함.

98) 鳳城君(봉성군): 中宗의 여섯째아들로, 이름은 岏, 자는 子醪. 熙嬪 洪氏의 소생.
   희빈 홍씨는 洪景舟의 딸이다. 大尹과 小尹의 파쟁 속에서 대윤인 尹任의 조카였던
   까닭에 윤임이 그가 왕위에 오르도록 획책했다는 모략을 받으면서 대윤이 몰락하는
   乙巳士禍가 일어나 울진으로 유배되었다. 그 후 良才驛 벽서 사건이 일어나자 다시
   이는 대윤 잔당들의 소행이라고 지목받으면서 1547년에 宋麟壽·李若氷 등과 함께
   처형되었다. 金明胤(1488~1572)이 밀고하여 을사사화가 일어났다.

99) 桂林君(계림군): 李瑠. 成宗의 둘째아들 桂城君 恂의 양자. 乙巳士禍에 관련되어
   安邊으로 도망하였으나 결국 체포되어, 서울의 軍器寺 앞에서 참수되었다.

100) 安邊(안변): 함경남도 남부에 위치한 지명.

101) 盜直(도직): 도둑을 감시하고 지키는 사람. 민간인을 조직하여 도적을 방비하는 것
    으로, 氷夫·津夫·車夫·馬夫·皀隸·書吏 등이 盜直에 징발되었다.

102) 刑訊(형신): 刑問. 죄인의 정강이를 때리며 캐어물음.

103) 退溪(퇴계): 李滉(1501~1570)의 호. 조선 중기의 문신이자 유학자로 주자의 사상을
    깊게 연구하여 조선 성리학 발달의 기초를 형성했으며, 理의 능동성을 강조하는 理氣
    互發說을 주장하였다. 主理論 전통의 영남학파의 宗祖로 숭앙된다. 외교 분서의 관리
    를 담당하던 承文院의 副正子·博士·校理·校勘 등을 역임했으며, 세자의 교육을 담당
    하는 侍講院의 文學 등의 직위에도 있었다. 1542년에는 충청도에 어사로 파견되기도

以應教解職下來, 終身不仕。林石川[105]億齡, 知其士林將敗, 亦
下來, 終身不仕。來時, 儕輩送別江頭, 石川吟詩, 寄贈其弟百
齡[106), "寄語漢江水, 安流莫起波。"百齡黨元衡, 封勳, 官至一品,
往中原[107), 死於中路。石川過泰仁[108)披香亭題詩曰: "元亮新埋
地, 孤雲舊上天。空餘池水在, 白露滴秋蓮。"其氣像灑落可知, 元

하였고, 1543년에는 성균관의 교수직인 司成이 되었다. 1545년 乙巳士禍 당시 削奪官
職되었으나, 곧바로 敍用되어 司僕寺 正·校書館 校理 등을 지냈다. 1550년 형인 李澄
가 讒訴를 당해 유배지로 가던 도중 억울하게 목숨을 잃자 벼슬에는 뜻을 두지 않고
학문 연구에만 몰두하였다. 한편, 桂林君이 무고로 죽었는데, 이때 조정에 있던 이황
과 李彦迪이 그 죽음을 막지 못한 것은 오점이라는 평가를 듣기도 했다.

104) 兄(형): 李澄(1496~1550). 1545년 乙巳士禍가 일어나 탄핵을 당해서 갑산으로 유배
가던 중 양주에서 병사했다.

105) 石川(석천): 林億齡(1496~1568)의 호. 본관은 善山, 자는 大樹. 1545년 乙巳士禍
때 금산군수 역임 시 동생 林百齡이 小尹 일파에 가담하여 大尹의 많은 선비들을 추방
하자, 자책을 느끼고 벼슬을 사퇴하였다. 뒤에 다시 등용되어 1552년 동부승지·병조
참지를 역임하고, 이듬해 강원도관찰사를 거쳐 1557년 담양부사가 되었다.

106) 百齡(백령): 林百齡(1498~1546). 본관은 善山, 자는 仁順, 호는 槐馬. 1538년 공조
참판·사헌부대사헌·한성부좌윤·이조참판을 역임했으며, 1539년 다시 대사헌이 되
었다가 공조·병조·이조의 참판을 두루 지냈다. 이듬해 謝恩使의 부사로 명나라에 다
녀왔고, 형조참판을 거쳐 경기도관찰사가 되어 민폐의 시정에 힘썼다. 1542년 내직으
로 옮겨 한성부의 우윤·좌윤을 지내고, 다시 경상도관찰사가 되었다. 이듬해 세 번째
로 대사헌이 되었다가 한성부좌윤을 지냈다. 1544년 이조참판이 되었다가 네 번째로
대사헌이 되고, 호조판서로 승진하였다. 이조판서 역임 시 尹元衡·李芑 등과 모의해
을사사화를 일으켜 尹任·柳灌·柳仁淑 등을 사사시켰다. 그 공으로 衛社功臣 1등에
崇善府院君으로 책봉되었다. 그해 삼의정이 병약해 그가 우찬성의 지위로 사은사에
선발되어 다시 명나라에 갔다. 그러나 1546년 공무를 마치고 귀국 도중 永平府에서
돌연 병사하였다.

107) 中原(중원): 中國. 중국 문화의 발상지인 黃河 중상류의 남북 兩岸 지대를 지칭하는
말로 中華의 중심지, 중국 문명의 搖籃 등을 뜻한다.

108) 泰仁(태인): 전라북도 정읍에 있는 지명.

亮靈川子申潛[109]字, 己卯賢良科人也。

宋圭菴獜壽[110], 德望盖世, 士林倚重如山斗。大司憲具壽聃,
己卯餘賢, 持身方方正正, 非其義一毫不苟取[111], 留意學問, 所
見超詣, 屢經大禍, 靜以待之, 臨死沐浴改衣而逝。李霖[112], 南
溟[113]先生, 言及鳴咽, 其人可知。 林亨秀, 軒豁奇男子, 善吟詩,

---

109) 申潛(신잠, 1491~1554): 본관은 高靈, 자는 元亮, 호는 靈川子·峨嵯山人. 申叔舟의
증손자이다. 1519년 賢良科에 급제하였으나, 같은 해에 기묘사화로 인하여 파방되었
다. 1521년 신사무옥 때 安處謙 사건에 연루되어 長興으로 귀양갔다가 楊州로 이배되었
으며, 뒤에 풀려났다. 그 뒤 20여 년간 아차산 아래에 은거하며 서화에만 몰두하다가,
인종 때에 다시 복직되어 泰仁과 간성의 목사를 역임하고 상주목사로 재임 중 죽었다.

110) 獜壽(인수): 麟壽의 오기.

111) 非其義一毫不苟取(기기의일호불구취):《孟子》〈萬章章句 上〉의 "이윤이 유신의 들
에서 밭을 갈면서 요순의 도를 좋아하여, 그 의가 아니고 그 도가 아니면, 천하로써
녹을 주더라도 돌아보지 않고, 말 천사를 매어 놓아도 돌아보지 않았으며, 그 의가
아니고 그 도가 아니면 지푸라기 하나라도 남에게 주지 않았으며 지푸라기 하나라도
남에게서 취하지 않았다.(伊尹耕於有莘之野, 而樂堯舜之道焉, 非其義也, 非其道也, 祿
之以天下, 弗顧也, 繫馬千駟, 弗視也, 非其義也, 非其道也, 一介不以與人, 一介不以取
諸人.)"는 구절을 활용한 표현.

112) 李霖(이림): 이림은 남명 38세 때 천거하였고 44세때 心經을 보내주었는데, 그 책
뒤에 남명이 "내 친구 이림은 어질고 존경할 줄 하는 사람이다. 그 사람됨이 내면은
얼음을 담은 옥항아리처럼 깨끗하고 맑으며, 외면은 옥색같이 곱고 부드럽다."고 술
회하면서 당시 윤임 일당에 의해서 아까운 선비가 희생된데 대하여 매우 안타깝게
여기며 이림이 후사가 없어서 학문에 독실하고 실행에 지극한 정성을 가지고 있었던
모습을 우러러 기억해 줄 사람이 없음을 자신의 처지와 같아서 소중한 서책은 가보로
후대까지 전해지기를 바라는 선비의 소박한 심정을 적었다고 함.

113) 南溟(남명): 南冥의 오기(이하 동일하다). 曹植(1501~1572)의 호. 본관은 昌寧, 자
는 健中. 학자로서의 명망이 높아지자 1538년 경상도관찰사 李彦迪과 대사간 李霖의
천거로 헌릉참봉에 제수되었으나 나아가지 않았다. 1545년 乙巳士禍로 이림·송인수
·成遇·郭珣 등 가까운 지인들이 화를 입게 되자 세상을 탄식하고 더욱 숨을 뜻을
굳혔다. 1554년 단성현감에 임명되었으나 유명한 단성현감 사직소를 올려 척신정치

臨死奉毒酒大笑曰: "此酒無酬酌之禮, 快倒而逝." 羅湜, 北向再
拜, 有若天顔咫尺, 跪起甚恭, 金吾郎[114]相謂曰: "從容就死, 羅
參奉爲上."云. 郭司諫珣神道碑, 蘇齋撰之, 臨死謂奴曰: "吾喪
到忠州, 則無患矣." 未喩其意, 及到忠州, 灘叟先生發引諸具一
一備待, 護喪軍[115]踰嶺而還. 蘇齋·舟川[116]公, 灘叟女婿也.

己卯諸賢, 中廟未及伸冤, 仁廟卽位, 太學生三上疏章, 疏辭
宛切, 可泣鬼神, 乃舟川所製也. 仁廟批答曰: "爾等言是非則可
也, 期於定是非則非也, 姑爲讀書." 臨薨時, 特下備忘記, 己卯諸
賢, 盡復官爵. 守愚先生, 每稱舟川爲人, 心氣鬱積之時, 披讀舟
川疏章, 則意思活潑云.

[5] 蘇齋, 官至左議政, 〈夙興夜寐箴註[117]〉·〈人心道心辨〉, 爲後

의 폐단과 비리를 통절히 비판하면서 임금이 크게 분발하여 明新의 경지에 이르러야
한다고 하였다. 문정대비가 죽고 윤원형이 실각하여 척신정치가 막을 내리던 1566년,
정치쇄신과 민심수습의 일환으로 성운·李恒 등과 함께 遺逸로 徵召되어 상서원판관
의 벼슬을 받자, 66세의 나이로 상경하여 사은숙배 후 임금을 면대하고 물음에 응했
는데 명종의 성의와 대신의 경륜이 부족함을 알고 곧 사직, 하향하였다.

114) 金吾郎(금오랑): 義禁府都事를 달리 이르는 말.

115) 護喪軍(호상군): 호상군. 장례에 참석하여 상여 뒤를 따라가는 사람.

116) 舟川(주천): 康惟善(1520~1549)의 호. 본관은 信川, 자는 元叔. 1537년 사마시에
합격, 성균관의 유생이 되어 祭酒 宋麟壽의 아낌을 받았다. 1545년 仁宗이 즉위하자
그는 성균관 유생들과 함께 상소하여 趙光祖의 伸冤·復爵을 호소, 관철시켰다. 인종
이 죽은 뒤 벼슬을 그만두고 고향에 내려가 산수를 즐기면서 세월을 보냈다. 1549년
李洪男 형제의 옥사에 연루되어 杖殺되었다.

117) 夙興夜寐箴註(숙흥야매잠주): 盧守愼이 宋나라 陳栢의 〈숙흥야매잠〉을 분장하고
해석하여 1568년에 간행한 주석서. 진도에서 유배 생활을 하는 동안 지은 것으로,
책을 처음 완성한 것은 1554년경으로 그 초본을 李滉과 金麟厚에게 보내 질정을 청하

學之指南。柳眉菴希春, 官至禮曹判書兼副學[118], 學問該博, 無書不讀。白仁傑爲大司憲, 金鸞祥爲大司諫, 正直倔强[119], 老而益壯。鄭希登, 談論尙意氣, 平生以名節自許[120]。金磇, 己卯名臣吏參金世弼[121]之子也。名節有自來, 參判公被黜, 卜居於忠州地, 有贈詩於僧云:「却慚林下[122]逢靈澈[123], 不是休官是黜官。」學問該博, 每入經筵, 義理通徹, 感動人主。雖靜菴先生, 自以爲莫及。配享劒巖書院。

李仲悅, 名卿判書潤慶[124]之子也。與李煇淸望自持, 李德應愚

엮고, 1560년에 다시 이황에게 편지를 보내 의견 교환을 통해 부분적인 수정을 거쳐 완성한 것이다.

118) 副學(부학): 副提學. 조선시대 홍문관에 두었던 정3품 당상관. 提學의 아래, 直提學의 위 벼슬이다.

119) 倔强(굴강): 고집이 세어 굴하지 않음.

120) 自許(자허): 자부함.

121) 金世弼(김세필, 1473~1533): 본관은 慶州, 자는 公碩, 호는 十淸軒·知非翁. 전한·형조참판·부제학을 지내고 외직으로 廣州牧使·전라도관찰사 등을 역임하였다. 이어 대사헌·이조참판을 지내고, 1519년 사은사로 명나라에 다녀왔다. 그 해 겨울 己卯士禍가 일어나서 趙光祖를 사사하자, 임금의 처사가 부당하다고 규탄하다가 留春驛으로 杖配되었다. 1522년 풀려났으나 다시는 벼슬에 나가지 않고 고향으로 내려가서 십청헌을 짓고 후진을 교육하였다.

122) 林下(임하): 벼슬을 그만두고 물러가 쉬는 사람.

123) 靈澈(영철): 당나라 승려. 皎然의 도반이었다. 영철이 韋丹에게 지어준 시에, "서로 만나면 다 벼슬을 쉬고 간다지만, 林下에야 어디 한 사람이나 보이더냐.(相逢盡道休官去, 林下何會見一人.)"하였다.

124) 潤慶(윤경): 李潤慶(1498~1562). 본관은 廣州, 자는 重吉, 호는 崇德齋. 예문관 검열이 되고, 이어서 홍문관으로 옮겨 부수찬·수찬·부교리·교리를 역임하고, 사간원·사헌부로 옮겨 정언·사간·지평을 지냈다. 1543년 의주부윤이 되었고, 인종의 즉위와 더불어 다시 내직으로 옮겨 대사간이 되어 賢良科의 재실시를 청하였다. 이어 승

慟亂言[125]，守敬[126]心疾之，所嘗珍味遍及獄中諸賢，不與於德
應。守敬者尹任所親信之人也。尹氏家禍，因德應益熾，以此故
也。成處士遇[127]大谷[128]先生之兄，氣味相同，難爲兄弟者也。

司諫宋希奎[129]，形貌短小，稟質殘弱，元衡輩輕其爲人，慟迫

정원동부승지가 되어 대윤을 제거하는 데에 가담하였으며, 성균관대사성으로 승진하
였다. 그러나 李탄의 품성이 거칠고 위험함을 논박하다가 쫓겨나 성주목사가 되었다.
이때 아들 李中悅이 李德應事件에 몰려 사사되자, 이로 인해 1550년 공훈과 관직이
삭탈되었다가 1553년 용서되어 다시 승지를 지냈다. 1555년 을묘왜변이 일어나자
전주부윤으로서 영암성에서 왜구의 침입을 방어하고, 그 공으로 전라도관찰사로 승
진하였다. 그 뒤 경기도관찰사·함경도관찰사·도승지를 거쳐 1560년 병조판서에 이
르렀다.

125) 亂言(난언): 政事와 관련된 것을 꺼리지 않고 되는 대로 말함.

126) 守敬(수경): 李肯翊의 《燃藜室記述》 권10 〈明宗朝故事本末·乙巳士禍〉를 보면, 朴
成蕃으로 윤임이 그를 더욱 아꼈다고 하였으며, 박성번의 집안사람이 배 갖다 준 것
을 보고 이덕응이 하나만 달라고 하자 주지 않고 "평생에 글 읽어서 배운 것이 무엇이
냐? 너의 입으로 허위 자백을 해서 집안이 결단날 뿐 아니라 선비들도 일망타진 될
것이다." 하고는 배 두어 개를 사령을 시켜서 정희등에게 드리며 "죽는 마당에서 변하
지 아니하니 우러러 매우 존경스럽습니다." 하였다고 기록되어 있음. 그런데 마음의
병과 관련된 것은 《中宗實錄》 1519년 10월 9일 1번째 기사를 보면, 金守敦으로 또한
心疾之人으로 되어 있기도 하다.

127) 遇(우): 成遇(1495~1546). 본관은 昌寧, 호는 中盧.

128) 大谷(대곡): 成運(1497~1579)의 호. 본관은 昌寧, 자는 健叔. 1531년 진사에 합격,
1545년 형이 을사사화로 화를 입자 보은 속리산에 은거하였다. 그 뒤로 벼슬을 일절
사양하고, 徐敬德·曺植·李之菡 등과 교유하며 학문에 정진하였다.

129) 宋希奎(송희규, 1494~1558): 본관은 冶爐, 자는 天章, 호는 倻溪散翁. 1543년 이후
司憲府掌令·상주목사·司憲府執義를 역임하였고, 柳希春과 함께 尹任을 옹호하다가
파직당하였다. 1545년 대구도호부사로 복직하였고, 이듬해 예빈시정이 되어 다시 문
과 중시에 을과로 급제하였다. 1547년 장령으로 왕의 외숙인 尹元衡의 전횡을 탄핵하
여 상소하다가 유배당하였다. 그 뒤 풀려나와 高山에 집을 짓고 스스로 '야계산옹'이
라 이름하였다.

之, 希奎曰: "吾肉點點割取, 安以受之? 邪議不可從, 放黜之." 權
贊成聞之, 擊節嘆息曰: "不可以容貌取人. 自後生子, 才不才皆
育之, 可也."

　修撰金就文130), 受業於朴松堂131)門, 仁廟卽位之初, 上疏條
陳初喪吉禮132)之非, 仁廟悔感焉. 未久遭喪133) 以此得免大禍.
爲人端正秀美, 專事心學134), 士林推仰.

[6] 芑·元衡·順朋爲魁首, 林百齡·崔輔漢135)·金明胤136)·崔演137)

---

130) 金就文(김취문, 1509~1570): 본관은 善山, 자는 文之, 호는 久菴. 1541년 형조·
　예조의 좌랑을 지내고 외직으로 나가 비안현감을 지냈다. 1544년 강원도사, 이듬
　해 修撰, 1547년 호조·공조의 정랑을 지냈다. 다시 외직으로 나가 전라도사·영천
　군수·청송부사·상주목사·나주목사를 거쳐, 1565년 司成·執義·校理와 호조참의·
　대사간에 이르렀다. 강원도사 시절에 상소하여 등극할 때에 하례를 받은 잘못을
　추급하여 논하기를, "대저 임금이 왕위를 계승할 때에 衰服을 벗고 冕服을 입는 것은
　宗社와 生民의 중함을 위한 것이니, 사사로운 은혜 때문에 폐할 수는 없습니다. 그러
　나 백관의 하례로 말하면 臣子 된 자의 처지에서는 비록 부득이한 일이라고 하더라도
　지금 諒闇(임금의 居喪, 또는 그 廬幕을 말함) 중에 계신 전하로서는 마땅히 이와
　같은 慶典을 받아서는 안 됩니다." 하였는데, 優渥한 비답을 내려서 칭찬하여 격려하
　였다.
131) 松堂(송당): 朴英(1471~1540)의 호. 본관은 密陽, 자는 子實. 낙동강 변에 집을 짓
　고 松堂이라는 편액을 걸고, 鄭鵬·林樸 등을 師友로 삼아 경전을 배워 힘써 깨닫는
　이치가 많았다. 1510년 三浦에 왜구가 침입하자 助防將으로 昌原에 부임하였다. 1514
　년 黃澗縣監, 1516년 江界府使를 지냈다. 1519년 5월에 聖節使로 명나라에 다녀와
　己卯士禍를 모면하였다. 이듬해 金海府使가 되었다가 곧 사직했는데, 金億濟의 모함
　으로 柳仁淑과 함께 혹형을 받았으나 誣告임을 적극 주장해 풀려날 수 있었다. 뒤에
　嶺南左節度使로 임명되었으나 곧 죽었다.
132) 吉禮(길례): 오례의 하나로, 국가의 제사에 관한 의례.
133) 遭喪(조상): 김취문이 1545년 홍문관 수찬이 된 뒤 7월에 모친상 당한 것을 일컬음.
134) 心學(심학): 마음을 닦는 학문의 뜻으로, 성리학을 일컫는 말.
135) 崔輔漢(최보한, ?~1546): 본관은 水原, 자는 彦卿. 1537년 지평·사간원헌납을 역

·閔齊仁·金光準·許磁·鄭彦愨, 定難功臣[138], 封爵有次。 順朋·明

임하면서 당시의 권간 金安老를 제거하고 그 일당을 축출하는 데 앞장섰다. 이어 응교·전한·舍人 등을 거쳐 1539년 부제학을 지내고, 이듬해 대사헌·대사간 등 삼사의 장을 두루 역임하였다. 1541년 다시 대사헌이 되었고, 이듬해 동지사로 명나라에 다녀왔으며, 1543년 이조참판이 되었다. 1545년 仁宗이 죽었을 때 守陵官에 임명되자 대신에게 찾아가 수척한 몸으로 3년상을 견디어낼 수 없다고 정강이뼈까지 내보이며 사정하여 교체되었는데, 이 일로 대간의 탄핵을 받았으나 白仁傑의 변호로 무사하였다. 이어 乙巳士禍가 일어나자 李芑의 족질로서 大尹 일당을 제거하는 데 앞장섰다. 그 공으로 衛社功臣 2등에 책록되고 隨山君에 봉해졌다.

136) 金明胤(김명윤, 1493~1572): 본관은 光山, 자는 晦伯. 己卯士禍 후 현량과가 무효로 된 뒤에 음직(蔭職)으로 남아 있다가, 다시 1524년 별시 문과에 병과로 급제하였다. 이때 모든 현량과 출신들이 쫓겨났으나 홀로 조정에 남아 있어서 사림의 비난을 받았다. 明宗 연간에 尹元衡과 함께 乙巳士禍를 일으킨 주역으로 尹任이 鳳城君 李岏을 추대하여 大位를 엿본다고 무고하여, 이른바 乙巳推誠衛社協贊弘濟保翼功臣이 되어 光平君으로 봉해졌고, 개성유수·형조참판·평안도관찰사·동지중추부사·호조참의·우참찬을 역임하였다.

137) 崔演(최연, 1503~1549): 본관은 江陵, 자는 演之, 호는 艮齋. 1531년에 金安老의 전횡을 고변하고 홍문관수찬에 올랐다. 1545년 도승지에 올랐는데, 이 해에 乙巳士禍가 일어나자 李芑·林百齡 등 소윤에 가담, 衛社功臣 3등에 책록되고 東原君에 봉해졌다. 1548년 지중추부사·兼知義禁府事를 거쳐, 이듬해 冬至使로 명나라에 가던 중 평양에서 병사하였다.

138) 定難功臣(정난공신): 衛社功臣의 오기. 명종 즉위년 8월 尹元衡과 결탁한 지중추부사 鄭順朋, 병조판서 李芑, 호조판서 林百齡, 공조판서 許磁 등이 좌의정 柳灌, 이조판서 柳仁淑, 형조판서 尹任 등을 반역죄로 몰아 사사한 뒤, 이에 공을 세운 위의 4명과 입시했던 상신·추관·내신 등 29인을 보익공신으로 책봉하였다. 1등은 '推誠衛社協贊弘濟保翼功臣'이라 하여 정순붕·이기·임백령·허자 등 4인, 2등은 '추성위사홍제보익공신'이라 하여 洪彦弼·尹仁鏡 등 9인, 3등은 '추성위사보익공신'이라 하여 宋麒壽 등 16인을 녹공하였다. 며칠 뒤 경기관찰사 金明胤이 桂林君 瑠가 윤임 일파의 음모에 관련되었다고 무고하여 유를 비롯한 많은 사림파가 화를 입었다. 얼마 뒤 공신의 칭호는 衛社功臣으로 고쳐졌고 공신 등급도 재조정되었다. 조정된 내용은 1등에 역시 정순붕 등 4인, 2등에 홍언필 등 8인인데, 3등이었던 윤원형·林九齡·韓景祿이 2등으로 승록되고, 權橃은 삭훈되었다. 3등은 16인으로 2등이었던 李彦迪·丁玉亨·申光漢이 3등으로 내려오고 申秀涇이 추록되는 등의 개편이 있었다.

胤, 己卯賢良科者也。晚年殘害士林, 謀危宗社, 無所不至。盖棺事乃定[139], 正謂此也。磁·齊人有悔, 發於言辭, 削勳竄謫。

灘叟先生, 一日以事, 入城中本家, 順朋來見曰:"柳仁淑[140], 吾輩以正人君子許之, 不圖今日, 凶謀至此, 於公意何如?"灘叟曰:"吾意至今, 以爲正人君子也。"順朋慚愧而退。柳貞[141]在傍, 悚然曰:"虎前作舞, 人皆道[142]之, 公何爲發此言耶?"先生笑曰:"耳齡狡黠殺原明者, 視爲奇貨[143], 爲子孫計也。若害吾, 則徒得殺友之名, 無利己。吾無患矣。"

有人投詩曰:"城市風塵豈被身, 鹿門[144]高節正驚人。陰崖[145]

---

139) 棺事乃定(관사내정):《論語》〈衛靈公篇〉의 "군자는 죽은 후에 이름이 일컬어지지 않을까 두려워한다.(君子疾沒世而名不稱焉。)"는 注에 쌍봉요씨가 이르기를 '몰세로 말한 것은 대개 관 뚜껑이 덮인 뒤에라야 정해진다는 것이다.'(雙峯饒氏曰: '言沒世者, 蓋棺事乃定。')고 한 데서 나오는 말.

140) 정순붕은 柳仁淑과 인척지간인데도 고변으로 죽인 뒤에 우의정으로 올라가서는 유인숙의 재산과 노비들과 종으로 떨어진 그의 가족들까지 다 받아들임으로써 부귀영화를 누리게 된 사연이 있음.

141) 柳貞(류정, 1491~1549): 본관은 晉州, 자는 復元. 1519년 賢良科에 급제하여 승문원정자가 되었으나, 같은 해 己卯士禍로 파직되어 충주 금천리에 가서 살다가 1536년 복직되었다. 1545년 典籍이 되었다. 이듬해 江陰縣監이 되었다가, 乙巳士禍에 臺官이 "羅湜과 비밀히 결탁하였다."고 아뢰어 파직되었다. 1549년 李洪胤의 옥사에 연루되어 杖殺되었다.

142) 道(도): 危의 오기.

143) 奇貨(기화): 〈'…을 기화로' 구성으로 쓰여〉 뜻밖의 이익을 얻을 수 있는 물건. 또는 그런 기회.

144) 鹿門(녹문): 鹿門山. 漢나라 말년에 龐德公이란 도덕이 높은 선비가 녹문산에 숨어 살았으므로, 그를 가리켜 녹문이라 하였다. 그는 처자를 거느리고 그곳에 들어가 은거하여 약초를 캐먹고 살면서 세상에 나가지 않았다고 한다.

地下精靈在, 應愧王良[146]屑屑頻."[147](陰崖己卯名相李耔也, 己
卯之禍削勳, 退居劒巖, 或短棹騎驢, 與灘叟相從. 劒岩書院, 陰
崖·金參判·灘叟, 三賢配享也.) 先生瞿然, 翌日還鄕, 或者疑其
沈彦光[148]之所製也. 彦光文章之士也, 早有名譽, 後附安老.

---

145) 陰崖(음애): 李耔(1480~1533)의 호. 燕山君 때 文科에 장원하여 監察을 거쳐 이조
　　　좌랑이 되었으나, 연산군의 亂政으로 사직했다. 中宗反正 이후에 다시 등용되어 여러
　　　관직을 역임하고 우참찬에 올랐으나, 己卯士禍로 파직을 당하고, 陰城, 忠州 등지에
　　　서 학문을 닦으며 여생을 마쳤다.

146) 王良(왕량): 後漢 때의 사람. 처음에는 절개를 지켜 벼슬을 하지 않다가 뒤에 벼슬길
　　　에 나갔다. 조정의 부름을 받자마자 조금도 사양함이 없이 부름에 응하여 올라가다가
　　　중도에 병이 나서 가지 못하고, 친구의 집을 방문했다. 그 친구가 그와 만나는 것을
　　　꺼려 "충성스러운 언론이나 뛰어난 계책도 없으면서 큰 자리를 취하려고 어찌 그리도
　　　거리낌 없이 자주 도성을 왕래한단 말인가.(不有忠言奇謀而取大位, 何其往來屑屑不
　　　憚煩也?)"조롱하고 마침내 거절해 버렸다.

147) 이연경이 기묘사화로 파직당한 이후 곧장 落鄕하여 忠州에 은거하면서 李耔와 함께
　　　자주 어울려 학문을 논하며 지냈다. 이자가 죽은 뒤로 이연경이 친척을 방문하기 위
　　　해 도성을 왕래한 적이 있는데, 이때 한 무명자가 이연경을 後漢의 王良처럼 벼슬하기
　　　위해 자주 도성을 왕래한다고 오해하여 이연경에게 이 시를 던져 준 것이다. 즉 평소
　　　에 이연경과 유달리 친밀한 이자의 영혼이 존재한다면 이연경이 오늘날 도성에 드나
　　　드는 것을 응당 부끄럽게 여길 것이라는 뜻이다.

148) 沈彦光(심언광, 1487~1540): 본관은 三陟, 자는 士炯, 호는 漁村. 심정(沈貞)을 비
　　　롯한 권간들의 횡포를 탄핵하였다. 1530년 대사간이 되어서는 형 沈彦慶과 함께 金安
　　　老의 등용을 적극 주장, 실현시켰다. 그러나 김안로가 조정에서 실권을 장악하면서
　　　붕당을 조직하고 大獄을 일으켜 사림들을 모함하자, 비로소 지난 날 자신의 추천행위
　　　를 후회하기에 이르렀다. 특히 김안로가 자신의 외손녀를 동궁비로 삼으려 하자 이를
　　　질책하였고, 이를 계기로 두 사람 사이에 틈이 생겼다. 1536년 이조판서가 되고, 이어
　　　서 공조판서를 역임하면서 김안로의 비행을 비판하자 김안로의 미움을 받아 이듬해
　　　함경도관찰사로 좌천되었다. 그러나 곧 김안로와 그 일당이 축출되자, 우참찬에 올랐
　　　다. 인종이 즉위하여 大尹일파가 집권하면서 향배가 바르지 않다고 탄핵을 받아 관직
　　　을 삭탈당하였다.

北窓鄭磏¹⁴⁹⁾, 順朋之子, 知其父之不可諫, 用慮嘔血而死。仙
風道骨¹⁵⁰⁾, 我東方之洞賓¹⁵¹⁾, 而醫家·雜術·天文·地埋, 無不精
玩, 易學尤繼起。

[7] 己酉之變¹⁵²⁾, 勿論貴賤, 敗家滅族者數十餘人。康舟川死於
杖, 盧相國作碣銘, 其終曰："每一念至, 但仰而搥胸, 復使人搥
之, 至于百搥千搥萬搥而無已也。" 舟川兄景善¹⁵³⁾連坐, 免爲庶
人¹⁵⁴⁾。稟性嚴峻, 德宇渾成, 與其弟志同道合, 舟川以一家嚴師
友, 敬重之。號克齋。與蘇齋·河西¹⁵⁵⁾兩先生及金文之, 爲道義

---

149) 鄭磏(정렴, 1505~1549): 본관은 溫陽, 자는 士潔. 1537년에 사마시에 합격하였다.
또한 음률에 밝고 현금에도 정통하여 掌樂院主簿로서 가곡의 장단을 지도하는 한편,
천문과 의술에도 이치가 밝아 觀象監과 惠民署의 교수를 역임했다. 그 후에 포천현감
이 되었으나 병으로 사임하고 양주의 괘라리, 廣州의 청계사, 果川의 관악산 등지를
전전, 스스로 약초를 구하면서 요양했다. 乙巳士禍가 일어남에 따라 世事를 탄식하며
문의로 퇴거하여 은둔하였다.

150) 仙風道骨(선풍도골): 선인의 풍모와 도사의 골격이라는 뜻. 남달리 뛰어난 풍채를
이르는 말이다.

151) 洞賓(동빈): 8仙으로 불리는 당나라 呂巖의 자. 호는 純陽子. 문무를 겸비한 儒者로
혹은 장생불사의 신선으로 조선시대에 많은 사랑을 받았다. 그는 과거에 두 차례나
낙방하여 출세를 포기한 채 은거하던 중 廬山에서 火龍眞人을 만나 天遁劍法(악귀를
쫓아내는 검법)을 배웠다. 64세에는 華山에서 신선 鍾離權을 만나 득도하여 신선이
되었다. 그는 도교에서 呂祖라 칭송받으며 신선의 반열에 올랐다.

152) 己酉之變(기유지변): 1549년 李洪男 형제의 옥사를 일컬음. 明宗 때 대윤과 소윤의
권력투쟁에서 소윤이 승리했다. 이에 윤임의 사위인 충주 출신 李洪胤이 소윤의 무리
를 일망타진 하겠다는 말을 자주 내뱉었다. 그러자 그의 친형 李洪男이 동생을 밀고
한 사건이다.

153) 景善(경선): 康景善, 본관은 信川, 자는 元卿, 호는 克齋. 昌原都護府使 康顗의 아
들, 康惟善의 형. 李洪男 獄事에 연루되어 平民으로 강등되었다.

154) 免爲庶人(면위서인): 왕족 또는 양반의 지위를 박탈하여 서민으로 만듦.

之交。文之就文字也。

李洪男¹⁵⁶⁾之弟洪胤¹⁵⁷⁾, 延城¹⁵⁸⁾女婿, 少年輕薄。洪男緣父若氷¹⁵⁹⁾之禍, 謫在寧越。若氷己卯名士, 喪在淺土¹⁶⁰⁾, 洪胤主其襄

155) 河西(하서): 金麟厚(1510~1560)의 호. 본관은 蔚山, 자는 厚之, 호는 湛齋. 1531년 사마시에 합격하고 성균관에 입학하였으며, 이때 李滉과 교우관계를 맺고 함께 학문을 닦았다. 1540년 별시문과에 병과로 급제하여 權知承文院副正字에 임용되었으며, 이듬해 湖堂에 들어가 賜暇讀書하고, 弘文館著作이 되었다. 1543년 홍문관박사 겸 세자시강원설서·홍문관부수찬이 되어 세자를 보필하고 가르치는 직임을 맡았다. 또한 기묘사화 때 죽임을 당한 諸賢의 원한을 개진하여 문신으로서 본분을 수행하였다. 그 해 부모의 봉양을 위해 玉果縣監으로 나갔다. 1544년 중종이 죽자 製述官으로 서울에 올라왔으나, 1545년 인종이 죽고 곧이어 乙巳士禍가 일어나자, 병을 이유로 고향인 장성에 돌아가 성리학 연구에 전념하였다.

156) 李洪男(이홍남, 1515~1572): 본관은 廣州, 자는 士重, 호는 汲古子. 1538년 문과에 급제, 工曹佐郞을 지내고 사賜暇讀書를 한 후 1546년 文科重試에 급제했다. 이듬해 良才驛 壁書事件으로 賜死된 아버지에 연좌, 寧越에 유배되었다가 1549년 평소에 사이가 나빴던 동생 洪胤이 조정을 비난하는 말을 하자 모반을 꾀한다고 무고, 동생을 처형케 했다. 이 해 모반을 고발한 공으로 풀려나와 長湍府使가 되었고, 1559년 앞서 장단부사로 있을 때 백성을 학대한 죄로 파직되었다. 1561년 工曹參議에 기용, 1569년 앞서 동생을 무고했던 사실이 드러나 削職되었다.

157) 洪胤(홍란): 李洪胤(?~1549). 본관은 廣州. 사복시정을 지낸 李若氷의 둘째아들이며 당시 대윤파의 거두이자 장경왕후의 오빠인 尹任의 사위이다. 아버지 이약빙은 1547년 소윤파가 대윤파를 제거하기 위해 怪壁書 사건을 빌미로 일으킨 정미사화 때 대윤파로 몰려 죽임을 당하였다. 진사시에 급제하였으나 평생 벼슬길에 나가지 않고 학문에만 정진하였다. 1549년 조정에 대해 비난하는 말을 한 것이 화근이 되어 소윤파들에 의해 모반을 도모한다는 무고를 당하고 결국 이홍남 옥사 사건이 일어나 다른 40여 명의 선비들과 함께 처형되었다.

158) 延城(연성): 中宗의 첫째 딸 孝惠公主의 부군 金禧. 金安老의 아들이다. 그런데 李洪胤은 尹任의 둘째사위이다. 따라서 원문의 연성은 오류이다.

159) 若氷(약빙): 李若氷(1489~1547). 본관은 廣州, 자는 熹初, 호는 樽巖. 1519년 己卯士禍로 趙光祖가 유배될 때 형 李若水가 동료 유생 150여 명을 이끌고 조광조의 신원을 호소하다 옥에 갇히자, 이조정랑으로서 조광조와 이약수의 사면을 주청하다가 파

事¹⁶¹⁾, 卜得新地, 抵書洪男曰: "王侯將相可出之山." 且曰: "廢
朝¹⁶²⁾之殺人, 極於甲子¹⁶³⁾·乙丑, 而終有丙寅之禍¹⁶⁴⁾, 今上亦何
能久御耶?" 洪男封洪胤書, 直送于典翰鄭惟吉¹⁶⁵⁾, 使之告變, 惟
吉如逢騎虎之勢¹⁶⁶⁾, 不得已呈于政院。文定傳旨, 乘馹上來, 以

직되었다. 1537년 다시 기용되어 예조정랑을 거쳐 한산군수로 있으면서 1539년에
연산군과 魯山君의 後嗣를 세울 것과 福成君의 신원을 청하다가 잡혀 들어와 삭직당
하였다. 그리하여 충주 北村에 가서 살면서 스스로 호를 준암이라 하였다. 그 뒤 1543
년경기도의 災傷御史로 파견되었고, 이듬해 수원부사·宗簿寺正 등을 지냈다. 1547
년 司僕寺正으로 재직 중 소윤인 尹元衡·李芑 등이 鄭彦慤의 良才驛의 벽서고발사건
을 계기로 대윤 일파를 숙청할 때, 대윤 윤임의 인척이라 하여 처형당하고 가산이
적몰되었다.

160) 淺土(천토): 정식 묘지를 쓰지 못하고 임시로 매장한 무덤을 말함.

161) 襄事(양사): 장사지내는 일.

162) 廢朝(폐조): 燕山君朝를 가리킴.

163) 甲子(갑자): 甲子士禍. 1504년 연산군의 어머니 윤씨 폐위 때 관계한 신하들을 학살한
사화. 훈구사림과 중심의 부중 세력이 궁중 세력에게 받은 정치적인 탄압 사건이다.

164) 丙寅之禍(병인지화): 박원정, 성희안, 유순정이 中宗反正을 하고 연산군이 쫓겨난
것을 가리킴.

165) 鄭惟吉(정유길, 1515~1588): 본관은 東萊, 자는 吉元, 호는 林塘. 金尙容·金尙憲의
외할아버지이다. 1538년 별시문과에 장원급제했는데, 이때 중종이 직접 잔치비용을
내리고 정언에 임명했다. 그 뒤 공조좌랑·중추부도사·세자시강원문학 등을 거쳐,
1544년 李滉·金麟厚 등과 함께 호당에 들어가 사가독서하고 승지가 되었다. 이어
이조정랑·부제학·도승지 등을 역임하고, 이조참판·예조판서를 거쳐 1560년 대제학
이 되었다. 얼마 후 이조판서가 되었으며, 1567년 進賀使의 부사로 명나라에 다녀왔
다. 선조 즉위 후 외직으로 경상도·경기도 관찰사를 역임하고, 1572년 예조·공조의
판서를 지냈다. 우찬성·판돈녕 부사에 이어 1581년 우의정에 임명되었으나, 명종 때
권신인 尹元衡·李樑 등에게 아부한 사람을 재상의 자리에 앉힐 수 없다는 사헌부의
반대로 사직했다.

166) 騎虎之勢(기호지세): 호랑이를 타면 도중에 내릴 수 없는 것처럼, 일을 계획하여
도중에서 그만둘 수 없는 것.

喪服偃然馳駒, 詣闕門。文定以大義滅親, 賜酒。差備門[167]外醉
倒, 而出入莫不憤痛。起復[168]爲工曹參議。若氷曾率二男, 來訪
灘叟, 若有矜夸之色, 若氷去後, 先生曰:"渠之二子不如我之無
子。"先生知人類此。許草堂[169]曄爲大諫時, 洪男之子民覺, 爲其
父求得便邑[170], 草堂駁[171]之曰:"其父何人, 乃敢以養親爲求。"
一時快之。(許草堂己卯名賢, 尊賢下士, 出於至誠, 學者稱爲草
堂先生。) 洪胤, 誣腹弃市。

凶徒滿朝, 人沮喪惴惴然[172]危懼不寧, 以小學爲嫁禍之資, 父
兄戒子弟一禁之。士習偸薄, 猖狂自恣, 如有一行之士, 以爲狂
士, 衆輒攻之, 使不容身。天道至神, 芑輒前奏事, 言未畢暴
死[173], 彦愨詣闕, 墜馬嘔血而死, 百齡‧演死於中原[174], 順朋未

---

167) 差備門(차비문): 궁궐 편전의 앞문과 종묘의 상문, 하문, 앞전, 뒷전을 통틀어 이르
던 말.

168) 起復(기복): 어버이의 상중에 벼슬자리에 나아감. 상중에는 벼슬을 하지 않는다는
관례를 깨고 벼슬하는 것을 이른다.

169) 草堂(초당): 許曄(1517~1580)의 호. 본관은 陽川, 자는 太輝. 1562년 지제교를 겸했
을 때 朴啓賢과 함께 왕의 소명을 받고 玉翠亭에 들어가 律詩로 화답하였다. 그 해
동부승지로 참찬관이 되어 經筵에 참석해 趙光祖의 伸寃을 청하고 許磁‧具壽聃의 무
죄를 논한 사건으로 파직되었다. 1563년 삼척부사로 기용되었으나 과격한 언론 때문
에 다시 파직되었다. 1568년 進賀使로 명나라에 다녀와서 향약의 설치‧시행을 건의
하였다.

170) 便邑(편읍): 업무가 간단하여 다스리기 편한 고을.

171) 駁(철): 駁의 오기.

172) 惴惴然(췌췌연): 두려움에 떠는 모양.

173) 暴死(폭사): 별안간 참혹하게 죽음.

174) 百齡‧演死於中原(백령연사어중원): 임백령은 명나라에 갔다가 돌아오다 永平府에

久繼而死。

[8] 浮薄躁進¹⁷⁵⁾之輩, 各立私黨, 金汝孚¹⁷⁶⁾·崔祐¹⁷⁷⁾·李溟¹⁷⁸⁾·
金鎭爲一隊, 金弘度¹⁷⁹⁾·金繼輝¹⁸⁰⁾爲一隊, 其爲類甚多, 自相攻
擊。元衡, 自以爲富貴已極, 無與於政權, 等閑看其勝負曰: "皆是

서 죽었고, 최연은 명나라로 가려다 平壤에서 죽었기 때문에 원문은 약간의 오류가
있음.

175) 躁進(조진): 높은 지위에 오르기 위해 조급하게 행동함.

176) 金汝孚(김여계): 金汝孚(생몰년 미상)의 오기. 본관은 義城, 자는 基福. 金安國의
아들이다. 1549년 식년문과에 급제하여 홍문관에 들어갔으며 관직이 典翰에 이르렀
다. 인물이 경박하고 출세에 급급하여 가정의 교훈을 따르지 않아 일찍이 숙부 金正國
이 우리 형제의 뒤를 이을 만한 자식이 없음을 한탄하였다고 하는데, 이때에 와서
외척 尹元衡에게 붙으니 김정국의 말이 그대로 들어맞았다. 평소 金弘度와 사이가
좋지 못하여 서로 당을 만들어 다투었다. 1557년 윤원형이 첩을 처로 삼은 사실을
김홍도가 못마땅하게 생각하더라고 윤원형에게 고자질하여 조정을 어지럽게 만들었
다. 이어 그의 당인 대사간 金百鈞·사간 趙德源과 함께 탄핵하여 김홍도와 金氏를
각각 갑산과 경원으로 귀양 보내고 金繼輝를 삭출시켰다. 뒤에 영의정 沈連源으로부
터 사사로운 원한으로 조정을 어지럽힌다고 탄핵을 받았다.

177) 崔祐(최우): 崔堣(생몰년 미상)의 오기. 본관은 和順, 자는 思仲. 1528년 사마시에
합격한 뒤 1540년 식년문과에 급제하였다. 權纘의 추천으로 顯職에 올라 사간원사간으
로 있을 때 金安國의 아들 金汝孚 등과 결의, 형제를 맺었다 하여 門外黜送당하였다.

178) 李溟(이명): 李銘의 오기.

179) 金弘度(김홍도, 1524~1557): 본관은 安東, 자는 重遠, 호는 南峯·萊峯. 1548년 별
시문과에 장원하고 경연관이 되었으며, 賜暇讀書 중에도 정치 폐단을 강력히 諫하였
다. 典翰으로 재직 중에 小尹 尹元衡에 의하여 甲山으로 유배되었다가 죽었다.

180) 金繼輝(김계휘, 1526~1582): 본관은 光山, 자는 重晦, 호는 黃崗, 金長生의 아버지
이다. 1549년 문과에 급제하고 사가독서를 하였다. 1557년 金汝孚와 金弘度의 반목
으로 옥사가 일어났을 때 김홍도의 당으로 몰려 파직되었다가 1562년 이조 정랑으로
복직되었으나 부친 상중이어서 나가지 않았다. 삼년상을 마친 후 직제학·동부승지
·대사헌·평안도 관찰사·예조 참판·경연관 등을 두루 역임하고, 1581년에는 종계변
무의 주청사로 중국에 다녀왔다. 1575년 동인·서인이 나누어질 때 서인에 속했으나
당파에 깊이 간여하지 않고 당쟁 완화를 위해 노력하였다는 평가를 받았다.

吾家人也, 奈何必取捨於其間?"大槩弘度繼輝之意, 收合人才,
伸雪乙巳罪人之計也. 吾輩若守法, 則先爲擠擯, 行己處身, 有同
俠客然, 而士習日益浮薄, 實由於此. 弘度或用乙巳餘賢, 許曄·
金就文微探, 元衡驚怒曰: "幾爲彼賊所賣." 卽使汝季等擊去之,
弘度以舍人, 謫死於甲山[181], 其餘或竄或削, 季輝以吏曹佐郎,
謫連川, 汝季之黨, 亦不久罷黜. 季輝之子沙溪[182]長生, 弘度之
子瞻[183]與睟[184], 皆一代名流.

---

181) 甲山(갑산): 함경남도 북동부에 있는 지명.

182) 沙溪(사계): 金長生(1548~1631)의 호. 본관은 光山, 자는 希元. 아버지는 대사헌
金繼輝이며, 아들은 金集이다. 宋翼弼과 李珥의 문하에 들어갔다. 1578년에 學行으로
천거되어 昌陵參奉이 되고, 1581년 宗系辨誣의 일로 아버지를 따라 명나라에 다녀왔
다. 임진왜란 때 호조정랑이 된 뒤, 명나라 군사의 군량조달에 공이 커 宗親府典簿로
승진하고, 1597년 봄에 호남지방에서 군량을 모으라는 명을 받고 이를 행함으로써
군자감첨정이 되었다가 곧 안성군수가 되었다. 그 뒤에 익산 군수 및 회양과 철원
부사를 역임하였다. 1613년 계축옥사 때 동생이 그에 관련됨으로써 연좌되었으나 무
혐의로 풀려나자 관직을 버리고 연산에 은둔하였다. 그 뒤 인조반정이 일어나자 75세
의 나이에 장령으로 조정에 나아갔고, 1624년 李适의 난으로 왕이 공주로 파천해오자
어가를 맞이하였다. 난이 평정된 뒤 왕을 따라 서울로 와서 元子 輔導의 임무를 다시
맡고 상의원정으로 사업을 겸하고, 집의 직을 거친 뒤 낙향하려고 사직하면서 중요
한 政事 13가지를 논하는 소를 올렸다. 그러나 좌의정 尹昉, 이조판서 李廷龜 등의
발의로 공조참의가 제수되어 원자의 강학을 겸하는 한편 왕의 시강과 경연에 초치되
기도 하였다. 정묘호란 때 兩湖號召使로서 의병을 모아 공주로 온 세자를 호위하고,
곧 화의가 이루어지자 모은 군사를 해산하고 강화도의 行宮으로 가서 왕을 배알하고,
그해 다시 형조참판이 되었다. 그러나 한 달 만에 다시 사직하여 용양위부호군으로
낙향한 뒤 1630년에 가의대부로 올랐으나 조정에 나아가지 않고 줄곧 향리에 머물면
서 학문과 교육에 전념하였다.

183) 瞻(첨): 金瞻(1542~?). 본관은 安東, 자는 子瞻, 호는 荷塘·南岡·東岡. 許筠의 누나
인 시인 許蘭雪軒의 시아버지이다. 1579년 柳成龍 등과 함께 李珥가 올린 疏에 대해
부당하다고 탄핵하였으며, 1581년 이조좌랑으로서 朴謹元을 이조참판에 등용할 것을

又有一黨繼起, 李樑[185]仁順王后沈氏外叔, 以李戡[186]爲腹心,

주청하였다. 1582년 교리를 거쳐 高敬命을 대신하여 慶尙道 災傷敬差官으로 나갔다. 이듬해 종사관이 되어 명나라에 다녀온 뒤 또 이이를 탄핵하다가 知禮縣監으로 좌천되고, 1584년 파직되었다가 임진왜란 때 죽었다.

184) 眸(수): 金眸(1547~1615). 본관은 安東, 자는 子盎, 호는 夢村. 1583년 藩胡가 침입해 慶源府가 함락되자 이조정랑으로서 도순찰사 鄭彦信의 종사관이 되었다. 幼學 申礎의 상소 속에 조정에서 권력을 마음대로 행사하는 인물로 지적되기도 하였다. 1591년 鄭澈의 建儲問題에 대해 옥당에서 탄핵하는 箚子를 올리려고 할 때, 부제학으로서 사성 禹性傳의 집으로 의논하러 가서 시간이 지연되어 올리지 못하는 사건이 벌어졌다. 그래서 대사간 洪汝諄이 우성전을 탄핵하면서 남북 두 파로 갈리게 되자 남인이 되었다. 임진왜란이 발생했을 때 慶尙右監司로서 진주를 버리고 거창으로 도망을 갔다. 또한 전라감사 李洸과 충청감사 尹國馨이 勤王兵을 일으키자 겨우 100여 명의 군사를 이끌고 참가하였다. 그러나 근왕병이 龍仁에서 패하자 경상우도로 되돌아가 嶺南招諭使 金誠一로부터 패전에 대한 질책을 받았다. 또한 당시 의령에서 의병을 일으켰던 郭再祐와 불화가 심해 김성일의 중재로 무마되기도 하였다.

185) 李樑(이량, 1519~1582): 본관은 全州, 자는 公擧. 명종비 仁順王后沈氏의 외숙이다. 鄭士龍의 문인이다. 1558년 병조정랑이 되고, 척신 尹元衡의 전횡을 견제하려는 明宗에게 중용되어 승정원동부승지를 거쳐 홍문관부제학으로 승진하였다. 1560년 사간원 대사간이 되고, 이어 병조참지·예조참판·동지중추부사·이조참판·동지성균관사에 올랐다. 과거에 급제한 지 8년 만에 당상관에 올랐다. 李樑은 명종의 신임을 바탕으로 李戡·愼思獻·權信·尹百源 등과 결당해 세력을 기르고 정치를 농단하였다. 한때 세력을 더욱 키우고자 자기 당파의 金命胤을 재상으로 삼기 위해 우의정 李浚慶의 사직을 상소하기까지 하였다. 축재에도 힘써 李樑의 집 앞은 시장과 같았다 한다. 당시 사람들은 李樑을 윤원형·沈通源과 더불어 三凶이라 불렀다. 이에 명종도 이를 무마하기 위해서 평안도관찰사로 내보냈다. 그러나 1562년 다시 공조참판 겸 홍문관제학에 중용되고 이조참판에 제수되었다. 이량은 더욱 무리를 늘려 세도가 절정에 달하였다. 이어 예조판서·의정부우참찬·공조판서를 역임하고 이듬 해 이조판서가 되었다. 이에 사림이 이량의 비리를 폭로하고 비판을 가하자, 1563년 몇몇 무리들과 모의해 朴素立·奇大升·許曄·尹斗壽·尹根壽·李山海 등 사림을 제거하려 하였다. 그러나 조카인 沈義謙에게 발각되고, 奇大恒의 탄핵으로 그 무리와 함께 삭탈관직 되었다.

186) 李戡(이감, 생몰년 미상): 본관은 羽溪, 자는 彦信. 명종 연간에 정언을 비롯한 三司의 관직을 두루 역임하면서 李彦迪을 탄핵하는 등, 乙巳士禍를 일으킨 국왕의 외삼촌 尹元衡을 좇아 사림파를 탄압하는 데 가담하였다. 1552년 함경도순변사 李浚慶의 종

如元衡之於芑也. 樑爲人愚濁, 不堪爲執政者. 沈家無用權者,
雖知樑之爲人, 而使奇大恒¹⁸⁷⁾攝之, 則事可成矣, 試用之, 黨與
不日而滿朝, 權傾元衡, 元衡亦畏懼. 大恒己卯先生應敎遵¹⁸⁸⁾之
子也.

越數年, 沈義謙¹⁸⁹⁾登第, 權勢自爾相分. 樑惡之, 一日聚其黨

사관을 거쳐 종성부사로 변경의 수비를 하기도 하였으며 1558년에 聖節使로 명나라
에 다녀온 후 경상도관찰사 등을 역임하였다. 명종이 점차 왕비의 외삼촌인 李樑의
세력을 북돋아 윤원형을 견제하자 이번에는 그쪽에 붙어 윤원형 일파 및 사림파와
대립하였다. 병조참판·도승지·형조참판 등을 거치며 1563년 대사헌에 올랐다. 그
뒤 이량이 奇大恒의 탄핵을 받고 몰락할 때 六奸으로 몰려 함경도 경원에 유배되었다.

187) 奇大恒(기대항, 1519~1564): 본관은 幸州, 자는 可久. 1557년 행용양위대호군에
임명되었다. 그 뒤 명종대의 권력자이며 인순왕후의 외삼촌인 李樑의 측근이 되어
활동하였다. 1561년 대사간으로서 災變疏 6조목을 올려, 敬天·法祖·務學·納諫·任
賢·愛民에 힘쓸 것을 건의하였다. 1563년 홍문관부제학이 되었는데, 당시 권신이던
이량이 아들 李廷賓을 이조전랑으로 앉히려다가 자신이 이조판서였으므로 상피제로
갈리자, 이정빈의 친구 柳永吉을 후임으로 임명했다. 그러나 허엽, 이문형, 기대승,
이산해 등이 이를 반대하자 이량은 대사헌 李戡을 시켜 이들이 패거리를 만들고 선동
한다고 탄핵하게 했다. 그러나 沈義謙으로부터 이량이 사화를 일으켜 사류들을 숙청
하려 한다는 말을 듣고, 심의겸 등과 함께 이량의 행동을 폭로하였다. 이때 이량을
옹호하던 대사헌 이감을 비롯한 사헌부의 죄상도 함께 탄핵하여 이량을 江界로 귀양
보내고, 이감, 고맹영, 신사헌, 김백균, 신사헌, 신충헌 등 그 측근들의 관직을 삭탈
하게는 한편, 새로 등용된 사림들을 옹호하였다.

188) 遵(준): 奇遵(1492~1521). 본관은 幸州, 자는 子敬, 호는 服齋·德陽. 1519년 응교가
되어 마침 己卯士禍가 일어나자 趙光祖를 위시해 金湜·金淨 등과 함께 하옥되고, 이
어 아산으로 정배되었다가 이듬해 죄가 가중되어 다시 온성으로 이배되었다. 어머니
상을 당해 고향에 돌아갔다가 1521년 宋祀連의 무고로 辛巳誣獄이 터져 다시 유배지
에 가서 교살되었다.

189) 沈義謙(심의겸, 1535~1587): 본관은 靑松, 자는 方叔, 호는 巽菴·艮菴·黃齋. 明宗
의 비인 仁順王后의 동생이다. 李滉의 문인이다. 1563년 사림들이 李樑으로부터 화를
입게 되자 외숙인 이량을 탄핵하며 권세와 간계를 배척하는 등 사림의 입장을 옹호하

類, 謀起士林之禍, 杜門方議, 義謙到門, 則闇者以出外爲辭。義
謙排門直入, 從屛後潛聽, 則曰:"某有某罪可黜, 某有某罪可削。"
次第科罪論議未畢, 義謙突出其外, 滿座錯愕失色。翌日先罪許
曄·朴素立[190]·奇大升[191]·尹斗壽[192]·根壽[193]等, 皆一時名人。

는 데 힘썼으나, 도리어 왕의 외척으로 일을 꾸민다는 오해를 받기도 하였다. 1564년
持平·檢詳·舍人을 거쳐 이듬해 사간·副應敎 등을 역임하였다. 이어 1566년 執義·
軍器寺正·직제학·동부승지 등을 지냈다. 1569년 좌부승지·대사간을 지내고, 1572
년 이조참의 등을 지내는 동안 척신 출신으로서 사림들 간에 명망이 높아 선배 사류들
에게 촉망을 받았다. 이때 金宗直 계통의 신진세력인 金孝元이 金繼輝에 의하여 이조
정랑으로 천거되었다. 그러나 김효원이 일찍이 明宗 때 권신이던 尹元衡의 집에 기거
한 사실을 들어 권신에게 아부했다는 이유로 이를 반대하였다. 1574년 김효원은 결국
이조정랑에 발탁되었고, 1575년에는 아우 沈忠謙이 이조정랑에 추천되었다. 김효원
이 銓郞의 직분이 척신의 사유물이 될 수 없다 하여 반대하자, 두 사람은 대립하기
시작하였다. 이에 구세력은 심의겸을 중심으로 西人, 신진세력은 김효원을 중심으로
東人이라 하여 동서분당이 발생하였다.

190) 朴素立(박소립, 1519~1582): 본관은 咸陽, 자는 豫叔. 1563년 이조정랑이 되었으나
당시 明宗의 총애를 받던 척신 李樑과 사이가 나빠 대사헌 李戡의 탄핵을 받고 파직되
었다. 이량이 술책을 써서 자기 아들을 謁聖文科에 갑과로 뽑히게 한 뒤 銓郞으로
추천하였다. 그러나 相避制에 의해 아들이 취임하지 못하고 아들의 친구인 柳永吉이
후임으로 추천되자 이를 못마땅하게 여겨 佐郞 尹斗壽 등과 함께 이를 반대하였다.
李文馨·許曄·奇大升 등도 이에 동조하였으나, 국정을 전단하는 이량과 이감에 의해
"浮薄하며 선동한다."는 죄명으로 관직에서 추방되었다. 그러나 沈義謙의 도움으로
다시 副校理로 복직되었다.

191) 奇大升(기대승, 1527~1572): 본관은 幸州, 자는 明彦, 호는 高峯·存齋. 1563년 3월
승정원주서에 임명되었다. 그 해 8월 李樑의 시기로 삭직되었으나, 종형 奇大恒의
상소로 복귀하여 홍문관부수찬이 되었다. 이듬해 2월 검토관이 되어 언론의 개방을
역설하였다. 1565년 병조좌랑·이조정랑을 거쳐, 이듬 해 사헌부지평·홍문관교리·
사헌부헌납·議政府檢詳·舍人을 역임하였다. 1567년 遠接使의 從事官이 되었고, 그
해 선조가 즉위하자 사헌부집의가 되었으며, 이어서 典翰이 되어서는 趙光·李彦迪에
대한 추증을 건의하였다. 1568년 우부승지로 侍讀官을 겸직했고, 1570년 대사성으로
있다가 영의정 李浚慶과의 불화로 해직당했다.

朝野危懼, 義謙卽密啓李樑濁亂之罪, 答曰：“旣知叔之愚, 委以
朝政, 是誰之過？”大殿亦已知之, 卽請副提學奇大恒, 議曰：“事
將出不測, 副學盍劾之.” 大恒惶怵不能答, 義謙曰：“已奉內
旨[194].”出示之, 大恒踊躍快許而去。翌朝四學[195]一會, 大恒過樑
家, 從容談話, 分食除飯, 以示信義而去。俄而, 大憲戡抵書於李

---

192) 尹斗壽(윤두수, 1533~1601): 본관은 海平, 자는 子仰, 호는 梧陰. 尹根壽의 형이다.
　　1563년 이조정랑에 재임 중 權臣 李樑이 아들 李廷賓을 이조좌랑에 천거한 것을 朴素
　　立·奇大升 등과 함께 반대하였다. 이 때문에 대사헌 李戡의 탄핵을 받아 삭직되었다.
　　그러나 그 해 영의정 尹元衡, 우의정 沈通源의 啓文으로 무죄임이 밝혀져 수찬에 다시
　　敍用되었다. 그 뒤 이조정랑·의정부검상·사인·사헌부장령·성균관사성·司僕寺 등
　　을 지내고, 1565년 文定王后의 천거로 부응교에 임용된 뒤 동부승지·우승지를 거쳐
　　1576년 대사간에 이르렀다. 이듬해 謝恩使로 명나라에 다녀온 뒤 도승지가 되었으나,
　　이종동생 李銖의 옥사에 연좌, 아우 윤근수와 함께 파직되었다. 대사간 金繼輝의 주
　　청으로 복직되어 연안부사로 나갔다.

193) 根壽(근수): 尹根壽(1537~1616): 본관은 海平, 자는 子固, 호는 月汀. 尹斗壽의 동
　　생이다. 1562년 홍문관부수찬이 되었다. 이때 기묘사화로 화를 당한 趙光祖의 伸寃을
　　청했다가 과천현감으로 체직되었다. 이듬해 8월 倖臣 李樑이 아들 李廷賓을 이조좌랑
　　에 천거하자 형 윤두수, 朴素立, 奇大升 등이 반대하였다. 이로 인해 이량의 사주를
　　받은 대사헌 李戡의 탄핵을 받아 파직되었다. 그 해 9월 영의정 尹元衡, 우의정沈通源
　　의 啓文으로 죄가 없음이 밝혀져 승문원 검교에 서용되었으나, 형 윤두수가 이조전랑
　　이어서 취임하지 않았다. 1565년 홍문관부교리로 다시 기용된 뒤 이조 좌랑·正郎
　　등을 차례로 지냈다.

194) 內旨(내지): 왕비의 명령. 文定王后가 수렴청정하면서 내리는 명령을 말한다.

195) 四學(사학): 조선시대에 한양의 동·서·중·남의 4부에 세운 학교. 본래 북부의 학교
　　까지를 포함한 5부학당을 계획하였으나 북부학당의 설립을 보지 못하여 4부 학당으
　　로만 존재하게 된 것이다. 四學은 成均館에 비하여 규모가 작고 교육 정도가 낮은
　　점, 그리고 文廟를 두지 않은 점 등을 제외하고는 교육방침·교육내용 등에서 성균관
　　과 비슷하였다. 국가에서는 성균관 직원과 禮曹·司憲府 직원으로 하여금 수업과정
　　상황을 감독하도록 하는 등 대단한 관심을 기울였다.

樑曰: "不意中學一會[196], 極可慮也." 樑答曰: "副學卽今見我而
去, 有何事也? 不過冊校正而已." 俄而, 樑之黨與數十人, 劾奏定
罪, 樑謫江界死, 戩謫慶源[197]死. 明廟傳敎曰: "七奸[198]如金白均
·黃三省[199]·李鈴輩."(參於七奸者, 不可盡記.) 高孟英[200]·高敬
命[201]父子削出[202], 李彥忠[203]·趙德源[204]·元繼儉[205]削出, 或削

---

196) 中學一會(중학일회): 중학에서의 모임. 대간이 중대한 의론이 있을 때에는 中學에
   서 일제히 모인다.

197) 慶源(경원): 함경북도 북단에 있는 지명.

198) 七奸(칠간):《明宗實錄》1565년 10월 10일 3번째 기사에 의하면, 六奸은 李樑·李戩
   ·尹百源·權信·李翎·愼思獻으로 되어 있는바, 김백균·황삼성 이영이 칠간에 포함되
   어야 할 듯하나 그 한 사람을 특정할 수 없음. 다만, 원문의 李鈴은 李翎의 오기이다.
   그리고 尹百源은 尹元衡의 조카이다.

199) 黃三省(황삼성, 생몰년 미상): 본관은 懷德, 자는 自反. 청직을 두루 역임하였지만
   당시 權臣 李樑과 결탁하여 청직을 얻었다는 비난을 받기도 하였다. 그러나 이량이
   양사의 탄핵을 받아 귀양가게 되면서 파직과 동시에 門外黜送되었다가 1584년 영의
   정 朴淳의 계사를 통해 다시 서용되었다.

200) 高孟英(고맹영, 1502~?): 본관은 長興, 자는 英之, 호는 霞川. 의병장 高敬命의
   아버지이다. 1560년 世子侍講院輔德에 제수된 뒤 얼마 후에 加資되었고, 이듬해 강원
   도관찰사로 외직에 나갔다. 李樑의 黨與로서 항상 측근에 있고 싶어 하였다. 이량이
   평안감사에서 내직으로 들어오자, 자신도 병을 핑계로 내직으로 들어왔다. 1562년
   첨지중추부사·동부승지·대사간·홍문관부제학·병조참의·이조참의·호조참의 등을
   역임하였다. 이듬해 양사에서 이량의 당여를 탄핵할 때, 고맹영도 유배시킬 것을 요
   청하였다. 이후 거듭 탄핵을 받다가 1565년 이량의 실각과 함께 유배당하였다.

201) 高敬命(고경명, 1533~1592): 본관은 長興, 자는 而順, 호는 霽峰·苔軒. 1563년 교
   리가 되었다. 이때 仁順王后의 외숙인 이조판서 李樑의 전횡을 논하는 데 참여하고,
   그 경위를 이량에게 몰래 알려준 사실이 드러나 울산군수로 좌천된 뒤 파직되었다.
   1581년 영암군수로 다시 기용되었으며, 이어서 宗系辨誣奏請使 金繼輝와 함께 書狀
   官으로 명나라에 다녀왔다. 1591년 동래부사가 되었으나 서인이 실각하자 곧 파직되
   어 고향으로 돌아왔다. 1592년 임진왜란이 일어나 서울이 함락되고 왕이 의주로 파천
   했다는 소식을 전해 듣고 격문을 돌려 6,000여 명의 의병을 潭陽에 모아 진용을 편성

或罪, 自此士氣稍振, 如宿病之一分向蘇云。

越明年乙丑, 文定昇遐, 義謙與大諫朴淳[206]相議, 罷黜元衡。

元衡爲一窮寇, 家家戶戶, 皆欲屠食其肉, 潛入鉗車, 往江陰[207]

했다. 고경명은 6월 1일에 담양을 출발하여 북상하였다. 6월 13일에 전주에 도착해 큰아들 高從厚에게 영남에서 호남으로 침입하는 왜군을 막도록 하고, 22일에는 礪山으로 옮겼다. 27일 恩津에 도달해 왜군이 금산을 점령하고 점차 호남에 침입할 것이라는 정보를 입수하자 連山으로 이동하였다. 그리고 錦山에 도착해 郭嶸의 관군과 함께 왜군에 맞서 싸우다가 작은아들 高因厚와 함께 전사하였다.

202) 削出(삭출): 付處의 오기인 듯. 中途付處의 줄임말.

203) 李彥忠(이언충, 1524~1582): 본관은 星州, 자는 思敬. 1546년 생원시와 卽位增廣試의 병과에 잇달아 급제하였다. 관은 대사헌까지 이르렀다. 1563년 李樑 등이 정배될 때 함께 탄핵되었다.

204) 趙德源(조덕원, 1522~1582): 본관은 漢陽, 자는 景混. 1553년 별시문과에 급제하여 승정원주서를 거쳐 慶尙右評事·성균관전적, 1558년 영광군수, 1560년 다시 전적, 다음해 예빈시판관·헌납·사간·수찬·교리·응교를 역임하였다. 1563년 李樑의 당으로 몰려 관직에서 물러나, 양근에서 여생을 지냈다.

205) 元繼儉(원계검, 생몰년 미상): 본관은 原州, 자는 士禮. 1550년에는 승정원의 도승지에 임명되었다. 같은 해 8월 이후 대사간·대사헌을 역임하였으며, 그 뒤에도 이조판서·贊成·판중추부사 등 고위관직을 두루 역임하였다. 1563년 당시의 권신 李樑이 파직, 유배되자 이량의 일당으로 지목받아 대사헌 李鐸, 대사간 姜士尙 등에게 탄핵을 받기도 하였다.

206) 朴淳(박순, 1523~1589): 본관은 忠州, 자는 和叔, 호는 思菴. 기묘명현 朴祥의 조카이다. 1563년 成均館司成을 거쳐, 그 뒤 世子侍講院輔德·司憲府執義·弘文館直提學·승정원동부승지·이조참의 등을 지냈다. 1565년 대사간이 되어 대사헌 李鐸과 함께 尹元衡을 탄핵해 포악한 척신 일당의 횡포를 제거한 주역이 되었다. 그 뒤 대사헌을 거쳐, 1566년 부제학에 임명되고, 이어 이조판서·예조판서를 겸임하였다. 1572년 우의정에 임명되고, 이듬해 王守仁의 학술이 그릇되었음을 진술했으며, 같은 해 좌의정에 올랐다. 그 뒤 1579년에는 영의정에 임용되어 약 15년간 재직하였다. 李珥가 탄핵되었을 때 옹호하다가 도리어 兩司의 탄핵을 받고 스스로 관직에서 물러나 永平白雲山에 암자를 짓고 은거하였다.

207) 江陰(강음): 황해도 금천 지역의 옛 지명.

自死。

[9] 義謙與士類相議: "明廟幼冲, 爲文定所迫, 魚肉士林, 佛道大行, 正學[208]泯滅。當此時, 若不更張[209], 則國不爲國, 而主上自新之德, 無以感動於士林矣。" 義謙密疏于內, 得其聖允, 首倡伸冤乙巳諸賢, 又薦六條俱備, 一齋李恒[210]·大谷成運[211]·葛川林薫[212]·后溪金範[213]·韓修[214]永叔·南彦經[215]時甫等六人[216]

---

208) 正學(정학): 바른 학문이란 뜻이니, 보통 孔子의 바른 학문을 말함.

209) 更張(갱장): 해이해진 정치·경제·사회·군사적 제도 등을 기존체제의 틀 속에서 다시 새롭게 개혁하는 것.

210) 李恒(이항, 1499~1576): 본관은 星州, 자는 恒之, 호는 一齋. 성품이 침착하고 강직하며 뜻이 확고하여 조금도 편파적인 행동을 하지 않았다. 활쏘기와 말타기를 익혀서 여러 번 武科에 응시하더니, 《大學》을 읽고서는 개연히 向學의 의지를 가지고 곧 義理를 깊이 연구하여 두문불출한 지 수개월 만에 자득하였고 易學도 10여 년간 골몰히 연구하였다. 그는 공부할 때는 반드시 먼저 세수하고 나서 책을 펼쳤으니, 그의 학문하는 태도에는 볼 만한 것이 있었다. 그러나 그 학문이 師友없이 한 것이었으므로 固滯스럽다는 평이 없지 않았다. 또한 그는 자부가 대단해서 항시 무슨 일을 設施해 보려고 마음을 썼다. 그는 泰仁縣에 살면서 그 고을 사람 중에 불선한 자가 있을 경우는 반드시 시비를 가렸으므로 남쪽 사람 중에는 더러 그를 훼방하는 자도 있다.

211) 成運(성운, 1497~1579): 본관은 昌寧, 자는 健叔, 호는 大谷. 진사에 합격되었으며, 成守琛의 종제다. 인품이 온화하고 단아하며 도량이 넓어서 자연 圭角이 없었고 남의 잘못을 말하지 않았다. 중년에는 모친을 위하여 과거에 응시하였으나 모친이 작고하자 결국 그만두었다. 報恩縣에 거주하면서 산수를 즐기고 琴書詩酒로 소일하였으며, 물건을 취하고 주는 데는 의리를 지켰고 발자취가 官門에 이르지 않았으니 온 고을 사람이 모두 그를 추앙하였다. 그가 참봉을 제수받았을 적에는 대궐에 들어가 사은만 하고 관직에 나아가지 않았다.

212) 林薫(임훈, 1500~1584): 본관은 恩津, 자는 仲成, 호는 自怡堂·枯査翁·葛川. 천품이 순후하고 성실하며 어버이 섬김에 효성이 지극하였다. 일찍이 司馬試에 합격되고 공천에 의해 참봉에 제수되었다. 부친의 뜻을 어기기 어려워서 출사하였다가 1년 만에 벼슬을 버리고 돌아왔다. 나이 60이 넘었으나 居喪에 예를 준수하고 시묘살이 3년

也。引對便殿[217]，各陳其治道，上問人心道心之說，於彥經與修，不能對，一齋進辨釋甚明。惟大谷先生，辭徵不來，累加恩命[218]，最後上京陳辭箚，不謝恩命而還山。先生字建叔，京城人也。娶配於報恩[219]，因居焉。官至執義[220]。撰南溟碑。無子以妻姪金可幾[221]，寄身後事。

동안에 한 번도 여막에서 나가는 일이 없었으며 궤격한 행동을 하지 않았으므로 온 고을이 그를 추앙하고 헐뜯는 사람이 없었다. 그 아우 林芸도 효우와 조행이 그의 형과 다름이 없었다. 임훈은 치산하지 않고 처자를 항시 그 아우 임운에게 맡겼다. 임운은 그를 위하여 잘 보살펴서 굶주림을 면하게 하였다. 安陰이 그의 고향이다.

213) 金範(김범, 1512~1566): 본관은 尙州, 자는 德容, 호는 后溪. 1540년 司馬試에서 장원을 하였고 尙州에 산다. 문명이 있어 누차 천거되었으나 끝내 과거에 응시하지 않았다. 성품이 소탈하여 가업을 힘쓰지 않고 너무도 인자하고 자상하여 노복들에게 매를 가하지 않았다

214) 韓修(한수): 韓脩(1514~1588)의 오기. 본관은 淸州, 자는 永叔, 호는 石峰. 生員이다. 병이 많아서 과거에 응시하지 않았다. 인품이 순후하고 근신하여 자못 명예를 잘 지켰다. 일찍이 公薦에 의해 별좌에 제수되었으나 나아가지 않았는데, 이때에 이르러 천거를 받은 것이다. 그러나 經學에는 알려진 바가 없다 한다.

215) 南彥經(남언경, 1528~1594): 본관은 宜寧, 자는 時甫, 호는 東岡. 생원에 합격되었으며, 도량이 얕지 않았다. 進士 洪仁祐란 자가 있어 學問·行義로써 士林의 인정을 받았는데, 남언경은 그의 妹夫로 일찍이 薰習을 입었기에 이름이 알려졌다. 공천에 의해 獻陵參奉에 제수된 지 오래되었으며 이때에 와서 발탁되었는데, 여섯 사람 중에서 가장 나이가 어렸는데도 명예가 드러났다.

216) 六人(육인):《明宗實錄》1566년 6월 21일 1번째 기사를 참조하여 주석을 달았음.

217) 便殿(편전): 왕이 신하들과 정사를 일상적으로 의논하는 궁전.

218) 恩命(은명): 임금이 내리는 명령 가운데 관리를 임명하거나 죄를 용서하는 따위의 은혜로운 명령.

219) 報恩(보은): 충청북도 남서부에 있는 지명.

220) 執義(집의): 조선시대 정사를 비판하고 관리들을 규찰하며, 풍속을 바로잡던 사헌부 소속 종3품 직제.

221) 金可幾(김가기, 1537~1597): 본관은 慶州, 자는 士元, 호는 一丘堂. 스승 成運이

南溟先生, 亦以徵士[222]詣闕, 引見便殿, 訪以治道, 所論無非俗儒驚聽者也。明廟又問:"諸葛孔明[223]不得恢復者, 何也?"曰:"非臣所知."盖先生之意, 天運已盡, 雖孔明, 不得成功, 以其出處未備, 故也。翌日還山。朝野想望其文明[224], 志學之士, 彬彬輩出。時退溪先生, 赴召詣闕, 惕菴·習靜[225]兩先生, 以師道自任, 學者雲集。

邦國不幸, 明廟昇遐, 乃丁卯六月二十八日也。人心危懼, 慮其再遭乙巳之禍, 首相李浚慶[226], 凝然獨立, 奉明廟遺敎[227], 又

아들이 없어 조카사위인 그를 후사로 삼았다. 1579년 식년사마시 生員 1등에 합격하여 魯城縣監을 지냈다. 그 후 성운의 문집 편찬에 몰두하던 중 1597년 정유재란이 일어나자 마을에 침입한 왜적과 맞서 대항하다가 순절하였다.

222) 徵士(징사): 학식과 德行 혹은 節行이 뛰어난 山林의 遺逸이 천거되어 조정에 나아오는 것. 또는 그 선비를 말함.

223) 諸葛孔明(제갈공명): 중국 삼국시대 蜀漢의 정치가. 魏의 曹操에게 쫓기어 荊州로와 있던 劉備와 알게 되어 그 신하가 되고, 吳와 연합하여 조조의 魏軍을 赤壁에서 격파하였다. 이로써 유비는 江南·형주를 점령하여 巴蜀을 잡고 나라를 세웠다. 공명은 유비의 사후 어린 군주를 도와서 오나라와 修好하고 南征하여 여러 蠻國을 토벌하였으며, 雲南까지 평정하였다. 이후 出師表를 바치고 북벌을 담당하였으나 司馬毅의 魏軍과 五丈原의 대진 중 진중에서 사망하였다.

224) 文明(문명): 舜임금의 덕을 찬미한 것에서 나온 글귀.《書經》〈舜典〉 첫머리에 "깊고 지혜롭고 문채가 나고 환하게 밝으며, 온화하고 공손하고 미쁘고 성실하다.(濬哲文明, 溫恭允塞.)"라는 말로 순임금의 덕을 표현하였다.

225) 習靜(습정): 閔純(1519~1591)의 호. 본관은 驪興, 자는 景初, 호는 杏村·習靜. 1568년 효행으로 천거되어 孝陵參奉에 임명되었으나, 곧 학행이 알려져 典牲署主簿로 승진되었다. 이어 공조·형조의 좌랑을 거쳐 兎山縣監으로 나갔다가 곧 벼슬을 버리고 고향인 고양으로 돌아가 학문에 전심하였다.

226) 李浚慶(이준경, 1499~1572): 본관은 廣州, 자는 原吉, 호는 東皐·南堂·紅蓮居士·蓮坊老人. 中宗이 죽자 告訃副使로 명나라에 다녀온 뒤 형조참판이 되었으며, 1545

承中殿之命, 定策[228]德興[229]第三子河城君[230], 延立繼統, 羣疑
釋然, 朝野加額[231]。

[10] 宣廟, 卽位之初, 年纔十六, 接對天使, 從容中禮, 不違寸
毫, 天使大奇之, 敬服不已。天使乃許國[232]・魏時亮[233], 名滿天
下者也。宣廟勵精求治[234], 日集儒臣, 講論爲事, 追罪乙巳奸凶

년 乙巳士禍 당시 평안도관찰사로 지방에 나가 있어 화를 면하였다. 1548년 다시 중
앙으로 올라와 병조판서・한성부판윤・대사헌을 역임했으나 1550년 정적이던 영의정
李芑의 모함으로 충청도 報恩에 유배되었다가 이듬해 석방되어 지중추부사가 되었
다. 이어 刑曹判書로 있다가 1555년 을묘왜란이 일어나자 전라도도순찰사로 출정해
이를 격퇴하였다. 그 공으로 우찬성에 오르고 병조판서를 겸임했으며, 1558년 우의
정, 1560년 좌의정, 1565년 영의정에 올랐다. 1567년 河城君 李鈞(宣祖)을 왕으로
세우고 院相으로서 국정을 보좌하였다. 이때 己卯士禍로 죄를 받은 趙光祖의 억울함
을 풀어주고, 乙巳士禍로 죄를 받은 사람들을 신원하는 동시에 억울하게 수십 년간
유배 생활을 한 盧守愼・柳希春 등을 석방해 등용하였다. 그러나 奇大升・李珥 등 신진
사류들과 뜻이 맞지 않아 이들로부터 비난과 공격을 받기도 하였다.

227) 遺敎(유교): 전통왕조시대 국왕의 유서.
228) 定策(정책): 새 임금을 세울 때에 계책을 도움.
229) 德興(덕흥): 明宗의 庶兄弟. 中宗의 후궁에서 난 9남 李紹이다.
230) 河城君(하성군): 李鈞. 뒤에 李昖으로 고쳤다. 어머니는 하동부원군 鄭麟趾의 손자
鄭世虎의 딸이다.
231) 加額(가액): 두 손을 이마에 올리는 것으로 상대방에게 경의를 표시하는 의식의
하나.
232) 許國(허국, 1527~1596): 명나라 徽州府 歙縣 사람. 자는 維貞. 1565년 進士 출신으
로 벼슬은 檢討, 國子監祭酒, 太常寺卿, 詹事, 禮部侍郎, 吏部侍郎, 禮部尙書, 東閣大
學士, 太子太保, 武英殿大學士 등을 역임했다. 일찍이 朝鮮에 사신으로 다녀왔다.
233) 魏時亮(위시량, 1529~1591): 명나라 江西 南昌 사람. 자는 工甫, 호는 敬吾. 中書舍
人 및 南京刑部尙書 등을 지냈다.
234) 勵精求治(여정구치): 勵精圖治. 정신을 가다듬어 나라를 다스리는데 힘쓰는 것을
말함.

等, 削其官爵[235], 禁錮子孫, 此義謙之功居多。與牛溪成渾·栗谷
李珥相從, 又韓永叔·南時甫·奇高峯及尹斗壽·根壽·金繼輝等
爲友矣。義謙爲舍人時, 稟公事, 徃于元衡家, 聞讀書之聲, 琅然
可聽, 問于子弟, 則曰金孝元[236], 心中不滿而歸。盖孝元之妻
父[237], 元衡之切親, 致而與子同接[238]。孝元年未滿二十, 未有知
識而然也。聞惕菴學問高明, 往師之未久, 謁聖壯元 聲名藉藉。
金繼輝請義謙曰: "欲薦孝元爲銓郎, 於君意何如?" 義謙默然不
答。再問之, 義謙擧元衡家爲門客事及之。繼輝揮手曰: "愼勿出
口。少年時事也." 義謙亦以爲然, 更不爲言。然而相親諸輩, 無
不聞知矣。

　　及其沈忠謙[239]爲壯元及第, 欲薦銓郎, 孝元防之曰: "外戚不

---

235) 官爵(관작): 官職과 爵位. 관직은 관리가 국가로부터 위임받은 일정한 범위의 직무
　　를 가리키며, 작위는 관직이 높고 공이 있는 사람의 신분을 높이기 위해 수여하던
　　명예의 칭호를 말한다.

236) 金孝元(김효원, 1542~1590): 본관은 善山, 자는 仁伯(인백), 호는 省菴. 曺植·李滉
　　의 문인이다. 명종 말 文定王后가 죽은 뒤 戚臣系의 몰락과 더불어 새로이 등용되기
　　시작한 사림파의 대표적인 인물로, 1572년 吳健이 吏曹銓郎에 추천했으나, 사림으로
　　척신 尹元衡의 문객이었다는 이유로 이조참의 沈義謙이 반대하는 바람에 거부당했
　　다. 그러나 1574년 趙廷機의 추천으로 결국 이조전랑이 되었다. 1575년 심의겸의 동
　　생 沈忠謙이 이조전랑으로 추천되자, 전랑의 관직은 척신의 사유물이 될 수 없다는
　　이유로 이를 반대하고 李潑을 추천했다. 이러한 대립은 이조전랑 추천과 임명을 둘러
　　싼 대립을 계기로 점차 심화되어, 심의겸을 중심으로 한 전배는 대부분 서인이 되고,
　　김효원을 중심으로 한 후배는 동인이 되었다.

237) 孝元之妻父(효원지처부): 鄭承季. 尹元衡의 첩 鄭蘭貞의 아버지 鄭允謙의 조카이다.
　　결국 김효원은 윤원형의 첩 조카사위뻘이다.

238) 同接(동접): 같은 곳에서 함께 공부함.

可用."義謙曰:"外戚不猶逾於元凶之門客乎?"主孝元者曰:"孝
元之言, 出於公議, 義謙以私嫌, 排擯[240]佳士[241], 極爲非矣."主
義謙者曰:"義謙非自作之言也. 言其實狀, 孝元含其宿怨, 外托
以戚里[242]防之, 而內實有中毒之計." 以此兩家朋儕, 各主所見,
互相排斥, 東西之說, 始肇於此. 盖孝元在乾川洞[243], 義謙在貞
陵洞[244], 以此也.

東人皆年少聰敏, 多有學行名節自勵者. 西人雖有賢士大夫,
而貪利之輩, 雜於其中, 如朴淳·金繼輝·洪聖民[245]·李海壽[246]·

---

239) 沈忠謙(심충겸, 1545~1594): 본관은 靑松, 자는 公直, 호는 四養堂. 서인의 영수인
  沈義謙의 아우이며 仁順王后(明宗妃)의 동생이다. 1575년 이조정랑에 천거되었으나,
  일찍이 형 沈義謙에 의해 이조정랑이 되지 못한 동인 金孝元이 이조의 중요한 정랑자
  리가 척신의 전유물이 될 수 없다며 반대하여 등용되지 못하였다. 이 때문에 동서당
  쟁은 더욱 심해졌다. 그 뒤 持平·校理를 거쳐 1578년에 獻納이 되고 이어서 僉正
  ·司藝·禮賓寺副正이 되었다. 1582년에 춘천부사, 1584년에 軍資寺·內贍寺의 正,
  1588년에 여주목사·호조참의·병조참지, 1590년에 대사간·형조참의, 이듬해 형조
  참판을 거쳐 부제학이 되었다. 1592년에 임진왜란이 일어나자 병조참판 겸 備邊司提
  調가 되어 선조를 호종했고, 세자 호위의 명을 받아 왜적 방비에 힘썼다. 1593년에
  호조와 병조의 참판으로 군량미 조달에 공헌했으며, 이듬해 병조판서에 특진되었다.
240) 排擯(배빈): 밀어냄. 배척함.
241) 佳士(가사): 품행이 단정한 선비.
242) 戚里(척리): 戚畹. 임금의 인척.
243) 乾川洞(건천동): 지금의 동대문 시장 근처에 있는 동네.
244) 貞陵洞(정릉동): 지금의 貞洞.
245) 洪聖民(홍성민, 1536~1594): 본관은 南陽, 자는 時可, 호는 拙翁. 1575년 호조참판
  에 이르러 사은사로 명나라에 건너가 宗系辨誣에 대하여 힘써, 명나라 황제의 허락을
  받아 가지고 돌아왔다. 그 뒤 부제학·예조판서·대사헌·경상감사 등을 역임하였다.
  1590년 종계변무의 광국공신(光國功臣) 2등에 책록되고, 益城君에 봉하여졌다. 이듬
  해 판중추부사가 되었다가 建儲問題로 鄭澈이 실각하자, 그 일당으로 몰려 북변인

尹斗壽·根壽·李山甫[247]若干人等, 可與用事於國家。而東人之
意, 前鑑不遠, 戚里決不可用。西人以爲義謙多有功勞, 亦是士
類, 何以防之, 拒而不從。韓修·南彦經輩入於西, 渾亦未免焉。
李珥, 欲兩全之計, 首發調停之說[248], 而東人論議堂堂, 反攻其
苟且之論, 少無饒貸[249]。 自此黨論日甚, 已成巢窠, 牢不可

부령으로 유배되었다가 1592년 임진왜란이 일어나자 특사로 풀려나 복관되어 대제학
을 거쳐, 호조판서에 이르렀다.

246) 李海壽(이해수, 1536~1599): 본관은 全義, 자는 大中, 호는 藥圃·敬齋. 영의정 李
鐸의 아들이다. 서인으로 1583년에 도승지가 되었으나 동인에 밀려 여주목사로 좌천
되었다. 1587년에 충청도관찰사로 나갔다가 다시 대사간이 되고, 다시 여주목사로
밀려났다. 그해 서인 鄭澈이 세자책봉 건의 문제에 연루되어 종성으로 유배되었다.
1592년 임진왜란이 일어나자 유배지에서 풀려나와 왕을 의주로 호종하였다. 이어 대
사간이 되었다가 1594년에 대사성을 거쳐 부제학에 이르렀다.

247) 李山甫(이산보, 1539~1594): 본관은 韓山, 자는 仲擧, 호는 鳴谷. 李之菡의 조카이
다. 1577년 양모의 상을 당해 관직을 사직하고 서천에 돌아갔다가 다시 사인·집의
·사간·응교·직제학 등을 지냈으며, 당론을 끝까지 진술하다가 동인들의 탄핵을 받
고 종부시정에 좌천되었다. 1년 뒤 다시 집의로 전임했고, 이어 동부승지·대사간·
우승지를 지냈다. 1585년 부제학 金宇顒이 李珥·鄭澈을 논박하자, 이에 반박해 선조
로부터 충절이 있다는 칭찬을 받고 대사헌으로 특진하였다. 뒤에 이이·朴淳·정철의
공적을 논하다가 사간원의 탄핵으로 경상도와 황해도의 관찰사로 전직되었다. 1589
년 鄭汝立의 모반사건인 己丑獄事가 일어나자 대사간의 자리에서 난국을 수습하고,
이듬해 聖節使로 명나라에 다녀온 후 다시 대사헌이 되었다. 1591년 황해도관찰사로
있다가 建儲問題로 정철 등 서인이 화를 당하자 이에 연루, 곧 파직되어 고향인 보령
에 내려가 독서로 시간을 보냈다.

248) 調停之說(조정지설): 송나라 英宗 때 呂大防·劉摯가 元豊(宋神宗의 연호)의 黨人을
등용하여 옛날 원한을 풀게 하려 한 데서 나온 것으로, 구법당과 신법당 두 붕당 간의
화해와 조정을 목적으로 제기된 설. 군자와 소인을 막론하고 두 붕당을 함께 등용하
여야 한다는 것으로 중간에서 화해를 붙이는 것이다.

249) 饒貸(요대): 잘못을 너그러이 용서함.

破²⁵⁰⁾。 西人子弟, 皆牛・栗門生。 又有宋翼弼²⁵¹⁾・翰弼²⁵²⁾兄弟,
己卯²⁵³⁾告變祀連²⁵⁴⁾之子, 以文章自高²⁵⁵⁾, 驚御一世, 爲西家入

---

250) 牢不可破(뇌불가파): 견고하여 깨뜨릴 수 없음.

251) 宋翼弼(송익필, 1534~1599): 본관은 礪山, 자는 雲長, 호는 龜峯. 할머니 甘丁이 安敦厚의 천첩 소생이었으므로 신분이 미천하였다. 그러나 아버지 宋祀連이 安處謙의 역모를 조작, 고발하여 공신에 책봉되고 당상관에 올라, 그의 형제들은 유복한 환경에서 교육받았다. 송익필은 재능이 비상하고 문장이 뛰어나 아우 宋翰弼과 함께 일찍부터 문명을 떨쳤고, 명문자제들과 폭넓게 교유하였다. 李珥・成渾과 함께 성리학의 깊은 이치를 논변하였다. 특히 禮學에 밝아 金長生에게 큰 영향을 주었다. 또 정치적 감각이 뛰어나 서인세력의 막후실력자가 되기도 하였다. 그러나 1586년 동인들의 충동으로 안씨 집안에서 송사를 일으켜, 안처겸의 역모가 조작임이 밝혀지고 송익필의 형제들을 포함한 감정의 후손들이 안씨 집의 노비로 환속되자 그들은 성명을 바꾸고 도피 생활에 들어갔다. 1589년 기축옥사로 鄭汝立・李澄 등 동인들이 제거되자 그의 형제들도 신분이 회복되었다. 그 때문에 기축옥사의 막후 조종 인물로 지목되기도 하였다. 뒤에 또 노수신, 이산해 등 동인들을 비난한 趙憲의 과격한 상소에 관련된 혐의로 李山海의 미움을 받아 송한필과 함께 희천으로 유배되었다.

252) 翰弼(한필): 宋翰弼(생몰년 미상). 본관은 礪山, 자는 季鷹, 호는 雲谷. 宋祀連의 4남1녀 중 막내아들로, 宋翼弼의 동생이다. 송한필의 아버지 송사련이 安瑭의 庶妹인 宋甘丁의 아들이었으므로 법의 규정대로 孼孫에 해당되어 신분상의 제약을 크게 받다가 아버지 대부터 양민 노릇을 하였다. 그의 형 송익필은 李珥를 시종 옹호하였는데, 소장사류들은 이이가 동서분쟁에 중립적 태도를 취하면서 보다 적극적으로 신진사류를 옹호하지 않은 데 대한 불만을 가지고 있었다. 이 때문에 송익필을 沈義謙의 黨으로 지칭하고, 이이에 대한 含怨을 東人들이 송익필에게 전가하여 1589년 일족을 노예로 還賤시켰다.

253) 己卯(기묘): 辛巳의 오기.

254) 祀連(사련): 宋祀連(1496~1575). 본관은 礪山. 아버지는 宋璘(者斤金)이며, 어머니는 成均館司藝 安敦厚의 庶出인 甘丁(安瑭의 庶妹)이다. 고모인 안처겸의 어머니가 죽었을 때의 弔客錄과 發靷 때의 役軍簿 등을 증거로 삼아 안처겸 등이 모역을 꾀하였다는 사실을 조작, 1521년 辛巳誣獄을 일으켰다. 이 사건의 조작으로 안당・안처겸 등 안씨 일문과 權碩・李忠楗・趙光佐 등 많은 사람이 죽게 되었다. 그 결과 고변한 공으로 선조 대에 이르기까지 네 임금을 섬기면서 절충장군・시위대장 등 당상관으로 30여 년간 세력을 잡고 종신토록 녹을 받았다.

幕之賓[256]、奸論邪議、皆出其口。

自大臣至於百執事[257]、以及市井窮鄉僻村、皆有東西之論、雖一家父子兄弟、亦有異同、以保調停、不亦難乎? 唯相國盧守愼、不與於其間、見時事汲汲[258]、士禍將出、榻前首發東西偏黨之弊曰: "去其根本、然後小鎭人心。" 宣廟卽日特命、義謙爲開城留守、孝元爲富寧府使。守愼又啓曰: "孝元有老母、不可遠出。" 移差[259]三陟府使、西人反以守愼目之爲東人。東人自此、不安在朝、或補外[260]、或退外。西人始用事、乙亥年也。

趙瑗[261]爲吏曹佐郎。瑗乃甲子壯元進士、早有才名者、往謁啓靜先生、極言東人偏黨之非・西人至公無私之意、先生良久答曰: "東西是非、吾不知也。試觀公之今日施設[262]、合於公道與否耶?" 瑗慚而退。進退人物、多失人望、行已無恥、夜半往娼家,逢俠客

---

255) 自高(자고): 스스로 높은 체하거나 높다고 여김.
256) 入幕之賓(입막지빈): 특별히 가까운 손님이나 기밀을 상의할 수 있는 상대.
257) 百執事(백집사): 일반 관원. 모든 일을 맡아서 하는 관리이다.
258) 汲汲(급급): 岌岌의 오기. 형세가 몹시 위급함.
259) 移差(이차): 벼슬아치를 다른 관아로 옮기어 임명함.
260) 補外(보외): 조선시대 인사 관행의 하나로, 중앙 관청의 고관을 지방의 수령 등으로 좌천시키는 것.
261) 趙瑗(조원, 1544~1595): 본관은 林川, 자는 伯玉, 호는 雲江. 趙應寬에게 입양되었다. 판서 李俊民의 사위이다. 曺植의 문인이다. 1575년 正言이 되어 이 해 黨爭이 시작되자 그 폐해를 상소, 당파의 수뇌자들을 좌천시킬 것을 주장했다. 1576년 이조좌랑에 전임되고 1583년 三陟府使로 나갔다가 承旨에 이르렀다.
262) 施設(시설): 設施의 오기. 시행할 일을 계획함.

被杖臀, 持平洪可臣[263]騣[264]去之。宣廟不欲專任一處, 以此東西, 或進或退, 蚌鷸[265]未決。

[11] 癸未年, 北胡作亂[266], 攻陷慶源城, 朝野洶洶。參贊鄭彦信[267], 爲巡察使, 出征之時, 李珥爲兵曹判書, 調兵運粮, 專任其

---

263) 洪可臣(홍가신, 1541~1615): 본관은 南陽, 자는 興道, 호는 晩全堂·艮翁. 閔純의 문하에서 수학하였다. 1571년 康陵參奉이 되었을 때 뛰어난 재주를 인정받아 禮賓寺主簿에 특진되고 이어 형조좌랑·지평을 거쳐 1584년 안산군수를 지냈다. 1588년 수원부사로 있을 때 救荒의 공이 있어 표창을 받았으나 평소에 鄭汝立과 가까이 지낸 이유로 1589년 정여립의 모반 사건 때 파직 당하였다. 그의 아들 洪霙이 李洁의 딸에게 장가들었는데 이때 이혼하기도 하였다. 1593년 파주목사가 되고, 이듬해 홍주목사로 부임해 1596년 李夢鶴이 반란을 일으키자 민병을 규합해 무장 朴名賢·林得義 등과 함께 난을 평정하였다.

264) 騣(철): 駿의 오기.

265) 蚌鷸(방휼): 각기 자신의 이해에 집착하여 서로 붙들고 놓아주지 않은 것을 이름.

266) 北胡作亂(북호작란): 1583년 2월 慶源府의 藩胡의 족장인 迂乙知가 전 阿山萬戶인 崔夢麟의 포악함을 비판하는 격문을 인근 번호들에게 보내고 阿山堡를 공격하면서 尼湯介의 난이 시작된 것이다. 경원부사 金璲와 판관 梁士毅가 아산보 지원에 나섰으나 패하고 경원부성으로 물러났다. 鍾城과 會寧의 번호들이 오을지에게 합류하면서 변란에 참여한 여진족의 규모는 더욱 늘어났는데, 회령 지역의 여진족 수장이던 이탕개의 세력이 가장 컸다.

267) 鄭彦信(정언신, 1527~1591): 본관은 東萊, 자는 立夫, 호는 懶庵. 1582년 尼湯介가 쳐들어오자 우참찬으로 함경도도순찰사에 임명되어 막하로 李舜臣·申砬·金時敏·李億祺 등 뛰어난 명장들을 거느리고 적을 격퇴하였다. 이어 함경도관찰사로 북쪽 변방을 방비하고 병조판서에 승진되었다. 1589년 우의정이 되어 鄭汝立의 모반 후 그 잔당에 대한 옥사를 다스리고는 委官에 임명되었다. 그러나 서인 鄭澈의 사주를 받은 대간으로부터 정여립의 九寸親이므로 공정한 처리를 할 수 없다는 탄핵을 받아, 위관을 사퇴하고 이어서 우의정도 사퇴했으며, 정철이 위관을 대신하였다. 그 뒤 逆家文書 가운데에 그가 들어 있다는 것을 구실로 정철 등으로부터 계속 정여립의 일파로 모함을 받아 남해에 유배되었다가 투옥되었다. 賜死의 하교가 있었으나 감형되어 갑산에 유배, 그 곳에서 죽었다.

策, 志大才疎, 更張無漸。以納戰馬, 運粮鐵嶺[268])者, 爲庶孼許通
之法, 三司交章, 論其不可, 劄辭多有過激, 亦有不近人情之言。
珥亦上劄自明, 詆斥三司, 以激公論, 公論奮發攻之, 不遺餘
力[269])。珥辭職出郊, 成渾上劄伸救。宣廟即日特命, 許篈[270])甲
山, 應漑[271])慶源, 謹元[272])江界定配, 自主上即位之後, 此擧措始
於今日, 人心驚惶。其餘亦左遷外職。館學[273])亦分黨, 上疏爭其
是非, 有同戰場, 今日西疏, 明日東疏。自是類類相聚, 仇敵已成,

---

268) 鐵嶺(철령): 함경남도 안변군 신고산면과 강원도 회양군 하북면 사이에 있는 고개.
269) 不遺餘力(불유여력): 모든 힘을 아끼지 않고 다해 남아 있는 힘이 없다는 말.
270) 許篈(허봉, 1551~1588): 본관은 陽川, 자는 美叔, 호는 荷谷. 아버지는 동지중추부
   사 許曄이다. 許蘭雪軒의 오빠이자 許筠의 형이다. 柳希春의 문인이다. 1577년 교리
   를 거쳐 1583년 창원부사를 역임했다. 그는 金孝元 등과 동인의 선봉이 되어 서인들
   과 대립했다. 1584년 병조판서 李珥의 직무상 과실을 들어 탄핵하다가 종성에 유배됐
   고, 이듬해 풀려났으나 정치에 뜻을 버리고 방랑생활을 했다.
271) 應漑(응개): 宋應漑(1536~1588). 본관은 恩津, 자는 公溥. 1579년 승지로서 소위
   李銖의 옥사에서 이를 석방하라는 왕의 명령을 철회할 것을 청하다가 다시 파직당하
   였다. 1583년 대사간이 된 뒤, 동서 分黨 이후에는 동인의 중진으로서 활약하였다.
   이때 헌납 柳永慶, 정언 鄭淑男, 도승지 朴謹元, 成均館典籍 許篈과 함께 李珥를 탄핵
   하다가 장흥부사로 좌천되고, 다시 회령에 유배되었다. 강계·갑산에 귀양간 박근원
   ·허봉과 아울러 세칭 癸未三竄이라 하였다. 이때 趙憲을 비롯하여 전라도·해주 등지
   의 유생들로부터 맹렬한 배척을 받았다. 1585년 영의정 盧守愼의 상소로 풀려났다.
272) 謹元(근원): 朴謹元(1525~1585). 본관은 密陽, 자는 一初, 호는 望日齋. 1569년 千
   秋使로 명나라에 다녀왔다. 1572년 도승지를 거쳐 대사헌을 지내고 예조참판·대사헌
   을 번갈아 지냈으며 이듬해 이조참판이 되었다. 1576년 경기감사를 지내고 1583년
   다시 도승지가 되었다. 동서 분당으로 한창 논쟁이 심할 때 동인의 중진으로 宋應漑
   ·許篈 등과 함께 병조판서 李珥를 탄핵하다가 江界로 유배되었다. 그 뒤 1585년 영의
   정 盧守愼의 상소로 풀려났다.
273) 館學(관학): 조선시대의 成均館과 四學을 아울러 이르는 말.

同朝相厚之風, 掃地盡矣。李珥入爲吏曹判書, 以白惟誠[274]爲銓
郎, 專用西人, 小無伸雪三竄之意, 朝野大失望。未久珥卒逝, 李
山海[275]代其職, 東人還用事。

先時筵中, 論及守令貪贓[276], 正言金誠一[277], 啓曰: "或有滿船

---

274) 白惟誠(백유함): 白惟咸(1546~1618)의 오기. 본관은 水原, 자는 仲說. 1583년에
　　 이조좌랑이 되었다가 이듬해인 1584년에 이조정랑이 되었다. 당쟁을 중재하던 李珥
　　 가 죽자 당쟁을 피해 벼슬을 버리고 龍安(龍仁)의 농장에 내려가, 그곳에 있는 白雲庵
　　 에서 敎學에 힘쓰기도 하였다. 1589년에 鄭汝立 모반 사건이 평정되자 다시 예조정랑
　　 으로 복직되었다. 헌납이 된 후, 역적 정여립 등과 사귄 사헌부·사간원의 요직 인물
　　 들을 갈아치우도록 소를 올려 시행되었다. 다시 이조정랑을 거쳐 의정부의 檢詳·舍
　　 人이 되었다. 1591년 왕세자 책봉 문제로 서인인 鄭澈의 주장에 동조했는데, 이후
　　 정철이 물러나자 백유함도 경성으로 유배되었다가 다시 경흥으로 옮겨졌다.
275) 李山海(이산해, 1539~1609): 본관은 韓山, 자는 汝受, 호는 鵝溪·終南睡翁. 1578년
　　 대사간이 되어 서인 尹斗壽·尹根壽·尹晛 등을 탄핵해 파직시켰다. 다음해 대사헌으
　　 로 승진하고 1580년 병조참판에 이어 형조판서로 승진하였다. 이듬해 이조판서를 거
　　 쳐 우찬성에 오르고, 다시 이조·예조·병조의 판서를 역임하였다. 1588년 우의정에
　　 올랐고, 이 무렵 동인이 남인·북인으로 갈라지자 북인의 영수로 정권을 장악하였다.
　　 이듬해 鄭澈이 建儲문제를 일으키자 아들 李慶全을 시켜 金公諒(仁嬪의 오빠)에게
　　 정철이 인빈과 信誠君을 해치려 한다는 말을 전해 물의를 빚었으며, 아들로 하여금
　　 정철을 탄핵시켜 강계로 유배시켰다. 한편 이와 관련해 호조판서 윤두수, 우찬성 윤
　　 근수와 白惟成·柳拱辰·李春英·黃赫 등 서인의 영수급을 파직 또는 귀양보내고 동인
　　 의 집권을 확고히 하였다.
276) 貪贓(탐장): 벼슬아치가 부정한 방법으로 재물을 모으는 것.
277) 金誠一(김성일, 1538~1593): 본관은 義城, 자는 士純, 호는 鶴峰. 李滉의 문인이다.
　　 1574년 부수찬을 거친 후 正言의 신분으로 邊將에게 貂裘를 받은 우의정 盧守愼을
　　 탄핵하였다. 1575년 이조·병조의 좌랑을 역임하고, 1577년 사은사 서장관으로 명나
　　 라에 파견되어 宗系辨誣를 위해 노력했으며, 돌아와 이듬해 홍문관교리가 되고, 이어
　　 서 장령·검상·사인 등을 역임하였다. 1580년 咸鏡道巡撫御史로 함흥·삼수·길주·
　　 종성 등을 살피고 돌아와, 변장의 직무에 충실한 혜산첨사 金燧를 당상관에 승품하
　　 고, 永建萬戶 禹應長과 鄭見龍·金光玉 등을 宣傳官에 기용할 것을 건의하였다. 1583
　　 년 사간이 되고, 이어서 황해도순무어사로 다녀와 軍器管理를 소홀히 하고 倉穀을

載穀, 以遺當道²⁷⁸⁾者." 校理姜緖²⁷⁹⁾, 進曰: "誠一藏頭²⁸⁰⁾而言, 殊
無諫官之風." 誠一伏地, 待罪曰: "所受者, 尹斗壽·根壽及其姪
睍²⁸¹⁾也, 所與者, 珍島郡守李銖²⁸²⁾." 其時, 斗壽爲都承旨, 亦參
筵中, 避伏曰: "李銖, 臣之四寸也. 臣有老母, 故魚物則送之, 其
餘臣所不知." 掌令李潑²⁸³⁾, 論啓數日, 不允。根壽爲副學, 睍爲吏

부실하게 한 황주목사 尹仁涵의 파직을 건의하였다. 1586년 나주 社稷壇의 화재에
책임을 지고 사직하고, 고향에 돌아왔다. 1590년 通信副使로 일본에 파견되었는데,
이듬해 돌아와 일본의 국정을 보고할 때 "왜가 반드시 침입할 것"이라는 正使 黃允吉
과는 달리 민심이 흉흉할 것을 우려해 왜가 군사를 일으킬 기색은 보이지 않는다고
상반된 견해를 밝혔다.

278) 當道(당도): 요직에 있는 사람.

279) 姜緖(강서, 1538~1589): 본관은 晉州, 자는 遠卿, 호는 蘭谷. 1576년 성균관 전적이
되었다. 공조·예조·병조의 佐郎을 거쳐 사간원정언을 비롯하여, 홍문관수찬·사헌
부지평·홍문관부응교·사간원사간·수원부사·남양부사·동부승지·우부승지·좌부
승지·우승지·좌승지·인천부사를 두루 지냈다.

280) 藏頭(장두): 藏頭隱尾. 머리를 감추고 꼬리를 숨긴다는 뜻으로, 곧 사실을 분명히
밝히지 아니함을 이르는 말.

281) 尹睍(윤현, 1536~1597): 본관은 海平, 자는 伯昇, 호는 松巒. 1576년 銓郎에 이어
1578년 이조좌랑이 되었다. 동인 金誠一과 함께 전랑이 되었으나 서로 사이가 좋지
않았다. 당시 서인의 거두인 작은아버지 尹斗壽·尹根壽가 모두 요직에 있어 함께 三
尹으로 일컬어졌으며, 서인을 지지하고 동인을 배척한다고 하여 사헌부·사간원 등
언관들로부터 논핵을 자주 받았다. 진도군수 李銖로부터 뇌물을 받은 혐의로 김성일
에게 논핵을 받은 적이 있으나, 오히려 김성일이 공정하지 못하다는 일부의 의론이
있었다.

282) 李銖(이수, 생몰년 미상): 진도군수로 있던 1578년에 이른바 米獄事件에 연루되었
다. 당시 같은 銓郎으로 있던 尹睍과 金誠一은 사이가 좋지 않았다. 이때 동인 김성일
은 진도군수 이수가 三尹에게 쌀을 뇌물로 바쳤다는 정보를 입수해 이 사실을 폭로하
였고, 대간은 이수를 탄핵하였다. 많은 논박 끝에 거의 마무리되어 갈 무렵 진도의
邸吏 한 사람이 진상을 고해받침으로써 결국 이수는 파직당하였다.

283) 李潑(이발, 1544~1589): 본관은 光山, 자는 景涵, 호는 東巖·北山. 1573년 알성문

曹佐郎也。姜與三尹, 同隣少時友也。緒實不知指尹家, 而攻誠
一, 悔恨無及。尹家以謂[284]與誠一相約而言, 兩家交道遂絶。

[12] 宋翼弼·翰弼之父祀連, 己卯左議政安塘[285]之孼妹甘丁之子
也。甘丁自己婢[286]所生, 年十四時, 有不測之事, 司藝公敦厚[287],

과에 장원, 이듬해 賜暇讀書를 하고, 이조정랑으로 발탁되었다. 1579년 응교, 1581년
전한, 1583년 부제학을 역임하고 이듬해에 대사간에 이르렀다. 이조전랑으로 있을
때에는 자파의 인물을 등용함으로써 사람들로부터 원망을 샀으며, 동인의 거두로서
鄭澈의 처벌문제에 강경파를 영도하였다. 이로 인하여 李珥·成渾 등과도 교분이 점
점 멀어져 서인의 미움을 받았다. 1589년 동인 鄭汝立의 모반사건이 일어남을 계기로
서인들이 집권하게 되자, 관직을 사퇴하고 교외에서 待罪하던 중 잡혀 두 차례 모진
고문을 받고 杖殺되었다.

284) 謂(위): 爲의 오기.

285) 安塘(안당): 安瑭(1461~1521)의 오기. 본관은 順興, 자는 彦寶, 호는 永慕堂. 司藝
安敦厚의 아들이다. 1507년 定難功臣 3등에 책록되고, 우승지를 거쳐 충청도관찰사
로 나갔다가 1508년 12월에 順興君으로 봉작되었다. 이듬해 대사헌을 거쳐 형조·병
조참판, 전라도관찰사를 역임하고, 1514년 11월에 호조판서, 1515년에 이조판서가
되었다. 金安國·金正國·金湜·趙光·朴薰·金大有·藩碩枰·宋欽 등을 탁용하거나 천
거하였다. 같은 해 8월 林祥·金淨 등이 중종의 폐비 愼氏의 복위를 청하다가 대간으
로부터 탄핵을 받자 求言 해놓고, 죄를 주는 것은 언로를 막는 것이라고 하여 이들을
극구 변호하였다. 이 일로 자신도 대간으로부터 탄핵을 받았지만, 사림으로부터 높이
추앙받게 되었다. 1521년 아들 안처겸이 처가에서 종실 詩山副正 李正叔, 權碩 등과
함께 국왕의 측근에 있는 간신을 제거하여 국세를 바로잡아야 한다고 말을 나누었다.
이 사건으로 안처겸은 宋祀連에 의해 고변당하였다. 이에 南袞·沈貞 등의 여러 대신
을 살해하려 했다는 혐의로 처형되었는데, 안당도 고하지 않은 죄목으로 연좌되어
絞死刑에 처해졌다. 이 사건은 심정 등이 執義 尹止衡 등을 사주하여 일으킨 것으로
辛巳誣獄이라 이른다.

286) 自己婢(자기비): 양반 자신 소유의 계집종. 安敦厚가 늙은 나이에 상처를 하고서
형인 安寬厚의 계집종 重今을 첩으로 삼은 것을 일컫는다. 그런데 중금에게 이미 감정
이라는 딸이 있었다고 한다.

287) 敦厚(돈후): 安敦厚(1421~1483). 본관은 順興, 자는 可化.

使子璋[288]杖足, 折傷數指, 而送于白川[289]厥家。嫁甲士[290]者斤金子璘[291], 生祀連。而甘丁則未得贖身者也, 翼弼兄弟, 自以持身如侯門甲族, 至於赴擧聯名一等, 驕氣揚揚, 傍若無人, 以此雖自中之人, 多有未便之心。安家滅族之後, 子孫殘微, 孽孫安庭蘭, 善文章, 有才氣, 爲吏文學官, 官至牢同知者也。起訟, 呈法司[292], 翼弼吾家奴也, 依法使喚, 小伸復讐之義。翼弼所知者, 莫不驚憤, 反欲治庭蘭之妖妄。庭蘭不顧死生, 呈上言[293], 出遺書, 以示訟官, 則訟官不得已決給[294]庭蘭。庭蘭率其族黨, 掘其祀連之塚, 出其屍, 數其罪, 以斧打碎屍骨, 非欲爲使喚, 爲此計也。宋家逃散四方, 翰弼往黃海道, 變姓名, 自稱趙生員, 日夜怨望東人, 痛入骨髓。東人實無與於其間。

---

288) 璋(장): 安璋(1438~1502). 본관은 順興. 安敦厚의 아들로서 배천(白川)에서 출생했다. 安瑠과 安瑭의 맏형이다. 중종 때 富平府使를 지냈다.

289) 白川(배천): 황해도 延白의 옛 지명.

290) 甲士(갑사): 조선시대 오위제의 中衛(義興衛)에 속했던 군인.

291) 璘(인): 宋璘(1509~1573). 본관은 恩津. 觀象監 判官을 지냈다. 송린의 맏형 宋祐은 남명이 호를 林亭이라고 지어줄 만큼 교분이 있었으며, 송린의 딸은 南冥 曺植의 부실이었다.

292) 法司(법사): 조선시대 사법업무를 담당하던 관서. 형조·사헌부·한성부·의금부·장례원 등을 가리킨다.

293) 上言(상언): 조선시대 국왕에게 올리는 문서양식. 위로는 관원으로부터 아래로는 公私賤에 이르는 모든 사람들이 쓸 수 있는 문서이다. 상언이 上疏와 다른 점은, 상소는 대개 관원과 유생·사림이 국왕에게 올리는 문서양식이나, 상언은 관원으로서가 아니라 私人으로서 올리는 것이며, 상소에는 吏讀를 쓰지 않으나 상언에는 이두를 쓰는 것이다.

294) 決給(결급): 소송에서 이겼음을 선고함.

又有鄭汝立[295]者, 全州人也。博學多聞, 聖賢書無所不讀, 出
入於牛栗門下, 兩公交口[296]推薦修撰。 及西人失志, 復投入東
人, 李潑許之。潑南平人[297]也, 以此相親。爲人心術不正, 愚而
多氣, 反攻李珥, 無所不至, 西人痛嫉, 雖東人, 亦知其有後弊。
或勸李絶之, 潑以爲人才可惜, 不聽。

翰弼輩誘謂海西愚氓, 曰: "全州聖人生焉, 乃鄭修撰也。與吉
三峯, 相知往來, 而三峯, 日行三百里, 勇知無雙, 亦神人也。爾
等若往謁, 則官爵自至。"(翰弼雖巧惡, 爲此齟齬之計, 釀成大獄
之理也? 然則, 鄭賊何以自殺也? 意歸罪於翰弼, 而反自脫逆魁
爲此說者, 其病於黨論者也) 校生卞崇福[298]・朴延齡等若干人,

---

295) 鄭汝立(정여립, 1546~1589) : 본관은 東萊, 자는 仁伯. 1589년 황해도 관찰사 韓準
과 안악군수 李軸, 재령군수 朴忠侃 등이 연명하여 정여립 일당이 한강이 얼 때를
틈타 한양으로 진격해 반란을 일으키려 한다고 고발했다. 관련자들이 차례로 잡혀가
자 정여립은 아들 玉男과 함께 竹島로 도망하였다가 관군에 포위되자 자살했고 그의
아들 鄭玉男은 체포되어 국문을 받았다. 이 사건의 처리를 주도한 것은 鄭澈 등의
서인이었으며, 동인인 李潑・李浩・白惟讓 등이 정여립과 가깝다는 이유만으로 처형
되는 등 동인의 세력이 크게 약화되었다. 이를 己丑獄事라고 한다. 이 사건을 계기로
전라도는 叛逆鄕이라 불리게 되었고, 이후 호남인들의 등용이 제한되었다. 정여립은
'천하는 일정한 주인이 따로 없다.'는 天下公物說과 '누구라도 임금으로 섬길 수 있
다.'는 何事非君論 등 왕권체제하에서 용납될 수 없는 혁신적인 사상을 품은 사상가이
기도 하였다.

296) 交口(교구): 입을 모아 말함.

297) 南平(남평): 전라남도 나주 지역의 옛 지명.

298) 卞崇福(변숭복): 邊崇福(?~1589). 기축옥사와 관련된 유학자. 본래 安岳의 교생으
로 용맹이 뛰어났다. 鄭女立과 알게 되면서 서로 의기투합하여 함께 거사계획을 세웠
다. 역모를 도모하면서 가명을 쓰기도 하였는데 안악에서는 본명을 쓰고, 전주에서는
邊湀, 동래에서는 白日昇이라는 이름으로 활동하였다고 한다. 그 뒤로 은밀히 정여립

信其言, 往謁汝立, 汝立以延齡等, 千里遠來, 款遇送之。亦有輩
往謁焉, 汝立厚待之。其時, 朴忠侃²⁹⁹⁾爲載寧³⁰⁰⁾, 李軸³⁰¹⁾爲安
岳³⁰²⁾, 韓應寅³⁰³⁾爲信川³⁰⁴⁾, 忠侃馳往安岳, 謂軸曰: "汝立叛謀

과 연락하면서 같은 안악사람 朴延齡, 해주사람 池涵斗 등과 함께 주로 황해도 일대를
중심으로 거사동지들을 규합하고 군사를 일으켜 역모를 추진했으나 함께 일을 도모
하던 교생 趙球가 안악 군수에게 붙들려 모의 사실을 실토하였다. 이에 안악 군수
李軸, 재령 군수 朴忠侃, 신천 군수 韓應寅 등이 역모사건을 고변하자 변숭복은 안악
에서 전라도 金溝까지의 먼 길을 3일 만에 달려가서 정여립에게 알렸다. 정여립과
그날로 함께 도망하여 竹島에 숨었으나 이 사실을 안 진안현감 閔仁伯의 군사에 의하
여 포위되자 목을 찔러 정여립과 함께 자결하였다.

299) 朴忠侃(박충간, ?~1601): 본관은 尙州, 자는 叔精. 1584년 호조정랑에 올랐고 1589
년 재령군수로 재직 중 韓準·李軸·韓應寅과 함께 鄭汝立의 모역을 고변하였다.
1592년 임진왜란 때 巡檢使로 국내 여러 성의 수축을 담당하여 서울로 진군하는 왜적
에 대비하였으나 왜병과 싸우다 도망한 죄로 파면, 이듬해 分戶曹判書에서 다시 파면
되었다가 뒤에 영남·호남 지방에 파견되어 군량미의 조달을 담당하였다. 1594년에
는 賑血使가 되어 구호에 필요한 쌀·콩 등의 신속한 조달대책을 상소하여 백성의
구제에 진력하였다. 1597년 순검사·繕工監提調를 역임하고, 1599년에는 忠勳府의
쌀·소금 등을 사적으로 이용하였다 하여 한때 불우하였으며, 1600년 南以恭 등의
파당행위의 폐해를 상소하였다가 집권층에 밉게 보여 여러 차례 탄핵을 받았다.

300) 載寧(재령): 황해도 중앙부에 위치한 고을.

301) 李軸(이축, 1538~1614): 본관은 全州, 자는 子任, 호는 沙村. 1576년 식년문과에
급제하여 승문원에 들어갔다. 그 뒤 호조좌랑·예안현감·형조와 공조의 정랑 등을
거쳐, 1589년 안악군수로 있을 때 韓準·朴忠侃·韓應寅과 함께 鄭汝立의 모역을 조정
에 고변한 공으로 공조참판으로 승진되었다. 그 뒤 형조판서·우참찬을 역임하고
1592년 임진왜란 때에는 建義大將 沈守慶의 부장으로 의병을 지휘하였고, 1594년에
는 진휼사가 되어 서울의 백성을 구휼하였다.

302) 安岳(안악): 황해도 서북부에 위치한 고을.

303) 韓應寅(한응인, 1554~1614): 본관은 淸州, 자는 春卿, 호는 百拙齋. 1577년 알성문
과에 급제하여 예문관에 뽑혔고, 곧이어 승정원주서·예조좌랑·병조좌랑·지평·정
언을 지냈다. 1584년 宗系辨誣奏請使의 書狀官으로 명나라에 다녀와서 성균관직강을
거쳐, 1588년 선천군수로 부임하여 이듬해 鄭汝立의 모반사건을 적발, 그 공으로 호

已著, 速圖之." 軸拙者, 甚難之. 又往信川, 則應寅神者, 知其幾,
飮酒佯醉, 忠侃不得開口. 如是者再, 忠侃亦知應寅之謀避, 慟李
軸恐應寅, 報監司狀啓, 則朝野驚動. 宣廟聚大臣曰: "予知其汝
立之爲人, 何至於爲逆?" 左相鄭彦信, 微笑曰: "豈有此事? 雖然,
不可不拿鞫." 雖西人, 皆曰: "汝立心術則不正矣, 豈有叛逆之理
乎?" 勿論彼此, 皆不信之. 而一邊謀逆愚氓數人等, 黃海監司韓
準[305], 着枷上送. 自上親鞫, 卽皆丐乞窮民. 主上笑曰: "汝立雖
叛, 豈與此輩同謀乎?" 仍問曰: "爾等爲叛逆乎?" 曰: "叛逆則不
知也, 欲爲叛國也." 又問叛國何意, 曰: "衣食有餘." 云. 事狀不
案, 欲放送, 而苦待汝立之來. 汝立亡命逃脫, 至鎭安竹島別墅,
自刎而死, 崇福從其尸傍, 亦刎死.

조참의가 되고, 이어 도승지가 되었다. 1592년 諸道都巡察使로 임진강 방어에 임하였
다. 1599년 謝恩使로 다시 명나라에 정유재란 때의 원군을 사례하고 돌아와서 우찬성
에 올랐다. 1600년 이조판서, 다음해 호조판서·병조판서를 거쳐, 1605년 府院君에
진봉되고, 1607년 우의정에 올랐다. 1613년 대북정권이 계축옥사를 일으켜 서인들을
제거할 때 관직을 삭탈당하고 廣州로 쫓겨 가서 다음해에 사망하였다.

304) 信川(신천): 황해도 중앙에 위치한 고을.

305) 韓準(한준, 1542~1601): 본관은 淸州, 자는 公則, 호는 南崗. 1566년 별시문과에
급제하여 예문관에 등용되었다. 예조좌랑·장령·좌승지·전라도관찰사·호조참판 등
을 지냈다. 1588년 우참찬이 되어 聖節使로 명나라에 다녀와 황해도관찰사가 되었다.
이듬해 안악군수 李軸, 재령군수 韓應寅 등이 연명으로 鄭汝立의 모역사건을 알리는
告變書를 조정에 비밀장계로 올렸다. 그 공으로 1590년 平難功臣 2등이 되고 좌참찬
에 올라 淸川君에 봉하여졌다. 1592년 임진왜란 때 호조판서로 順和君을 호종, 강원
도로 피난하였고, 이듬해 한성부판윤에 전임되었으며, 進賀兼奏聞使로 다시 명나라
에 다녀와 이조판서가 되고, 1595년 謝恩兼奏請使로 또다시 명나라에 다녀왔다.

大禍乃起, 西人雀躍, 東人喪氣。盖主上厭苦西人, 依注[306]山
海爲吏判十年, 西人散在閑地, 氣色簫索, 及起逆變之後, 彈冠相
賀。東人自退, 西人居其位, 報復私怨, 無所忌憚。主上亦不察推
薦汝立爲修撰, 初出於李珥·成渾, 而以爲李潑之所爲而助其聲
勢, 益怒之, 召鄭澈[307]拜右議政, 爲委官治其獄。盖澈東人所棄
者, 以此自上特命之, 欲以嚴治其獄也。澈平生所憾者, 不論是
非, 皆置之死獄, 一時諸賢, 盡爲葅醢[308]。守愚堂, 爲澈切齒腐心
者久矣。與安敏學[309]輩, 日夜鍛鍊[310], 所謂吉三峯者, 乃崔永慶

---

306) 注(주): 注擬. 벼슬아치를 임명할 때 임금에게 후보자 세 사람을 정하여 올리던 일.
文官은 吏曹에서, 武官은 兵曹에서 정하였다.

307) 鄭澈(정철, 1536~1593): 본관은 延日, 자는 季涵, 호는 松江. 어려서 仁宗의 淑儀인
맏누이와 桂林君 李瑠의 부인이 된 둘째누이로 인하여 궁중에 출입하였는데, 이때
어린 慶原大君(明宗)과 친숙해졌다. 1545년 을사사화에 계림군이 관련되자 부친이
유배당하여 配所를 따라다녔다. 1551년 특사되어 온 가족이 고향인 전라도 담양 昌平
으로 이주하였고, 그곳에서 金允悌의 문하가 되어 星山 기슭의 松江가에서 10년 동안
수학하였다. 1561년 진사시에, 다음 해 별시문과에 각각 장원하여 典籍 등을 역임하
였고, 1566년 함경도 암행어사를 지낸 뒤 李珥와 함께 賜暇讀書하였다. 1578년 掌樂
院正에 기용되고, 곧 이어 승지에 올랐으나 珍島 군수 李銖의 뇌물사건으로 東人의
공격을 받아 사직하고 고향으로 돌아왔다. 1580년 강원도 관찰사로 등용되었고, 3년
동안 강원·전라·함경도 관찰사를 지냈다. 1589년 우의정에 발탁되어 鄭汝立의 모반
사건을 다스리게 되자 西人의 영수로서 철저하게 동인 세력을 추방했고, 다음해 좌의
정에 올랐으나 1591년 建儲문제를 제기하여 동인인 영의정 李山海와 함께 光海君의
책봉을 건의하기로 했다가 이산해의 계략에 빠져 혼자 광해군의 책봉을 건의했다.
이때 信城君을 책봉하려던 왕의 노여움을 사 파직되었고, 晉州로 유배되었다가 이어
江界로 移配되었다. 1592년 임진왜란 때 부름을 받아 왕을 의주까지 호종, 다음 해
사謝恩使로 명나라에 다녀왔다. 얼마 후 동인들의 모함으로 사직하고 강화의 松亭村
에 寓居하면서 만년을 보냈다.

308) 葅醢(저염): 갈기갈기 찢어 죽이는 것.

也, 指揮生員金克仁[311]·梁千頃[312]·姜海[313]輩告變, 又誘晉州判
官洪廷瑞[314], 作言鄭汝立與崔永慶潛往書院, 夜聚晝散, 四五日
而罷, 拿來鞫問, 致死獄中。 士人李士濂, 親自斂殯[315], 出於至
誠, 於先生五寸姪, 而終始受學者也。 先生壁立千仞[316], 秋霜冽

---

309) 安敏學(안민학, 1542~1601): 본관은 廣州, 자는 習之. 而習으로 고쳤다. 호는 楓崖.
   1566년 朴淳에게 나아가 사제관계를 맺은 뒤, 李珥·鄭澈·李之菡·成渾·高敬命 등과
   교유하였다. 1580년에 이이의 추천으로 禧陵參奉이 되었다. 1583년에 사헌부감찰이
   된 뒤, 관례에 따라 외직으로 나아가 大興·아산·현풍·태인 등지의 현감을 두루 거치
   고, 전주의 別墅에 우거하던 중 임진왜란을 만나 召募使로 임명되었다.

310) 鍛鍊(단련): 대장장이가 쇠붙이를 달구어 별의별 연장을 만들어 내는 것처럼, 검찰
   관이 法條文을 교묘히 이용하여 없는 죄를 조작해 내는 것을 말함.

311) 金克仁(김극인): 金克寅(1560~?)의 오기. 본관은 安東, 자는 汝明. 1582년 식년시
   에 급제하였다.

312) 梁千頃(양천경, ?~1591): 본관은 濟州. 1589년 기축옥사가 일어났을 때, 서인 정철
   의 휘호 아래 동생 梁千會와 찰방 趙應麒 및 姜涀·金克寬·金克寅 등과 함께 뜻을
   같이하는 호남 유생들을 모아 李潑 형제와 鄭汝立 일당이 모반을 도모하고 있다는
   상소를 올렸다. 이때 정여립의 모반사건에 吉三峰이라는 없는 인물을 만들어낸 뒤
   길삼봉이 바로 崔永慶이라고 誣告하였는데, 최영경이 본래 세상일에 무관심한 산림
   처사지만 평소 정철을 소인배라 미워하였던 점을 염두에 두고 사건에 연루시켜 獄死
   하게 만든 것이다.

313) 姜海(강해): 姜涀(?~1591)으로 개명. 선조 때의 己丑獄事를 날조하도록 무고한 사
   람이다. 1590년 서인들의 사주를 받고 梁千頃 등과 함께 기축옥사 때 鄭汝立 일당의
   자백에서 나왔던 이른바 정여립의 친구라는 吉三峯이 바로 崔永慶이라고 무고하여
   옥사하게 하였다. 그 뒤 1591년 兩司에서 무고인들을 다스려야 한다는 탄원이 있자,
   최영경을 모함한 당시의 言官이 파면되고, 무고인 양천경·梁千會·金克寬·金克寅 등
   과 같이 잡혀 문초당하였다. 그러자 鄭澈을 따르던 끝에 그와 같은 허위사실을 상소
   하였음을 자백하여, 양천경·양천회 등과 함께 북도로 장형을 받고 유배되어 가다가
   장형을 받은 후유증으로 도중에 모두 죽었다.

314) 洪廷瑞(홍정서, 1554~?): 본관은 南陽, 자는 仲聖. 1579년 식년시에 급제하였다.

315) 斂殯(염빈): 시체를 염습하여 관에 넣어 안치함.

日, 胸次洒落, 玉壺永月, 望之有若神仙, 而其爲氣像風節, 與南
溟先生爲伯仲[317]。世居城中, 以小學律身, 杜門求志, 雖隣里, 罕
見其面。

牛溪成浩[318], 元自重其身, 有時入城, 名公巨卿, 輻輳其門, 一
不回謝。及聞守愚隱德晦光, 卽命駕往訪, 歸謂栗谷曰: "吾今日
往見崔處士某, 重門深鎖, 芳草滿庭, 處士之家也。剝啄良久, 有
一靑衣童子, 出拜迎入, 稱其家兒也。主人立於中門[319]外, 察其
容兒, 方面廣額, 君子之容, 察其動靜, 威儀嚴正。與之語, 胸呑
瓦礫, 歸來淸風滿袖。"叔獻亦往訪焉。兩公交口稱譽曰: "孝元,
可方古之處士, 非今世人也。"

守愚, 家契[320]貧寒, 朝夕饘粥難繼, 晏如有樂, 一毫非其義不取,
雖親舊之人, 亦不敢以一毫加其身。器局宏大, 其於待小人也甚
嚴, 以此得禍。鄭澈因敏學, 求見先容[321], 守愚辭之, 澈深憾焉。

朝廷推薦, 六品敍用[322], 連拜刑·戶曹郞·持平·掌令, 皆不受,
又拜司畜, 以世家子弟, 家在闕門外, 去就狼狽, 謝恩司畜之命,

316) 壁立千仞(벽립천인): 암벽이 천 길이나 높이 솟음을 말하는 것으로, 선비의 드높은
    기상과 성대한 기운을 비유함.
317) 伯仲(백중): 세력이 비슷하여 우열을 가릴 수 없는 것을 비유하는 말.
318) 成浩(성호): 成渾의 오기.
319) 中門(중문): 大門 안에 거듭 세운 안으로 드나드는 문.
320) 家契(가계): 집안의 살아가는 형편.
321) 先容(선용): 어떤 사람에게 다른 사람을 좋게 소개하는 것.
322) 敍用(서용): 죄가 있어 벼슬을 박탈했던 사람을 다시 임용함.

卽大歸晋州。晋州亦無一畝田, 家弟[323]餘慶[324], 娶妻晋州, 故往
依弟家。前有池, 餘慶網取池魚, 其大如盤, 守愚不忍食。至於數
年, 人問其故, 守愚曰:"家契貧寒, 不敢奉甘旨, 老母已逝, 對此
情, 不忍食也."其誠孝出於天。

　披閱古史, 見先賢不得其死者, 輒掩卷流涕, 或過忠臣義士之
祠廟, 躕躇鳴呼, 不忍去也。尊賢愛士, 樂而忘食。初謁南溟先
生, 先生卽許以道義之交, 守愚師事之。守愚拿入鞫廳[325], 風采
動人, 有如仙鶴飄飄然自天而降, 左右獄卒, 莫不驚動。

　鰲城李恒福[326], 爲問事郞[327], 顧謂推官[328]曰:"余不見此老,
虛過了一生."鄭澈微笑, 以扇擬頸, 此漢欲斫我頭如此如此云云,
右相沈守慶[329], 遽止之曰:"大監何以發此言耶?"澈曰:"以彼容

---

323) 家弟(가제): 남에게 자기 아우를 일컫는 말.
324) 餘慶(여경): 崔餘慶(?~1590). 본관은 和順, 자는 積元. 守愚堂 崔永慶의 아우이다.
　　 1575년 한양에서 형 수우당 최영경과 함께 선대의 토지가 있는 진주로 와서 도동에서
　　 한집에 같이 살면서 섬기기를 부모같이 하였다. 監役이 되었다가 新寧縣監으로 전임
　　 되었는데, 최영경이 기축옥사에 연루되자 그 아우라 하여 1590년 죽임을 당하였다.
325) 鞫廳(국청): 조선시대에 역적 등 나라의 큰 죄인을 신문하기 위해 왕명으로 설치한
　　 임시관청. 죄의 경중에 따라 親鞫 · 庭鞫 · 推鞫 · 三省推鞫이 있다.
326) 李恒福(이항복, 1556~1618): 본관은 慶州, 자는 子常, 호는 弼雲 · 白沙. 임진왜란
　　 때 선조를 따라 의주로 갔고, 명나라 군대의 파견을 요청하는 한편 근위병을 모집하는
　　 데 주력했다. 1598년 陳奏使로 명나라를 다녀왔다. 1602년 오성부원군에 진봉되었다.
327) 問事郞(문사랑): 죄인의 취조서를 작성하여 읽어 주는 일을 맡은 임시 벼슬. 조선
　　 시대의 각종 재판은 의금부 · 형조 · 한성부 · 사헌부 및 각급 지방 관아의 상설 형정기
　　 관에서 관장하였다.
328) 推官(추관): 죄를 심문하는 관원. 審問官.
329) 沈守慶(심수경, 1516~1599): 본관은 豊山, 자는 希顔, 호는 聽天堂. 대사헌과 8도

貌, 偃臥竹林間, 嘲弄時事, 足以得虛名矣." 先供辭之時, 神色自
若, 撒謂人曰: "此漢畧無動色, 非大黨劇賊, 必是定力³³⁰⁾人也."
守愚獄中事蹟, 詳在別傳.

南溪李潑, 字景涵, 李洁³³¹⁾及其兄李汲³³²⁾, 皆死於杖下, 副提
學白惟讓³³³⁾及其子震民³³⁴⁾·興民³³⁵⁾, 死於杖. 新寧縣監崔餘慶,
亦死於杖, 尸虫出外, 士人李士濂, 親自洗沐斂殯. 佐郞金憑³³⁶⁾死

관찰사를 역임하였으며, 청백리에 녹선되었다. 1590년 우의정에 오르고 기로소에 들
어갔다. 1592년 임진왜란이 일어나자 삼도체찰사가 되어 의병을 모집하였으며, 이듬
해 영중추부사가 되었다가 1598년 벼슬길에서 물러났다.

330) 定力(정력): 선정의 힘이란 뜻. 어지러운 생각을 없애고 마음을 한곳에만 쏟는 힘.

331) 李洁(이길, 1547~1589): 본관은 光山, 자는 景淵, 호는 南溪. 1577년 문과에 급제하
였다. 의정부 사인을 거쳐 벼슬이 응교에 이르렀으나, 형이 서인과의 갈등 끝에 퇴거
되자 함께 낙향하였다. 1589년, 친하게 지내던 鄭女立의 모반 사건으로 형인 李汲과
李潑이 그와 내응한 혐의로 고문 끝에 죽고 동인들이 대거 축출당할 때 희천으로 귀양
갔다가 다시 서울로 압송되어 죽음을 당했다.

332) 李汲(이급, 1537~1589): 본관은 光山, 자는 景深. 1570년 식년시에 급제하였다.

333) 白惟讓(백유양, 1530~1589): 본관은 水原, 자는 仲謙. 1572년 親試文科에 급제하여
1581년 弘文館校理, 이어 江原道御史·司憲府執義·弘文館典翰을 지내고 1588년 대사
성·이조참의, 1589년 병조참판·副提學 등을 역임하였다. 1589년 鄭女立의 모반사건
이 일어났을 때 아들 白壽民이 정여립의 형 鄭女興의 딸을 아내로 삼았던 탓으로 연좌
되어 사형 당하자 사직하였다. 이후 정여립과 절친한 黨與로 지목되어 탄핵을 받아
유배되었으며, 宣弘福의 招辭에 연루되어 杖刑을 받은 뒤 감옥 안에서 사망하였다.

334) 震民(진민): 白振民(1562~1589)의 오기. 본관은 水原, 자는 德綏. 1585년 식년시에
급제하였다.

335) 興民(흥민): 白興民(1564~1589). 본관은 水原, 자는 德應. 1588년 식년시에 급제하
였다.

336) 金憑(김빙, 1549~1589): 본관은 通州, 자는 敬中. 1580년 별시 문과에 급제하였다.
이조좌랑을 지낸 뒤, 1589년 鄭女立이 모반에 실패하자 자결하였는데, 그 이듬해 정
여립을 追刑할 때 형조좌랑으로서 推鞫官이 되었다. 그러나 추국을 하다가 지병으로

於杖, 全羅都事曺大仲337)·金堤郡守李彦吉338)·掌令柳夢井339)·
善山府使柳德粹340)·參奉尹起莘341)·參奉柳宗智342)·察訪李黃
鍾343), 死於杖。其餘冤死者, 不能盡記。

___

눈물이 흘렀는데, 적대관계에 있던 白惟咸이 역적을 동정하여 운다고 무고하여 곤장
을 맞고 죽었다.

337) 曺大仲(조대중): 曺大中(1549~1590)의 오기.(이하 동일) 본관은 昌寧, 자는 和宇,
호는 鼎谷. 1576년 진사시에 합격하고, 1582년 식년문과에 급제하였다. 1589년 전라
도도사로 지방을 순시하던 중 보성에 이르러 부안에서 데려온 官妓와 이별하며 눈물
을 흘렸는데, 이것이 당시 반란음모로 처형된 鄭汝立의 죽음을 슬퍼한 것으로 오해되
어, 정여립의 일파로 몰려 국문을 받다가 이듬해 杖殺되었다.

338) 李彦吉(이언길, 1545~1589): 본관은 全義, 자는 君迪. 1579년 식년시에 급제하여
1586년 예조 좌랑으로 관직을 제수 받았다. 1588년 창경궁 明政殿에서 치러진 式年榜
에서 형조좌랑으로서 謄錄官을 하였다. 1589년 김제군수로 있을 때, 還上穀 10여 석
을 정여립에게 주었고, 목재를 가져다가 집을 지어 주었다는 이유로 죽음을 당했다.

339) 柳夢井(류몽정, 1529~1590): 본관은 文化, 자는 景瑞, 호는 淸溪. 1567년 식년시에
급제하고, 남원 현감으로 있다가 己丑獄事 때 丁嚴壽·吳希吉 등의 誣告로 鄭澈의 국
문을 받아 곤장을 맞고 죽었다.

340) 柳德粹(류덕수, ?~1591): 본관은 文化, 자는 仲精. 1560년 별시문과에 급제하고
成均館生員을 거쳐 司憲府掌令을 역임하였다. 1575년 醴泉郡守로 부임하여 군내 유
생들의 건의를 받아들여 鼎山書院 터를 닦았으나 완공하지는 못하고 물러났다. 1580
년에 정언으로 있을 때 얼음 공급의 태만을 엄히 단속하기를 청하였고, 강화 부사
金鎧의 과오를 아뢰었다. 1589년 鄭汝立과 내통한 혐의로 宣弘福이 형벌을 받다 죽었
다. 이 공초를 담당하던 檢閱 李震吉이 善山府使였던 류덕수의 집에서 讖書를 발견하
였다 하여 류덕수를 국문하였는데, 국문 중에 결국 사망하였다.

341) 尹起莘(윤기신, ?~1590): 본관은 漆原. 1589년 鄭汝立의 모반 사건에 연루되었다
는 臺諫의 啓로 인하여 옥에 갇히게 되었다. 옥에 갇혀 열두 차례 심문과 杖刑을 받고
북쪽으로 귀양 가는 도중에 죽었다.

342) 柳宗智(류종지, 1546~1589): 본관은 文化, 자는 明仲, 호는 潮溪. 1563년 河覺齋와
함께 曺植의 문하에서 공부하였다. 守愚堂 崔永慶과 교유하며 의리를 講明하였다.
己丑獄事 때 鄭汝立의 黨으로 지목되어 禁府에 갇혔다가 杖下에 죽었다.

343) 李黃鍾(이황종, 1534~1590): 본관은 全州, 자는 仲初. 1564년 식년시에 급제하였다.

　　東崗金宇顒³⁴⁴⁾謫會寧³⁴⁵⁾，參奉韓百謙³⁴⁶⁾受刑一次謫鍾城³⁴⁷⁾，

鄭介淸³⁴⁸⁾謫穩城³⁴⁹⁾，士人沈璟³⁵⁰⁾受刑一次謫會寧，盧相國守愼

---

344) 金宇顒(김우옹, 1540~1603): 본관은 義城, 자는 肅夫, 호는 東岡·直峰布衣. 1576
년 부교리가 되고, 이어서 이조좌랑·사인 등을 지냈으며, 1579년에는 부응교가 되어
붕당의 폐단을 논하였다. 이듬해 宣慰使로 일본 사신 겐소[玄蘇]를 맞이하여 사신의
접대에 女를 금지하도록 진언하였다. 1582년 홍문관직제학이 되고, 이어서 대사성
·대사간을 거쳤으며, 1584년 부제학이 된 뒤 전라도관찰사·안동부사를 역임하였다.
1589년 기축옥사가 일어나자 鄭汝立과 함께 조식의 문하에서 수학했다는 이유로 회
령에 유배되었다가, 1592년 임진왜란으로 사면되어 의주 行在所로 가서 승문원제조
로 기용되고, 이어서 병조참판을 역임하였다.

345) 會寧(회령): 함경북도 북부 중앙에 위치한 고을.

346) 韓百謙(한백겸, 1552~1615): 본관은 淸州, 자는 鳴吉, 호는 久菴. 1579년 생원시에
합격하고, 1585년 校正廳이 신설되자 鄭逑 등과 함께 교정낭청에 임명되어《經書訓
解》의 교정을 보았다. 1586년 中部參奉이 되었으며, 이어 경기전참봉·선릉참봉 등에
제수되었으나 재직 중 병으로 사직하였다. 1589년 鄭汝立의 모반사건 때 자살한 정여
립의 시신을 거두어 정성스레 殮하였다. 그러나 뒤에 그 사실이 발각되고, 또한 정여
립의 생질인 李震吉과 친분이 두터웠다는 이유로 연좌되어 杖刑을 받고 귀양을 갔다.
임진왜란 때 대사면령으로 석방되었는데, 귀양지에서 적군에게 아부해 반란을 선동
한 자들을 참살한 공로로 內資寺直長에 기용되었다. 1595년 호조좌랑, 1601년 형조좌
랑·청주목사, 1607년 판결사·호조참의 등에 기용되었다. 이듬해 선조가 죽자 殯殿都
監堂上이 되어 喪禮를 주관하였다. 1610년 江原道安撫使, 1611년 파주목사에 기용되
었다가 사임하고 양주의 勿移村에 거하였다.

347) 鍾城(종성): 함경북도 북단에 위치한 고을.

348) 鄭介淸(정개청, 1529~1590): 본관은 固城, 자는 義伯, 호는 困齋. 禮學과 성리학에
깊은 관심을 기울여 당시 호남지방의 명유로 알려졌다. 1574년 전라감사 朴民獻,
1583년 영의정 朴淳에 의해 遺逸로 천거되었지만, 수차의 관직 제수를 극구 사양하였
다. 이에 그의 관직생활은 46세에 북부참봉을 지낸 이후 55세에 나주훈도, 58세에
典牲署主簿, 그리고 60세 되던 해 李山海의 천거로 곡성현감을 지내는데 그쳤다.
1589년에 鄭汝立의 모역사건 때 이의 처리과정상 연루자의 색출이 지방 사류에게까
지 확대되는 와중에서, 1590년 5월 정여립과 동모했다는 죄목으로 체포되어 평안도
위원으로 유배되었다가 다시 같은 해 6월 함경도 경원 阿山堡로 이배되고, 7월 그곳
에서 죽었다.

削黜, 右議政鄭彥信受刑一次後謫慶源, 洪可臣·李渭賓·許鏜·朴宜·康復誠[351]·金昌一[352]等數十人削黜禁錮, 金榮一受刑二次削職. 其餘館學儒生, 稍有名字者, 皆禁錮.

李潑爲人, 重厚嚴正, 自少有志於學術, 遊[353]於愓菴, 出入於習靜門, 與守愚堂最親. 洪可臣·許鏜·朴宜·尹起莘·金榮一·金宇顒輩, 同爲同志之友, 篤志力學, 一時儕輩, 皆以遠大期之. 及捷謁聖壯元, 華聞藉藉, 滿朝賀其得人. 不久, 直拜吏曹佐郎, 進

---

349) 穩城(온성): 함경북도 북단에 위치한 고을.

350) 沈憬(심경): 沈憬(1556~1616)의 오기. 본관은 靑松, 자는 仲悟. 1589년 李潑형제가 鄭汝立의 모반사건에 연루되어 처형되자, 장사지낼 사람이 없음을 슬퍼하여 그 시체를 거두어 장사지내 주었다. 이에 연루되어 부령에 유배되었다. 1592년 임진왜란으로 풀려나 면천으로 돌아와 경사를 연구하였다. 1615년 처음으로 童蒙敎官이 되었다. 이때 대북파들 사이에서 鄭仁弘을 추대하여 인목대비의 폐비론을 성립하고자 획책하자, 대사헌 韓纘男에게 이 사실을 폭로하고 부당함을 말하였다. 그러나 오히려 자기가 하옥되어 경성에 안치되었다가 1년 만에 죽었다.

351) 康復誠(강복성, 1550~1634): 본관은 信川, 자는 明之, 호는 竹磵. 康惟善의 아들이다. 1595년 柳成龍의 천거로 張顯光 등과 함께 발탁되어 장수현감이 되었으며, 곧 김제군수로 옮겼는데, 이때는 정유재란 때 명나라 군사와 합세하여 남원에 주둔한 왜적을 쳐서 전공을 세우기도 하였다. 그 뒤 1599년 고양군수를 거쳐 천안군수를 역임하였다. 광해군이 仁穆大妃를 西宮에 유폐시키는 등의 난정을 행하자, 병을 핑계로 사직하였다. 인조반정 뒤 다시 부평군수를 제수받았으며, 곧 성주목사로 옮겼다. 李适의 난이 일어나자, 즉시 군대를 모아 인조를 호위하였다.

352) 金昌一(김창일, 1548~1631): 본관은 慶州, 자는 亨吉, 호는 四寒. 의금부도사를 거쳐, 1601년 洪川縣監·高山縣監, 1604년 高敞縣監에 이어 金溝縣監·安岳郡守·합천군수 등의 외직과 軍器寺僉正 등을 두루 지냈다. 1613년 昌大君으로 庶人으로 할 때 鄭蘊과 함께 극력 반대하는 소를 올렸다.

353) 遊(유): 從遊. 門下는 스승에게서 직접 배우는 제자이고, 從遊는 학문적으로 친했던 관계를 말한다. 私淑은 직접 가르침을 받지는 않으나 마음속으로 그 사람을 본받아서 道나 학문 닦는 것을 말한다.

退人物, 一循公道, 扶植士論, 欲回己卯趙靜菴舊政, 出入經筵,
每以王道陳達, 振紀綱·分邪正爲己務, 小無苟合之意。牛栗兩
公, 交道漸疎, 西人甚惡之。處世旣久, 經歷艱險, 知時事不可爲,
以副提學上箚, 極論人物邪正, 退歸故鄕, 築室讀書。其弟洁, 亦
以應敎下去, 與其兄臭味相同, 而太剛。有母年至八十, 以此不離
於膝下, 或仕或辭。

逆變起於士林中, 潑知其不免, 從容就道, 待命于郊外, 拿鞠
闕庭。宣廟親問: "汝之不仕, 何也?" 曰: "臣有老母, 不離膝下。
天恩罔極, 兄汲得爲便養之邑, 從此奉老母, 順養於井邑[354]。弟
洁已爲上來, 臣亦上來矣。" 主上曰: "汝知汝罪乎?" 曰: "臣欲刮
其面。" 主上微哂曰: "晚矣。" 天顔和順, 少無慢色。

謫李潑鍾城, 自上有脅從罔治[355]之敎。獄事將解, 讒言罔極,
禍焰滔天。潑汲兄弟, 同日死於杖, 洪可臣·許鐋·金榮一輩, 親
執其喪, 以禮殯斂。洁謫熙川, 追後拿來, 又死於杖。汲之子·潑
之子, 長年十一, 季年五歲, 皆殺之。至於母夫人拿來, 壓沙致
死[356], 雖乙巳芑元衡, 恣行凶威, 未有如此慘酷之刑也。獄卒莫

---

354) 井邑(정읍): 전라북도 남서부에 위치한 고을.
355) 脅從罔治(협종망치): 《書經》〈胤征〉의 "괴수는 섬멸하되 협박에 못 이겨 따른 자들
　　 은 다스리지 말라.(殲厥渠魁, 脅從罔治.)"에서 나오는 말.
356) 壓沙致死(압사치사): 壓沙刑. 壓膝刑이라고도 한다. 죄인을 자백시키기 위하여 행
　　 하던 고문이다. 죄인을 기둥에 묶어 사금파리를 깔아 놓은 자리에 무릎을 꿇게 하고
　　 그 위에 압슬기나 무거운 돌을 얹어서 자백을 강요하였다.

不流涕。

白惟讓, 慈祥愷悌, 貌如玉人, 至於分別邪正, 論議剛直, 不以
爲屈, 名重一時, 所與交者, 皆賢師宿儒。震民供辭曰：“其父不知
之事, 其子焉知?”推官惻然。年少聰敏, 稱其家兒者, 人莫不痛
惜。惟咸, 惟讓之從弟也。凶險暴戾, 時爲獻納, 搆殺之。掌令張
雲翼[357]啓曰：“東人, 每以交結戚里, 排斥之, 交結逆賊, 其罪如
何? 請施其夷三族之法。”主上曰：“掌令之言, 是也。”修撰許筬啓
曰：“以其法治之, 足以成獄, 聖朝何用秦法乎?”其議遂寢, 然慘
酷之刑, 始於雲翼。白惟讓四父子, 皆死於杖, 隣里知舊畏其禍,
無一人來吊者, 有庶孼來治其喪。惟誠以大功之親[358], 不得退
在, 一番往見, 見其治喪者, 出於至誠, 怪而問之曰：“汝是何人?”
對曰：“小人家門孼屬某也。”惟誠曰：“然則, 汝何獨不見我也?”
其人曰：“窮鄕賤物, 未及見謁。”誠囑於雲翼, 以逆賊治喪, 杖殺
之。其心術如此, 雖弑父與君, 疑有闕文也歟。

東崗金宇顒, 南溟高弟也, 又其孫女婿[359]也。與鄭寒崗逑[360],

---

357) 張雲翼(장운익, 1561~1599): 본관은 德水, 자는 萬里, 호는 西村. 張維의 아버지이
　　다. 장령을 거쳐, 1591년 양양부사로 재직 중 鄭澈의 일당이라 하여 穩城으로 귀양갔
　　다. 1592년 임진왜란이 일어나자 귀양에서 풀려나 芒鞋嶺을 넘어 왕을 호종하였다.
　　특히, 중국어에 능통하여 왕의 총애를 받았고, 이듬해 집의로서 奏請使가 되어 명나
　　라에 다녀왔다.

358) 大功之親(대공지친): 大功服을 입는 친척. 大功親의 喪事에 9개월 동안 입는 복제.
　　本宗을 위한 상복이고, 본종 가운데에도 3등친을 넘지 않는 6촌 이내의 근친으로 한
　　정된다.

志同學同, 終始不變, 皆星州人也。爲人, 澄澈無瑕, 如氷壺秋月[361]。 南溟每謂曰: "賢, 淸夜子規一鳥不搏." 又曰: "花田春露沾濕, 持竹籌立於前者, 是子素職." 其爲氣像, 淸洒可知。公禍福死生, 利害得失, 置之度外, 至於當大事爭是非, 勇如賁育[362]。其爲學, 先審義利之分, 深得其董子[363]所謂明其道不計其功, 正其

---

359) 孫女婿(손녀서): 김우옹이 曺植의 사위인 金行의 딸과 결혼한 것을 일컬음.

360) 鄭寒崗逑(정한강구): 鄭逑(1543~1620). 본관은 淸州, 자는 道可, 호는 寒岡. 1563 년에 李滉을, 1566년에 曺植을 찾아뵙고 스승으로 삼았으며, 그 무렵 成運을 찾아뵙 기도 하였다. 1573년 金宇顒이 추천해 禮賓寺參奉에 임명되었으나 나가지 않는 등 여러 번 관직에 임명되어도 사양하다가 1580년 비로소 昌寧縣監으로 관직생활을 시 작하였다. 1584년 同福縣監을 지냈다. 1603년 《南冥集》을 편찬하는 과정에서 鄭仁弘 이 이황과 李彦迪을 배척하자 그와 절교하였다. 1608년 臨海君의 역모사건이 있자 관련자를 모두 용서하라는 소를 올리고 대사헌직을 그만두고 귀향하였다. 1613년 癸 丑獄事 때 永昌大君을 구하려 했으며, 1617년 廢母論 때에도 仁穆大妃를 庶人으로 쫓아내지 말 것을 주장하였다. 이를 계기로 만년에 정치적으로 남인으로 처신하지만 徐敬德 · 조식 문인들과 관계를 끊지 않았기 때문에 사상적으로는 영남 남인과 다른 요소들이 많았으며, 뒤에 근기남인 실학파에 영향을 주었다.

361) 氷壺秋月(빙호추월): 얼음으로 된 호로병에 맑은 가을 달이 담긴 것으로, 고결한 인품을 형용한 말. 鄧迪이 朱子의 스승 延平 李侗의 인품을 말하면서 "마치 빙호추월 과 같아 티없이 맑고 깨끗하니 우리들이 미칠 수 없다.(愿中如冰壺秋月, 澄徹無瑕, 非吾曹所及.)" 하였다.

362) 賁育(분육): 전국시대 齊나라의 용사인 孟賁과 周나라의 力士인 夏育. 맹분은 맨손 으로 쇠뿔을 뽑았고, 하육은 千鈞의 무게를 들어 올렸다고 한다. 漢나라의 忠臣 汲黯 의 節義를 칭송하면서 "분육이라고 하더라도 그의 뜻을 뺏을 수 없을 것이다.(雖賁育, 不能奪之矣.)"라고 했던 고사가 전한다.

363) 董子(동자): 西漢의 사상가인 董仲舒. 그가 "대저 仁人은 그 옳음을 바르게 지키고 그 이익을 도모하지 않으며 그 도를 밝히고 그 공로를 계산하지 않는다. 그 때문에 중니의 문하에서는 오척 동자도 오패를 입에 담는 것을 수치로 여겼으니, 간사함과 무력을 앞세우고 인의를 소홀히 했기 때문이다.(夫仁人者, 正其誼不謀其利, 明其道不 計其功. 是以仲尼之門, 五尺之童羞稱五伯, 爲其先詐力而後仁誼也.)"라고 하였다.

義不謀其利之學也。

與栗谷相親, 栗谷力主其扶護黨類, 交道漸衰。 自弘文正字至
副學, 以去就自重, 或進或退。 上箚, 無非格言, 宣廟甚敬重之。
乞郡[364]安東[365], 臥閤[366]治之。 已丑之變, 以汝立相親, 謫會寧。
其兄前大諫宇宏[367], 臨路送別, 握手痛哭, 公顏色怡然, 徐言曰:
"兄主過痛, 余心不寧。" 卽就道而去。 往配所, 時到鐵嶺, 趙憲[368]

---

364) 乞郡(걸군): 부모의 봉양을 위해 중앙 관직을 떠나 고향 부근의 수령으로 내려가게
   해 달라고 청하는 것.

365) 安東(안동): 경상북도 북부 쪽에 위치한 고을.

366) 臥閤(와합): 지방에 나가 백성을 다스리는 것. 漢나라 汲黯이 東海太守로 나가서
   "병이 많아 閤門 안에 누워 있을 뿐 밖에 나가지 않았는데도 1년여에 동해가 잘 다스려
   졌다.(多病臥閤內不出, 歲餘東海大治.)"라는 고사에서 나온 말이다.

367) 宇宏(우굉): 金宇宏(1524~1590). 본관은 義城, 자는 敬夫, 호는 開岩. 1578년 司僕
   寺正을 거쳐 동부승지・대사간・대사성 등을 지내고 이듬해 병조참의・승지에 이르렀
   다. 그러나 李銖의 옥사로 곧 파직되었다. 1582년 충청도관찰사가 되었다가 형조참의
   ・장례원판결사・홍문관부제학 등을 역임하였다. 이듬해 유생 朴濟로부터 음흉하다는
   탄핵을 받아 외직으로 물러나 청송부사・光州牧使 등을 지냈다. 1589년 관직에서 물
   러나 고향 성주로 돌아갔다. 그 해에 동생 金宇顒이 鄭汝立의 옥사에 연좌되어 안동
   의 임지에서 회령으로 귀양가자, 영천으로 달려가 동생을 만나 갓과 옷을 벗어주고
   시 한 수를 지어 주며 이별했다 한다.

368) 趙憲(조헌, 1544~1592): 본관은 白川. 자는 汝式, 호는 重峯・陶原・後栗. 李珥・成
   渾의 문인이다. 1575년부터 호조좌랑・예조좌랑・성균관전적・사헌부감찰을 거쳐, 경
   기도 통진현감으로 있을 때, 內奴의 횡행죄를 엄히 다스리다가 죽인 죄로 탄핵을 받
   아 부평으로 귀양갔다가 3년 만에 풀려났으며, 다시 공조좌랑・전라도도사・宗廟署令
   을 역임하였다. 1587년 동인 鄭汝立의 흉패함을 논박하는 萬言疏를 지어 縣道上疏하
   는 등 5차에 걸쳐 상소문을 올렸으나 모두 받아들여지지 않았다. 다시 일본사신을
   배척하는 소와 李山海가 나라를 그르침을 논박하는 소를 대궐문 앞에 나아가 올려
   국왕의 진노를 샀다. 1589년 持斧上疏로 時弊를 극론하다가 길주 嶺東驛에 유배되었
   으나, 이 해 정여립의 모반 사건으로 동인이 실각하자 풀려났다.

自北出來相値。憲不問寒喧, 先問: "肅夫, 到此悔否?" 公笑答曰:
"公論後世而定。其可以一時之刑罰劫定之耶?" 憲無以應。至配
所, 不知身在禍網中, 日與鄕老, 設局消日。金吾郎不意到本府,
一府皆以爲拿安東公來, 上下蒼黃, 公斂衽正坐, 畧無怖色, 言笑
自若。金吾郎拿致府使而去, 公亦無幸色。壬辰倭寇, 主上播遷
龍彎, 公艱難跋涉, 或步或騎, 十生九死, 僅達行在所, 恩寵倍
加。及主上還都, 公爲大司憲, 首論澈之搆殺處士之罪, 及其餘黨
次第科罪, 凜不可犯。公素多疾病, 退居仁川海村, 又移於淸州
地, 越數年乃逝。

　尹起莘, 守愚門人, 李慶涵兄弟道義之交, 受刑十二次, 終始
不撓, 意氣揚揚。渠平生自許者柳宗智, 南溟門人, 守愚愛重之。

　李黃鍾, 至誠事守愚先生, 先生拿來之後, 中夜沐浴禱天。公
之片簡, 在守愚文書, 寸紙寄朝報曰: "金子昻入爲副學, 洪時可
出爲慶尙方伯, 時事可占。" 子昻晬之字, 時可聖民之字。事在數
年前, 而見忤於澈, 死之。

　李彦吉, 爲金堤郡守時, 以還上[369]倉穀十餘石, 題給鄭家, 鎭
安縣監閔仁伯[370]告變, 彦吉備給百餘石, 以此死之。

---

369) 還上(환상): 춘궁기에 백성에게 빌려준 곡물을 추수 뒤에 일정한 이자를 붙여 받는
　　것. 還子 또는 還穀이라고도 한다.

370) 閔仁伯(민인백, 1552~1626): 본관은 驪興, 자는 伯春, 호는 苔泉. 1573년 진사가
　　되고, 1584년 별시문과에 장원하여 성균관전적을 지냈다. 사헌부감찰 때에 서인 鄭澈
　　의 일파라고 하여 안협 현감으로 좌천되었다. 이때 기근이 들었으나 백성들을 잘 무

柳夢井湖南人也. 高敞371)有怪士吳希吉372)者, 與汝立素無分
厚, 抵書責之曰: "先生背牛栗兩先生, 交柳夢井, 何意? 牛栗兩先
生, 當今程朱子也. 夢井不過善人." 其書在汝立文書中, 宣廟卽
命希吉, 乘馹上來, 特拜參奉, 因傳曰: "夢井與賊相親, 爲網漏之
魚, 花朝月夕, 嘯咏自在, 極爲駭惡." 拿來, 受刑二次而死. 其子
孫, 痛先祖無辜而枉死, 後有登科慶事, 不設宴, 悲感倍焉. 其後
希吉, 又告佐郎金自漢373), 與賊筠374)同參謀逆, 反坐375)杖流.

흉하고 진안 현감으로 전임되었는데, 재임 중 기축옥사 때 鄭汝立이 縣界로 들어오자
군사를 동원하여 정여립의 아들 鄭玉男을 잡아들였다. 이 공으로 예조참의에 승진되
고 平難功臣 2등에 책록되었다. 장례원판결사·충주목사 등을 지내고, 1592년 임진왜
란 때 황주목사로서 임진강을 지키다가 大駕를 따라 行在所에 이르렀다. 聖節使로
명나라에 다녀왔다.
371) 高敞(고창): 전라북도의 남서부에 위치한 고을.
372) 吳希吉(오희길, 1556~1625): 본관은 羅州, 자는 吉之, 호는 鞱庵. 스승 정여립이
李珥와 成渾을 비방하는 말을 듣고, 잘못된 점을 적어 정여립에게 주어 노여움을 샀
다. 정여립의 모반사건에 연루되어 투옥되었으나, 편지를 정여립이 보관하고 있다가
나타남에 따라 석방되어 천거되었다. 厚陵參奉을 거쳐 1592년 임진왜란이 일어나자,
전주의 慶基殿參奉으로서 태조의 御眞을 비롯한 祭器와 역대 실록을 내장산에 숨겨
보전하였다.
373) 金自漢(김자한, 1545~?): 본관은 江陵, 자는 佳源. 1588년과 1606년 식년시에 급제
하였다.
374) 筠(균): 許筠(1569~1618). 본관은 陽川, 자는 端甫, 호는 蛟山·鶴山·惺所·白月居
士. 아버지 許曄이고, 이복형 許筬, 許篈과 許蘭雪軒의 친형제친남매이다. 1597년
文科重試에 장원을 했다. 이듬해에 황해도 都事가 되었으나 서울의 기생을 끌어들여
가까이했다는 탄핵을 받고 부임한지 6달 만에 파직됐다. 그 뒤에 春秋館記注官·형조
정랑을 지냈다. 1602년 司藝·司僕寺正을 역임했다. 이 해에 원접사 李廷龜의 종사관
이 되어 활약했다. 1604년 遂安郡守로 부임했으나 불교를 믿는다는 탄핵을 받아 또다
시 벼슬길에서 물러났다. 1606년에 명나라 사신 朱之蕃을 영접하는 종사관이 되어
글재주와 넓은 학식으로 이름을 떨쳤다. 누이 난설헌의 시를 주지번에게 보여 이를

鄭介淸, 湖南大儒, 學問該博, 精於禮文, 學者雲集。公作學問
節義辨[376]大義, 主呂東萊[377]所論節義學問中一事, 而爭端交起,
頗有非之者。 此十年前事也, 及逆變起, 西人以介淸作排節義
論[378], 使士習渝薄, 靡然[379]從之於逆賊之計也。受刑二次, 死於

중국에서 출판하는 계기를 만들었다. 이 공로로 삼척부사가 됐다. 그러나 세 달이
못 되어 불상을 모시고 염불과 참선을 한했다는 탄핵을 받아 쫓겨났다. 그 뒤에 공주
목사로 기용되어 庶流들과 가까이 지냈다. 또다시 파직 당한 뒤에는 부안으로 내려가
산천을 유람하며 기생 桂生을 만났다. 천민 출신의 시인 柳希慶과도 교분이 두터웠
다. 1613년 계축옥사에 평소 친교가 있던 서류출신의 徐羊甲·沈友英이 처형당하자
신변의 안전을 도모하기 위하여 李爾瞻에게 아부해 大北에 참여했다. 1618년 8월 남
대문에 격문을 붙인 사건이 일어났다. 허균의 심복 玄應旻이 붙였다는 것이 탄로 났
다. 허균과 기준격을 대질 심문시킨 끝에 역적모의를 하였다 하여 허균은 그의 동료
들과 함께 저자거리에서 능지처참을 당하였다.

375) 反坐(반좌): 어떤 사건을 무고하거나 위증해서 죄를 만들었다가, 뒤에 일이 뒤집히
    면 도로 그 사람이 받았던 만큼 죄를 받게 되는 것.
376) 學問節義辨(학문절의변): '節義淸談辨'인 듯. 鄭介淸이 朴淳에게 10년간 師事하여
    벼슬에 올랐으나, 당시 西人으로 領議政이던 박순이 파직을 당하자, 화를 입을까 두
    려워 東人인 鄭汝立·李潑 등과 친교를 맺었다. 그리하여 선생을 배반했다는 비판을
    서인측으로부터 받게 되자, 〈東漢晉宋所尙不同說〉(節義淸談辨)을 지어 자기의 처지
    를 변명하였다. 곧 곧 朱子가 논한 것을 읽고 느낀 바가 있어 동한시대의 절의의 폐를
    밝힌 것뿐이니, 대개 절의라는 것은 의리에 밝아서 이해의 사욕에 가려지지 않는 것
    이므로 평소에 절의를 몸소 실행하면 족히 임금으로서는 밝아질 것이며, 신하로서는
    정직해짐으로서 화의 근본을 없애고 간특한 싹을 꺾어버릴 수 있으며, 불행히도 화란
    을 만날 때에는 이해를 돌아보지 않고 절의에 죽을 것입니다. … 실은 절의의 근본을
    배양함에 있었던 것인데, 도리어 절의를 배척하였다고 하니 이는 신의 본심이 아니
    며, 따라서 원통함을 안고 있을 뿐 발명할 데가 없다는 내용이다. 그런데 이 글이
    절의를 배척한 내용이라 하여 서인측에서는 '排節義論'이라 불렀다. 이 글은 정개청의
    연보에 의하면 1584년에 지어졌다고 한다.
377) 東萊(동래): 呂祖謙의 호. 중국 南宋의 학자. 朱子·張南軒·陸象山 등과 더불어 講學
    에 힘써 대성하였다. 주자와 함께 北宋 도학자의 語錄을 편집하여 《近思錄》을 편찬하
    였다.

謫。其弟至今素帶, 不食肉不飲酒。拜參奉不仕。

韓百謙・沈憬, 以護翰林李震吉之喪, 各受刑一次, 謫北道。震吉, 汝立甥侄, 文章學問, 汝立畏之。震吉死於杖, 韓浚謙380)・鄭經世381)・朴承宗382), 坐誤薦翰林之罪, 繫獄383)數月, 放黜。沈憬,

---

378) 排節義論(배절의론): 절의를 배척한 논. '절의란 이러이러한 것인데 후세에는 절의의 이름만 취하고 그 알맹이는 잃어버렸다.'라는 뜻의 내용으로, 후세의 소위 알맹이 없는 허명의 절의를 욕한 글이었다. 글의 제목은 원래 '東漢節義晉宋淸談說'이었는데 죄를 씌우려는 의도로 절의를 배척한 논이라 하여 '배절의론'이라 하였다.

379) 靡然(미연): 바람에 풀이나 나무 따위가 흔들리는 모양. 어떤 세력을 붙좇아 따른 것을 일컫는 말이다.

380) 韓浚謙(한준겸, 1557~1627): 본관은 淸州, 자는 益之, 호는 柳川. 仁祖의 장인이다. 1589년 겨울 鄭女立의 모반사건이 발각되자, 정여립의 생질인 李震吉을 천거한 일로 연좌되어 투옥되었다. 그 뒤 수개월 만에 풀려나 원주로 이사하였다. 1592년 다시 기용되어 예조정랑을 거쳐, 강원도도사・사서 등을 역임하였다. 그리고 원주목사가 되어 거처 없이 돌아다니는 백성들을 구제하는 데 힘썼다. 1595년 지평・필선・정언・교리 등을 역임하고, 도체찰사 柳成龍의 從事官이 되었다. 이어 검상・사인・부응교・사간・집의 등을 역임했다. 1597년 좌부승지에 올라 명나라 도독 麻貴를 도와 마초와 함께 병량의 보급에 힘썼다. 1598년 임진왜란이 끝나자 우승지・경기감사・대사성 등을 거쳐, 다음해 경상도관찰사가 되었으나 鄭仁弘과의 알력으로 파직당하였다.

381) 鄭經世(정경세, 1563~1633): 본관은 晉州, 자는 景任, 호는 愚伏. 柳成龍의 문인이다. 1588년 예문관검열 겸 춘추관기사관이 되었다가 곧 통사랑대교로 승진되었다. 1596년 이조좌랑에 시강원문학을 겸한 뒤, 홍문관교리・이조정랑・시강원문학을 지냈다. 1598년 2월 승정원우승지, 3월에 승정원좌승지로 승진되었고, 4월에는 경상감사로 나갔다. 1600년 영해부사가 되어 싸움을 잘하고 남을 모략하는 투서가 심한 풍습을 교화하였다. 그 해 겨울 관직을 버리고 고향에 돌아왔다.

382) 朴承宗(박승종, 1562~1623): 본관은 密陽, 자는 孝伯, 호는 退憂堂. 1589년 奉敎, 이어 知製敎・병조정랑을 역임하고, 1600년 冬至使로 명나라에 갔다. 1604년 副提學, 1607년 병조판서, 1610년 형조판서를 거쳐 判義禁府事가 되고, 1618년 우의정으로 都體察使를 겸하였다. 이어 좌의정이 되고, 이듬해 영의정에 올라 密陽府院君에 봉하여졌다.

383) 繫獄(계옥): 獄事에 연루되거나 이러한 일로 옥에 갇힘.

博覽多才。百謙, 受業習靜先生, 傳其道者, 義理細入秋毫, 又精
於易學, 爲當世通儒384)。官至戶曹參議。

右議政鄭彦信, 兪泓385)啓曰:"彦信, 公然有飜獄之計, 發於言
辭, 無所忌憚."上問于領相柳㳟386)曰:"卿聞此言乎?""臣耳聾不
得聞."問李山海, 對曰:"似聞非聞, 未能的知."又問刑房387)李
準388), 對曰:"臣修正文書, 倉黃之中, 未及聞知."問于問事郎廳

384) 通儒(통유): 세상의 일이나 학문에 두루 통달한 유학자.
385) 兪泓(유홍, 1524~1594): 본관은 杞溪, 자는 止叔, 호는 松塘. 1573년 함경도병마절
   도사로 회령부사를 겸했고, 그 뒤 개성부유수를 거쳐 충청·전라·경상·함경·평안도
   의 관찰사와 한성판윤 등을 역임했다. 1587년 명나라에 사신으로 가서 이성계가 고려
   의 권신 李仁任의 아들로 잘못된 것을 바로잡았으며, 1589년 좌찬성으로서 판의금부
   사를 겸해 鄭汝立의 逆獄을 다스렸다.
386) 柳㳟(류전): 柳㙉(1531~1589)의 오기. 본관은 文化, 자는 克厚, 호는 愚伏唐. 1573
   년 동부승지, 도승지, 병조참판, 대사헌, 예조판서 등을 역임하고 1580년에는 충청도
   관찰사에 임명되었다. 1583년 한성부 판윤을 역임하고 1585년 우의정에 올랐다.
   1588년 사은사가 되어 부사 崔滉, 서장관 黃佑漢과 함께 명나라에 다녀온 뒤 좌의정
   에 올랐다. 이듬해 영의정에 올랐는데, 그 해 10월 '鄭汝立의 난'이 일어났다. 이때
   유전이 친히 국문을 하는 임금을 옆에서 모시느라 밤낮으로 禁門을 떠나지 않았기
   때문에 임금의 총애를 받았다.
387) 刑房(형방): 조선시대 承政院의 刑典 담당부서. 형방은 법률·형옥·소송 등 형조의
   형전에 관한 일과 그 屬衙門 의금부의 掌隷院·典獄署 등에 관계된 일을 맡았다.
   1466년 右副承旨가 형방의 업무를 담당하기 시작하였으며, 우부승지는 정3품 당상
   관이었다.
388) 李準(이준, 1545~1624): 본관은 全州, 자는 平叔, 호는 懶眞子·西坡. 1581년 헌납
   이 되고 이어 진주목사·의주목사 등을 역임하였다. 1589년 鄭汝立의 모반사건이 일
   어나자 우부승지로서 죄인을 다스리는 공을 세워 平難功臣 2등에 책록되고 全城君에
   봉하여졌다. 1592년 임진왜란이 일어나자 運餉使가 되어 명나라 군사의 군량미 조달
   책임을 맡았으나 병으로 은퇴하였다. 그 뒤 한성부좌윤·춘천부사를 거쳐 예조·병조
   의 참판을 지내고, 1600년 대사간이 되었으나 북인 洪汝諄의 일파로 몰려 한 때 파직

姜紳[389], 對曰: "實無是事." 大司憲洪聖民對曰: "彥信言, 若以直截[390]之事論之, 則此獄不可成也." 云. 聖民與泓, 相議而搆成虛事. 彥受刑二次, 謫慶源死. 癸未年北胡亂[391], 彥信以參贊, 爲巡察使, 討平之. 爲司馬長, 諳鍊[392]邊事, 且有智畧, 主上倚爲長城, 而竟爲讒言所陷, 公論深惜之. 泓凶險貪鄙, 爲時議所棄, 適使中原, 奏改宗系回. 以此特爲元勳, 入爲左相.

盧相國聞逆變, 詣闕門外, 上箚數行書曰: "逆變起於士林中, 如聞虛語, 從容劾治, 罪人斯得. 伏惟聖上到萬福." 成渾見曰: "字字帶邪." 臺諫削黜之, 其時病重, 待罪東大門. 鄭澈使人問之, 曰: "相國前薦逆賊, 今何如矣?" 答曰: "人各有所見." 小無屈意. 及死之日, 寂無人焉. 相國前日, 上箚乞骸[393]曰: "諺云: '死政丞不如活狗子.'" 歸死田園, 其言正符今日. 配享道東書院[394],

---

되었다.

389) 姜紳(강신, 1543~1615): 본관은 晉州, 자는 勉卿, 호는 東皐. 1577년 별시문과에 장원으로 급제하였다. 1589년 問事郞으로 鄭汝立獄事의 처리에 참여하여 平難功臣 3등에 책록되고 晉興君에 봉해졌다. 이조낭관·홍문관직을 역임하고, 1592년 승지로 있다가 임진왜란이 일어난 뒤 강원도관찰사로 임명되었고, 다시 강원도순찰사를 거쳐 1594년 도승지, 1596년 西北面巡檢使와 대사간을 역임하였다.

390) 直截(직절): 단도직입적임. 시원시원함.

391) 北胡亂(북호난): 尼湯介의 난. 1583년 2월부터 9월까지 함경도의 6진 지역에서 여진족이 일으킨 변란이다. 會寧 일대의 여진족 수장인 尼湯介의 세력이 가장 컸으므로, 그의 이름을 따서 '이탕개의 난'이라고 불린다.

392) 諳鍊(암련): 온갖 사물에 환히 정통함.

393) 乞骸(걸해): 나이 많은 官員이 辭職을 奏請하는 것.

394) 道東書院(도동서원): 道南書院의 오기. 盧守愼은 尙州의 道南書院에 배향되었다.

蘇齋集395)十餘卷行於世。

　曺大仲, 爲全羅都事, 時在潭陽396)客館, 謫値忌日行素397)。湖
南怪鬼398)輩, 作言大仲與賊相親, 至於涕泣行素, 拿致刑鞫, 臨
死呈小詩曰: "若從地下比干399)去, 此時含笑不含悲。" 鞫廳沈相
守慶, 與推官相議曰: "此詩不與於謀逆, 不過亂言, 不須上聞。"
皆以爲然而罷。大司憲崔滉400), 馳闕奏聞, 主上震怒, 大仲已死
之後, 拿其妻子, 盡殺之。壬辰倭亂, 滉之家屬, 爲賊所害, 人言
天道好還。

[13] 鄭澈一日, 使問事郞廳啓曰: "嶺南有大賊將起, 遮車嶺, 塞
臨津, 絶龍津401), 以防四方觀王之師, 從中而來, 不可不預爲計
備。" 大賊指守愚也。主上曰: "知此謀者, 與此謀, 誰爲告變, 卽爲
回啓402)。" 澈方與惟誠亂飮, 驚倒失盃, 罔知攸爲, 又罔曰: "忠義

---

395) 蘇齋集(소재집): 초간본은 1602년, 중간본은 1624년, 삼간본의 개편은 1652년이고
　　간행은 1665년, 이후에도 1771년과 1933년에 간행됨.
396) 潭陽(담양): 전라남도 북단에 위치한 고을.
397) 行素(행소): 고기나 생선이 없는 찬으로 밥을 먹던 일.
398) 怪鬼(괴귀): 도깨비.
399) 比干(비간): 죽음으로 결백을 증명한 충신. 중국 殷나라의 정치인으로서 紂王이 폭
　　정을 하자 간언하다 살해되었다.
400) 崔滉(최황, 1529~1603): 본관은 海州, 자는 彦明, 호는 月潭. 李仲虎의 문인이다.
　　1576년 수안군수에 이어 그 이듬해 함경도암행어사로 나가 그 지방의 饑寒과 국방대
　　책 8조를 상소하였다. 그 뒤 집의·사간·예조참판·대사간·이조참판·한성판윤·대사
　　헌 등을 거쳐 1590년 이조판서가 되었다.
401) 龍津(용진): 龍津江. 경기도 양평의 양수리에서 북쪽으로 나 있는 北漢江의 이칭.
402) 回啓(회계): 임금의 물음에 대하여 신하들이 대답함.

衛某人告變." 卽拿致, 受刑二次而死. 所謂忠義, 澈之畜妾醫女
善卜之愛夫[403]也。 以此搆殺之, 其心事類如此. (壬寅年七月二
十七日朝講[404]時, 兵曹判書申礁[405], 啓曰: "每欲仰達, 不得矣.
逆獄時, 鄭澈密啓曰: '賊言扼湖南之項, 截海西之口, 義兵從嶺
南起, 則宗社殆矣.'云, 上以小紙答曰: '聞此言者, 必預此謀.'云,
臣以問事郎廳, 詣政院, 持封書, 坼於澈前, 則澈深以爲悶, 不知
所答, 乃曰: '此言, 人人皆言, 君亦聞之耶.' 臣對曰: '吾則無所
聞.' 澈曰: '此言, 奇孝曾[406]・李善慶[407]言之故, 聞之矣.' 臣曰:
'此事重大, 不可不詣闕親啓.'云, 反書啓, 不書奇與李, 以李恒福
書啓. 恒福曰: '澈自言故聞矣. 今乃書入吾名, 可悶.'云. 此事,
今無文跡[408], 而小臣分明見之故, 仰達矣."出銀臺日錄)

---

403) 愛夫(애부): 기생, 작부, 창부 따위가 정을 주는 남자.

404) 朝講(조강): 이른 아침에 經筵官이 왕에게 진강하던 일.

405) 申礁(신잡, 1541~1609): 본관은 平山. 자는 伯俊, 호는 獨松. 正言・持平・우부승지
를 거쳐 이조참판・형조참판을 지냈다. 임진왜란 때에는 비변사당상으로 활동하였고,
이듬해에는 병조참판을 거쳐 평안도병마절도사로 부임하였으나, 관내 철산군에 탈옥
사건이 발생하여 그 책임으로 파직되었다. 1593년 다시 기용되어 밀양부사・형조판서
를 거쳐 特進官・동지중추부사가 되었다. 1600년에는 호조판서를 거쳐 병조판서 겸
세자빈객이 되었다.

406) 奇孝曾(기효증, 1550~1616): 본관은 幸州, 자는 伯魯, 호는 涵齋. 아버지가 奇大升
이다. 1592년 임진왜란이 일어나자 金德齡이 담양에서 의병을 일으킬 때 都有司로
격문을 짓고 군사를 모집하였다.

407) 李善慶(이선경, 1546~1619): 본관은 延安, 자는 德孚. 1576년 식년시에 급제하였
다. 아버지가 李後白이다.

408) 文跡(문적): 증빙이 되는 문서나 기록.

南溪兄弟, 竄出之後, 澈使醫員趙永善[409], 陰敎於罪人宣泓福, 曰:"汝若引李潑兄弟, 則汝身無事, 且得好官." 弘福信其言, 一如所誘, 潑之兄弟, 再囚致死. 弘福亦未免, 出刑於市, 曰:"吾罪固當死, 信聽永善之言, 以陷無事之人, 愧恨奈何?" 澈以國士待永善, 永善驕妄日甚. 澈設爵大會, 永善亦參之. 澈使永善行酬酌之禮, 沈忠謙曰:"吾雖駑, 其忍飮永善之盃乎?" 艴然而起.

忠謙爲大諫, 痛獄事蔓延以及士類, 發於言辭. 掌令張雲翼, 欲將置之死, 而僅圖免. 忠謙, 自先世扶護士林者. 南溟拜丹城郡守, 辭職上疏曰:"慈聖塞淵[410], 宮中之一寡婦, 殿下幼沖, 先王之一孤嗣." 等文字, 文定大怒, 元衡將欲拿殺之, 忠謙祖沈通源[411]爲首相, 極救之而止, 乙巳之禍, 亦有伸救之力.

兪泓·黃廷彧[412]·具思孟·洪聖民·南彦經, 澈之聲勢相倚者

---

409) 趙永善(조영선): 문헌마다 趙永宣, 趙英璿으로도 표기되어 있음.《宣祖實錄》1593년 2월 17일조에 의하면 內醫官으로 나오기 때문에 일단 趙英璿이 맞는 것으로 본다.

410) 塞淵(새연): 성실하고 생각이 깊음.《詩經》〈定之方中〉의 "사람의 마음가짐 성실할 뿐만이 아닌지라, 우람한 말 삼천 마리 들어찼도다.(匪直也人, 秉心塞淵, 騋牝三千.)" 에서 나온 말이다.

411) 沈通源(심통원, 1499~?): 본관은 靑松, 자는 士容, 호는 勖齋. 副應敎로 등용된 뒤 侍講官으로 임금의 학문을 돕다가 직제학이 되어 조정의 공문서를 도맡아 작성하였다. 그 뒤 병조참지가 되어 국방에도 관여하였다. 1548년 우승지·좌승지를 거쳐 경상도관찰사를 지내고, 1550년 예조참판이 되었으며, 이어서 대사헌·형조참판·한성부판윤을 거쳐 우의정이 되었다. 같은 해 좌의정이 되었다가 耆老所에 들어갔다. 이듬해 권력남용과 뇌물을 받은 혐의로 삼사의 탄핵을 받고 사직하였다.

412) 黃廷彧(황정욱, 1532~1607): 본관은 長水, 자는 景文, 호는 芝川. 1580년 진주목사를 거쳐 충청도관찰사가 되었다. 그 뒤 승지에 올랐으며, 1584년 宗系辨誣奏請使로

也。白惟誠·具宬·張雲翼·黃赫⁴¹³⁾·李洽⁴¹⁴⁾·柳拱辰⁴¹⁵⁾, 澈之鷹
犬⁴¹⁶⁾也。進士成格·李春英⁴¹⁷⁾·宋翼弼·翰弼, 澈之腹心也。誅之

명나라에 가서 사명을 완수하고 돌아왔다. 그 공으로 동지중추부사가 되고 이어 호조
판서로 승진하였다. 1589년 鄭女立의 모반에 연좌되어 파직되었다가 곧 복직되었다.
이듬해 종계변무의 공으로 光國功臣 1등이 되어 長溪府院君에 책봉되면서 대제학이
되었다. 이어 예조판서·병조판서 등을 역임하였다. 1592년 임진왜란이 일어나자 號
召使가 되어 왕자 順和君을 陪從해 관동으로 피신하였다.

413) 黃赫(황혁, 1551~1612): 본관은 長水, 자는 晦之, 호는 獨石. 아버지가 黃廷彧이다.
우승지가 되어 1591년 鄭澈이 建儲問題로 위리안치될 때 그 일당으로 몰려 삭직되었
다. 이듬해 임진왜란이 일어나자 호군으로 등용되어 아버지 황정욱과 함께 사위인
왕자 순화군 이보를 따라 강원도를 거쳐 회령으로 갔다가 모반자인 鞠景仁에게 붙잡
혀 왜군에게 인계되었다. 그 뒤 안변의 토굴에 감금되어 갖은 고초를 받다가 왜장
加藤淸正에게 끌려나가 선조에게 항복권유문을 쓰라는 강요를 받고 항복권유문을 썼
다. 그러나 몰래 별도로 아버지 황정욱이 그것이 사실이 아니라고 적어서 보냈다.
1593년 부산에서 두 왕자와 함께 송환되었다.

414) 李洽(이흡, 1549~1608): 본관은 韓山, 자는 和甫, 호는 醉菴. 1589년 鄭女立의 모반
을 계기로 기축옥사가 일어났을 때 헌납이었는데, 당시 양사는 거의 서인일파들이
차지하여 동인으로서 연루자인 崔永慶을 국문하다가 옥사하게 하였다. 그 뒤 세자책
봉문제로 서인의 영수인 鄭澈이 실각하자 그를 포함하여 기축옥사 때 양사에 있었던
관리들은 모두 파직되었다. 그 뒤 여러 지방관을 거쳐 문학·장령·헌납 등 중앙요직
에 올랐다. 그러나 1602년 최영경 옥사사건이 다시 거론되면서 당시 양사의 관리였던
사람들은 모두 관직을 삭탈당하였다. 이때 그도 관직을 삭탈당하고 옥구에 귀양을
가서 6년 만인 1607년 풀렸으나 다음해 죽었다.

415) 柳拱辰(류홍진, 1547~1604): 본관은 晉州, 자는 伯瞻. 이이·성혼의 문인이다.
1583년에는 스승인 이이·성혼의 무고를 밝히는 소를 올렸다. 이해 곧 풀려나 별시문
과에 병과로 급제하였다. 1591년 이조정랑으로 있을 때, 鄭澈이 세자책봉문제로 귀양
가자, 같은 당파라 하여 경원에 유배되었다.

416) 鷹犬(응견): 走狗. 앞잡이.

417) 李春英(이춘영, 1563~1606): 본관은 全州, 자는 實之, 호는 體素齋. 1591년 검열이
제수되었으나 鄭澈이 파직당할 때 연루되어 三水로 귀양갔다. 1592년에 풀려나 다시
검열과 호조좌랑을 거쳐 임진왜란이 격심하여지자 召募官으로 충청·전라도를 순행
하였고, 이어 抄啓製述文官이 되어 중국에 구원을 청하는 奏文을 초하였다.

則不可盡誅, 撮其甚者而錄之。

牛栗兩公, 士林之領袖, 學者師之, 興起斯义, 頗有力焉。只緣其所親愛而僻焉[418]。爲澈所惑, 終始扶護, 眷眷不忘。澈亦有所恃, 而益肆其毒, 小無忌憚, 至殺處士。而牛溪終始無一言, 以春秋筆法論之, 則厥罪惟均。

余與成文濬[419], 會於喪家, 吊客同坐中, 文濬問曰: "南中議論, 父親搆殺處士云, 公亦聞否?" 答曰: "足跡不向南中, 久矣, 實未聞有此論議." 文濬曰: "於公意, 何如?" 答曰: "搆殺之名, 余不敢斷定, 不救二字, 後世難免." 濬曰: "語默之際, 莫如不爲未果焉." 又曰: "松江亦爲曖昧." 余答曰: "澈不殺伊, 誰殺之?" 濬不能對。

守愚曰: "吾平生無一毫罪犯, 只與成渾絶交, 至於此極也." 云云。

---

418) 其所親愛而僻焉(기소친애이벽언): 친애하는 마음에 가려서 그 사람의 단점을 몰라서는 안 된다는 뜻. 《大學章句》전 8장에 "사람들이 친애하는 바에 편벽되고, 천히 여기고 미워하는 바에 편벽되며, 두려워하고 존경하는 바에 편벽되고, 가엾게 여기고 불쌍히 여기는 바에 편벽되며, 거만하고 태만히 하는 바에 편벽된다. 그런 까닭에 좋아하면서도 그의 단점을 알고 미워하면서도 그의 아름다운 점을 아는 자가 천하에 적은 것이다.(人之其所親愛而僻焉, 之其所賤惡而僻焉, 之其所畏敬而僻焉, 之其所哀矜而僻焉, 之其所敖惰而僻焉. 故好而知其惡, 惡而知其美者, 天下鮮矣.)"라고 한 데서 나온 말이다.

419) 成文濬(성문준, 1559~1626): 본관은 昌寧, 자는 仲深, 호는 永同·滄浪. 아버지가 成渾이다. 1585년 사마시에 합격하여 延恩殿參奉·世子翊衛司洗馬를 지냈다. 아버지가 誣辱을 당하게 되자 벼슬을 버리고 林泉에서 14년간 은거하였다. 1623년 인조반정 뒤 司圃署司圃를 거쳐, 永同縣監을 역임하였다.

[14] 黃赫, 王子順和君[420]之妻父也。壬辰之亂, 與其父廷彧, 陪順和君, 避于北道, 所過殺戮如麻, 焚蕩閭閻, 反有甚於倭賊。北道人苦之, 幷王子廷彧父子, 縛而納降於倭賊, 廷彧屈膝稱臣。及事定後, 朝議父子依律定罪, 主上貸死而黜之。赫西邊無賴之徒, 不容於淸議, 久矣。與禹性傳[421]相善, 赫慌說[422]於性傳, 曰: "浩元謂人曰: '當此治逆之日, 必須擇其西人中謹愼不爲生事者, 爲臺諫, 終無狼狽之患, 賤名先及於其中.'云云." 性傳信其說, 往見銓相李陽元[423]曰: "政柄授亦敗, 不授亦敗, 今聞成浩元之言, 極

420) 順和君(순화군, ?~1607): 이름은 李玒. 선조의 여섯째 왕자이고, 어머니는 順嬪金氏이며, 부인은 승지 黃赫의 딸이다. 1592년 임진왜란이 일어나자 왕의 명을 받아 黃廷彧·황혁 등을 인솔하고 勤王兵(왕의 곁에서 호위하던 군인)을 모병하기 위해서 강원도에 파견되었다. 같은 해 5월 왜군이 북상하자 이를 피하여 함경도로 들어가 미리 함경도에 파견되어 있던 이복형인 臨海君을 만나 함께 會寧에서 주둔하였는데, 왕자임을 내세워 행패를 부리다가 함경도민의 반감을 샀다. 마침 왜군이 함경도에 침입하자 회령에 위배되어 향리로 있던 鞠景仁과 그 친족 鞠世弼 등 일당에 의해 임해군 및 여러 호종관리들과 함께 체포되어 왜군에게 넘겨져 포로가 되었다. 이 후 안변을 거쳐 이듬해 밀양으로 옮겨지고 부산 多大浦 앞바다의 배 안에 구금되어 일본으로 보내지려 할 때, 명나라의 사신 沈惟敬과 왜장 小西行長과의 사이에 화의가 성립되어 1593년 8월 풀려났다.

421) 禹性傳(우성전, 1542~1593): 본관은 丹陽, 자는 景善, 호는 秋淵·淵庵. 1576년 수원현감으로 나가서는 명망이 높았다. 한때 파직되었다가 다시 掌令·사옹원정을 거쳐 1583년에 應敎가 되고, 뒤에 여러 번 舍人을 지냈다. 동서분당 때 동인으로 분류되었다. 그 뒤 李潑과 틈이 생기자 우성전은 남산에 살아서 남인, 이발은 北岳에 살아서 북인으로 분당되었다. 남인의 거두로 앞장을 섰으며, 동서분당 때나 남북의 파쟁에 말려 미움도 사고 화를 당하기도 하였다. 1591년 서인인 鄭澈의 黨이라 하여 북인에게 배척되고 관직을 삭탈당하였다.

422) 慌說(황설): 荒說의 오기. 참되지 않고 터무니없는 말.

423) 李陽元(이양원, 1526~1592): 본관은 全州, 자는 伯春, 호는 鷺渚. 李滉의 문인이다.

其有理." 黃晦之, 爲先除擬臺諫, 翌日除掌令. 赫鼓吻肆惡, 爲一
網打盡之計. 浩元聞赫爲掌令, 大驚曰: "西人自此敗矣." 厥後,
赫更不入臺府. 廷彧父子, 以謀殺金宇顒爲己任, 壬辰亂後, 宇顒
爲大司憲, 獨啓曰: "廷彧雖屈膝賊庭, 實元勳大臣, 小施恩典."
以此免死, 君子共公之心, 於此可知.

晚全洪可臣, 金玉君子, 自少至老, 無一毫瑕. 撰習靜先生神
道碑, 官至刑曹判書. 退歸牙山[424], 號晚全. 爲洪州[425]牧使時,
洪山[426]李夢鶴[427]起兵,   縛林川[428]郡守朴振國[429]·本守尹英

평안도·충청도·경기도의 관찰사, 형조판서·대제학·대사헌 등을 역임하고, 1590년
宗系辨誣의 공으로 光國功臣 3등에 책록되었으며, 이듬해 우의정에 승진하였다.
1592년 임진왜란이 일어나자 留都大將으로 수도의 수비를 맡았으나 한강 방어의 실
패로 楊州로 철수, 分軍의 副元帥 申恰과 함경도병마절도사 李渾의 군사와 합세해
蟹蝓嶺에 주둔, 일본군과 싸워 승리한 뒤 영의정에 올랐다.

424) 牙山(아산): 충청남도 서북부에 위치한 고을.
425) 洪州(홍주): 충청남도 서해안 중앙부에 위치한 고을.
426) 洪山(홍산): 鴻山의 오기. 지금의 부여이다.
427) 李夢鶴(이몽학, ?~1596): 본관은 全州. 왕족의 서얼 출신으로 서울에 살았으나,
성품이 불량하고 행실이 좋지 않으므로 그 아버지에게 쫓겨나서 충청도·전라도 사이
를 전전하였다. 韓絢은 어사 李時發 휘하에서 湖西의 조련을 관리하라는 이시발의
명을 받았으나, 민심이 이반되고 방비가 없음을 알아채고 이몽학과 함께 거사할 것을
꾀하였다. 金慶昌·李龜·張後載, 私奴 彭從, 승려 凌雲 등과 함께 僧俗軍 600~700명
을 거느리고 홍산 雙防築에 모였다. 1596년 7월 일당이 야음을 틈타 홍산현을 습격하
여 이를 함락하고, 이어 林川郡·定山縣·靑陽縣·大興縣을 함락한 뒤 그 여세를 몰아
洪州城에 돌입하였다. 그러나 목사 洪可臣, 무장 朴名賢·林得義 등의 훌륭한 방어와
반란군 가운데 이탈하여 관군과 내응하는 자가 속출, 반란군의 전세가 불리하게 되자
부하 김경창·林億命·太斤 3인에 의하여 피살되었다.
428) 林川(임천): 충청남도 부여군에 있는 고을.
429) 朴振國(박진국, 1548~1596): 본관은 密陽, 자는 忠吉. 1589년 증광시에 급제하였다.

顯[430], 連陷五郡。官軍奔潰, 鄕民響應, 旬日之內, 軍至數千, 都
城震動。賊將以爲洪州大邑, 白面書生[431]守之, 不如先奪洪州以
據之, 直到京城, 進迫洪州。公登城誓衆, 一郡感泣, 堅守不戰,
以觀其勢。賊將知其不成, 斬夢鶴以獻, 賊黨悉平。以此封功[432]
後, 引年致仕。

許鎬[433], 孝友出天, 論議方正, 居官爲政, 無一毫私意, 非其
道, 雖王公大人, 不以爲饒, 主上亦知其正明。壬辰之後, 唐兵充
滿四境[434], 作弊無所不至。定州[435], 關西巨邑, 官庫所儲, 公然
奪取, 小不如意, 則歐打牧使, 人皆厭避。公爲定州牧使, 到官,
嚴正自勅, 恩威幷著, 唐人畏服, 戒其徒曰:"此大夫, 神明不敢
犯."後拜慶州府尹。未久, 自上下敎備局, 曰:"義州, 累經非人,
將爲棄邑, 勿論文武南行[436], 職秩高下, 薦之."備局難其人, 自

---

430) 尹英顯(윤영현): 尹英賢(1557~?)의 오기. 본관은 坡平, 자는 彦聖. 坡山府院君 尹之
任의 증손으로, 할아버지는 尹元弼이다. 아버지는 尹繪이다. 1596년 鴻山縣監이 되었
다. 이때 李夢鶴이 홍산에서 加藤淸正이 다시 침입해온다는 허망한 요설을 퍼뜨려
僧俗 수백 명을 모아 반란을 일으켰는데, 현감으로서 사로잡히게 되었다. 이로 인하
여 역적에게 굴종하였다는 죄로 의금부에 투옥되고 파직되었다. 1608년 광해군이
즉위하자 과거에 사부였던 인연으로, 군신의 반대에도 불구하고 三嘉縣令에 제수되
었다.

431) 白面書生(백면서생): 한갓 글만 읽고 세상일에 전혀 경험이 없는 사람.

432) 封功(봉공): 이몽학의 난을 토평하는데 공을 세운 사람이 1604년 淸難功臣으로 책
록된 것을 일컬음.

433) 許鎬(허상): 許鐘의 오기. 許鑑으로도 된 표기도 있다.

434) 四境(사경): 사방의 경계. 나라.

435) 定州(정주): 평안북도 남서 해안에 위치한 고을.

上特除公, 換差⁴³⁷⁾. 領相柳永慶⁴³⁸⁾, 挾私憾, 以道里遼遠, 換差
非便, 防之. 公未久, 卒於慶州.

朴宜, 爲稷山⁴³⁹⁾時, 唐兵曰: "忠厚賢大夫." 亦不敢作弊.

竹亭金榮一, 形如海鶴, 飄飄然出塵想, 卜築藏義洞⁴⁴⁰⁾, 林園
蕭洒, 以竹爲材, 故號竹亭.

禹性傳, 字景善. 爲人有才多氣魄. 受學退溪先生, 許草堂女
壻. 且有時望, 一時儕輩, 皆從之遊. 氣像高元⁴⁴¹⁾, 雖柳相國成
龍⁴⁴²⁾壓倒之. 性喜爲人之首, 而不肯下於人. 李景涵知其後有

436) 南行(남행): 조선시대 공신과 현직 당상관의 자손에게 과거에 의하지 않고 벼슬을
준 일. 이와 같이 門蔭으로 채용되어 蔭仕하는 관원을 蔭官·南行官이라 한다.

437) 換差(환차): 관직이나 근무지를 바꾸어 임명함.

438) 柳永慶(류영경, 1550~1608): 본관은 全州, 자는 善餘, 호는 春湖. 1592년 임진왜란
이 일어나자 사간으로서 招諭御史가 되어 많은 의병을 모집하는 활약을 보였고, 1593
년 황해도순찰사가 되어 해주에서 왜적을 맞아 60여급을 베는 공을 세웠다. 그 공으
로 行在所에서 호조참의에 올랐다. 1594년 황해도관찰사가 되었고, 1597년 정유재란
때에 知中樞府事로서 가족을 먼저 피란시켰다는 혐의로 파직되었다가 이듬해 병조참
판에 서용되었다. 당론이 일어날 때에는 柳成龍과 함께 동인에 속했으며, 동인이 다
시 남인·북인으로 갈라지자 李潑과 함께 북인에 가담하였다. 1599년 대사헌으로 있
을 때에 南以恭·金盡國 등이 같은 북인인 洪汝諄을 탄핵하면서 대북·소북으로 갈리
자, 柳希奮 등과 함께 남이공의 당이 되어 영수가 되었다. 이때 대북파에 밀려 파직되
었다가 1602년 이조판서에 이어 우의정에 올랐다. 그런데 대북파의 奇自獻·鄭仁弘
등과 심한 마찰을 빚었고 뒤이어 세자 문제로 더욱 분란을 일으켰다. 1604년 扈聖功
臣 2등에 책록되고, 全陽府院에 봉해진 뒤 선조에게 존호를 올리고 尹承勳의 뒤를
이어 영의정에 올랐다.

439) 稷山(직산): 충청남도 북동부에 위치한 고을.

440) 藏義洞(장의동): 서울특별시 종로구 청운동을 달리 일컫는 말.

441) 高元(고원): 高亢의 오기. 뜻이 높아 남에게 굽실거리지 않음.

442) 柳相國成龍(류상국성룡): 柳成龍(1542~1607). 본관은 豊山, 자는 而見, 호는 西厓.

樊, 不許淸望⁴⁴³⁾, 衆論囂囂, 又有自中朋黨之漸。西崖, 以銓相自
南來, 景善一隊⁴⁴⁴⁾, 延於江上。言及景善不容於時, 而見答曰:
"叔獻扶護鄭澈, 爲士論所棄, 景涵士流, 不可與士流爭鋒⁴⁴⁵⁾, 景
善亦士流, 終必知之。其時用之, 亦未晩也。"未久, 出拜延安府
使。盖景善在會賢洞⁴⁴⁶⁾, 景涵在藏義洞, 以此分爲南北。

　宣廟末年, 東人分作南北, 北人自中段段⁴⁴⁷⁾分裂, 或稱淸
北⁴⁴⁸⁾·濁北⁴⁴⁹⁾·骨北⁴⁵⁰⁾·肉北⁴⁵¹⁾, 終爲大中小之北⁴⁵²⁾。至廢朝,

李滉의 문인이다. 金誠一과 동문수학했으며 서로 친분이 두터웠다. 1578년 사간, 1583년 다시 부제학이 되어 〈備邊五策〉을 지어 올렸다. 1584년 예조판서로 同知經筵 春秋館事·제학을 겸했다. 1588년 양관대제학에 올랐으며, 다음해 대사헌·병조판서 ·지중추부사를 역임하였다. 1589년 鄭汝立의 모반사건으로 기축옥사가 있자 여러 차례 벼슬을 사직했으나, 왕이 허락하지 않자 疏를 올려 스스로 탄핵하였다. 1590년 우의정에 승진, 光國功臣 3등에 녹훈되고 豊原府院에 봉해졌다. 같은 해 정여립의 모반사건에 관련되어 죽게 된 崔永慶을 구제하려는 소를 초안했으나 올리지 못하였다. 1591년 우의정으로 이조판서를 겸하고, 이어 좌의정에 승진해 역시 이조판서를 겸하였다. 같은 해 建儲問題로 서인 鄭澈의 처벌이 논의될 때 동인의 온건파인 南人에 속해, 같은 동인의 강경파인 北人의 李山海와 대립하였다.
443) 淸望(청망): 淸宦의 후보자를 추천하는 일. 그 후보자를 말하기도 한다. 청환은 학식과 인품, 文望이 높아 士類로부터 흠모를 받는 이들이 임명되는 벼슬로 奎章閣·弘文館·宣傳官廳 등의 관직이 이에 해당된다. 이들의 경우 그 품계 등은 높지 않으나 이른바 淸望의 명예가 있었으며, 高官으로 승진하기가 다른 관직 출신들보다 수월하였다.
444) 一隊(일대): 한 무리. 우성전을 추앙한 洪渾과 成洛 등을 일컫는다.
445) 爭鋒(쟁봉): 창끝으로 싸워 다툼.
446) 會賢洞(회현동): 서울특별시 중구에 있는 동네.
447) 段段(단단): 점점.
448) 淸北(청북): 南以恭을 중심으로 하는 당파.
449) 濁北(탁북): 柳永慶을 중심으로 하는 당파.
450) 骨北(골북): 洪汝諄을 중심으로 하는 당파.

一節甚於一節, 以至國破身亡, 其實金相國應南⁴⁵³⁾, 爲禍胎也。

李慶全⁴⁵⁴⁾, 鵝溪山海之了。初進, 浮薄之人, 薦爲吏郞, 鄭經世·

韓浚謙·金弘美防之。應南山海之妹夫, 漢陰李德馨⁴⁵⁵⁾山海之女

---

451) 肉北(육북): 李山海와 李爾瞻을 중심으로 한 당파.

452) 大北은 李山海와 洪汝諄을 영수로, 中北은 柳夢寅을 영수로, 소북은 南以恭과 金藎
國을 영수로 한 당파. 대북은 다시 肉北과 骨北으로 갈라지고, 소북은 다시 淸北과
濁北으로 갈라졌다.

453) 金相國應南(김상국응남): 金應南(1546~1598). 본관은 原州, 자는 重叔, 호는 斗巖.
1583년 병조판서 李珥를 탄핵한 삼사의 宋應漑·許篈·朴謹元 등이 선조의 노여움으
로 도리어 유배될 때 그들과 일당이라는 혐의를 받고 제주목사로 좌천되었다. 1585년
우승지로 기용되고 이어 대사헌·대사간·부제학·이조참판 등을 역임하였다. 1591년
성절사로서 명나라에 다녀왔다. 1592년 임진왜란으로 왕이 피난길에 오르자 柳成龍
의 천거로 兵曹判書兼副體察使가 되었다. 1593년 이조판서로서 왕을 따라 환도, 1594
년 우의정, 1595년 좌의정이 되어 영의정 류성룡과 함께 임진왜란 후의 혼란한 정국
을 안정시켰다.

454) 李慶全(이경전, 1567~1644): 본관은 韓山, 자는 仲集, 호는 石樓. 아버지가 李山海
이다. 1596년 예조좌랑·병조좌랑을 지내고, 1608년 鄭仁弘 등과 함께 永昌大君의
옹립을 꾀하는 소북 柳永慶을 탄핵하다가 강계에 귀양갔다. 같은 해 광해군이 즉위하
자 풀려나와 忠洪道·전라도의 관찰사를 지내고, 1618년 韓平君을 襲封하고 좌참찬에
올랐다. 1623년 인조반정이 일어나자 서인들에게 아첨하여 생명을 보전하고, 奏請使
로 명나라에 가서 인조의 책봉을 요청하였다.

455) 李德馨(이덕형, 1561~1613): 본관은 廣州, 자는 明甫, 호는 漢陰·雙松·抱雍散人.
부수찬·정언·부교리를 거쳐 이조좌랑이 되었고, 1588년 이조정랑으로서 일본사신
겐소[玄蘇] 등을 접대해 그들의 존경을 받았다. 1590년에는 동부승지·우부승지·부
제학·대사간·대사성 등을 차례로 지내고, 이듬해 예조참판이 되어 대제학을 겸하였
다. 1593년 병조판서, 이듬해 이조판서로 훈련도감당상을 겸하였다. 1595년 경기·
황해·평안·함경 4도체찰부사가 되었으며, 1597년 정유재란이 일어나자 명나라 어
사 楊鎬를 설복해 서울의 방어를 강화하였다. 1613년 이이첨의 사주를 받은 三司에서
永昌大君의 처형과 폐모론을 들고 나오자, 이항복과 함께 이를 적극 반대하였다. 이
에 삼사가 모두 이덕형을 논함하며 저형을 수장했으나, 광해군이 관직을 삭탈해 이를
수습하였다.

婿, 兩公主北, 故慶全一隊, 依豹在山之勢, 攻擊南人, 無所不
至。應南未久身死, 德馨知其漸不可長, 還入於南。

[15] 守愚心中, 每以牛溪山林之士, 與於時事爲惜, 及盧相國遭
母夫人喪, 抵書於人曰: "後輩旣失左台, 無抵巇投隙456)之漸。" 先
生聞之, 曰: "此幸人之喪也。" 自此交道遂踈。其後先生過牛溪家
不問, 牛溪心啣之, 漸成猜疑, 仍爲禍本。以三峯爲守愚別號, 禍
將不測。善山457)居士人金宗儒458), 字醇仲, 牛溪門人, 於守愚亦
親切人也。爲守愚, 往見牛溪於坡州459), 泣言曰: "守愚事, 先生
不可不救。救後必有議。" 牛溪默然良久曰: "其爲人偏僻, 底人三
峯, 恐是渠別號也。" 醇仲曰: "三峯, 怪鬼做出之言, 先生何忍發
此言乎?" 歸路訪諸友於京中, 曰: "守愚死矣。牛溪無救之之意。"
自此遂貳於牛溪之門。牛溪遣其子問候於禁獄, 及先生出獄, 又
遣其子慰之。人謂先生, 曰: "牛溪致款460)如此, 可謂不負先生
矣。" 先生笑曰: "此吾所以不取者也。" 先生再囚, 供辭有曰: "李珥
名重士林, 一時年少輩, 援爲仕進之路, 交口稱譽於臣, 臣笑而不
答, 以此爲詆毀李珥, 衆謗朋興興, 此臣之得禍也。晉州判官洪廷
瑞, 居官多有不滿, 人意鄙其爲人。累請見不接, 以此做作無形之

---

456) 抵巇投隙(지하투극): 投隙抵巇. 시기를 엿보아 다른 사람의 흠을 들춤을 이르는 말.
457) 善山(선산): 경상북도 서부 중앙에 위치한 고을.
458) 金宗儒(김종유, 1552~1592): 본관은 善山, 자는 醇仲. 아버지는 金就文이다.
459) 坡州(파주): 경기도 서북쪽에 위치한 고을.
460) 致款(치관): 온 정성을 다함.

說。臣病不能出門已久矣, 安與汝立相會於七百里外之地乎? 鞫
廳請拿致廷瑞面質[461], 及廷瑞拿來之際, 倉黃失措, 謂監官鄭姓
人弘祚曰:“此言得聞於汝, 汝母隱諱.”監官愕然大驚曰:“城主,
何以發此言? 余之夢寐, 所不知之言, 何以及之於余身?”廷瑞曰:
“余聞於汝, 汝無異言.”監官曰:“此天亡之秋, 奈何?”廷瑞曰:
“汝與我, 禍福同事, 則富貴共之.”監官佯應曰:“諾.”廷瑞詣獄,
招辭曰:“聞於監官某人, 故監官一時率來.”卽拿問監官, 則答曰:
“矣身之居, 距某家六十里, 雖有此事, 矣身何能及知? 崔某杜門
不出, 隣里之人, 動靜不得聞知, 況在遠之人乎? 判官無根之言,
無所指的, 以臣爲證。臣雖無狀, 安敢陷賢者不測之地乎? 寧死
爲義鬼, 不願生爲不義之人.”受刑二次放之。廷瑞知其反坐, 以
毒酒饋先生。先生卽死, 廷瑞得免。先生素多病, 專廢食飮, 朝夕
以燒酒一二盃服之, 廷瑞知其飮燒酒, 中間以毒換入。守愚臨死,
氣息奄奄[462], 鄭澈遣醫官診脉, 守愚揮手而言:“委官不可診我
脉.”遂逝。弟子請言後事, 先生操筆書正字, 未畢畫而終。其後,
權愉[463]上疏伸冤, 宣廟贈大司憲, 贈其弟餘慶工曹參議, 給料先
生妻子。 宣廟深悔爲鄭澈所賣, 每稱毒澈·奸澈·邪澈, 安置江

461) 面質(면질): 양쪽을 대면시켜 심문하는 일.
462) 氣息奄奄(기식엄엄): 숨이 거의 끊어지려 함.
463) 權愉(권유): 1594년 4월 28일에 상소를 올린 인물. 전 현감인 것만 알 수 있을 뿐,
　　구체적인 인적 사항은 알 수 없다.

界。初特命晋州安置, 此聖主有意存焉。

守愚初囚晋州獄, 士子及品官, 知與不知, 聚會獄門, 幾至千餘人。先生閉獄門不納, 露宿數日不散。人問曰: "先生在獄累朔, 如有一毫, 動念否?" 答曰: "死生已忘, 過三十年矣." 先生謂人曰: "食慾最重." 問曰: "何以發此言?" 先生曰: "余拿入, 東大門內路邊, 菜葉濃綠, 一欲裹飯喫之心, 油然生矣." 仍大笑。此先生戲言, 置死生於度外, 視身有若無事者然, 思食之心, 或有此事矣。(考承政院日記, 則澈之還爲委官, 在庚寅三月十三日, 李潑母夫人及稚子之被刑致死, 在庚寅五月初四日, 西厓之爲右相, 在同月二十日, 而未爲委官之時也。西人輩, 以謂李潑老母之死, 乃西厓委官時也, 良可痛也.)

掛一錄作者之名不傳, 而乃已卯名賢李司諫弘幹[464]之孫, 鴻山縣監[465]某之弟[466]也。 尹元衡之妾蘭貞有女, 求婚於鴻山之

---

464) 李司諫弘幹(이사간홍간): 李弘幹(1486~1546). 본관은 龍仁, 자는 大立, 호는 雙槐. 1519년 己卯士禍가 때에는 南袞이 고변하는 잘못을 저질렀다고 나무랐다. 1520년 2월 사간원정언에 발탁되고 그 뒤 홍문관교리, 세자시강원사서, 호조·예조·병조의 좌랑, 정랑, 세자시강원필선, 수원·곤양·옥천의 군수를 역임하였다. 1527년 11월 사헌부장령으로 經筵에 참여해, 세종이 양녕대군을 방면한 고사를 들어 1513년 朴永文·辛允武의 옥사에 연루되어 유배된 寧山君 李恮(성종의 13남)의 사면을 청해 방면하게 하였다. 그러나 강직한 언론을 꺼려한 대신들의 배척으로 파직되었다.

465) 鴻山縣監(홍산현감): 李享成(1524~1592). 본관은 龍仁, 자는 景休, 호는 釣翁. 李廷龜가 지은 행장(《月沙集》 46권과 47권)과 李恒福이 지은 墓表를 통해 확인할 수 있다. 이정귀에게 이향성의 아버지인 李弘幹이 외증조가 된다. 이항복은 이향성의 셋째아

弟⁴⁶⁷⁾而不聽, 則元衡大怒, 陷入死地, 禍將不測。其弟⁴⁶⁸⁾曰:"寧
棄一身, 以續父命." 遂爲元衡之婿, 終身自廢云。

　沈靑原·金省巖, 皆其親友也。沈靑原, 仍公事, 往元衡家, 入
其婿書室, 見金之寢具, 而心陋之, 傳言於人, 遂成東西黨論云。
鴻山子孫, 今居龍仁, 韓山士人洪涵之妻家, 乃鴻山之後, 故聞於
子孫如此。

들 李貞敏과 사이좋게 지낸 관계이다. 아들로는 장남 肇敏, 이남 謹敏, 삼남 貞敏,
　　사남 靖敏이며, 일녀 許鯉弼에게, 이녀 黃璉에게, 삼녀 宋繼先에게, 사녀 申忠一에게,
　　오녀 李樑에게, 육녀 朴安道에게 시집갔다.
466) 弟(제): 子의 오기.(이하 동일하다) 李肇敏(1541~?)은 李享成의 첫째아들. 호는 六
　　勿. 折衝副護軍을 지냈다. 첫째부인이 元繼誠의 딸이고, 둘째부인이 尹元衡의 庶女이
　　다. 윤원형의 집에서 처가살이를 하였는데, 윤원형이 권력을 잃은 뒤에 역시 벼슬에
　　나아가지 않고 독서를 하며 여생을 보냈다. 아들로 李致中이 있다.
467) 弟(제): 子의 오기.
468) 弟(제): 子의 오기.

홍산 현감 증 승정원 좌승지 이공 묘갈명 병서

이정귀

　나의 외증조인 첨지(僉知) 이공(李公) 휘 홍간(弘幹)은 기개와 의리
를 자부하여 이름을 세우고 행실을 닦아 당대의 명신(名臣)이 되었
으니, 그 사적이 《기묘록(己卯錄)》에 실려 있다. 두 아들을 두었다.
그 중 아우는 휘는 향성(享成)이고 자는 경휴(景休)인데 어릴 때부터
남다른 자질이 있었다. 겨우 세 살 때 백부 휘 원간공(元幹公)이 큰
과일을 주고 스스로 먹게 함으로써 그 지혜를 시험해 보았다. 그러
자 공이 즉시 과일을 던져 깨뜨려서 먹으니, 백부가 크게 기특하게
여겨 말하기를 "이는 옛날의 물독을 깨뜨린 아이이다." 하고 드디
어 아들로 삼았다.

　성장해서는 책을 좋아하고 누차 향시(鄕試)에 입격하여 재주가
뛰어나다는 명성이 있었다. 음보(蔭補)로 사산감역(四山監役)이 되었
고, 사평(司評)으로 자리를 옮겼다. 그리고 외직으로 나가 홍산 현
감(鴻山縣監)이 되어서는 학교를 수리하고 농상(農桑)을 권장하는 것
을 선무(先務)로 삼았다. 홍산에는 모시와 밤이 생산되지 않았다.

그런데 모시와 밤을 국가에 상공(常貢)으로 바치게 되어 있어 백성
들은 비싼 값으로 사야 했다. 공이 집집마다 모시와 밤나무를 심게
하니, 몇 해 만에 나무와 열매가 번성하여 공사(公私)에 두루 충족하
여 백성들이 고생하지 않아도 되었다. 잉여 곡식 수백 섬을 내어
학교에 비축해 두고 고을의 자제들을 모아 늠료(廩料)를 넉넉히 지
급하고 학업을 권장하니, 크게 성취가 있었다. 그리하여 부임한 지
5년 만에 고을이 크게 다스려졌다.

그러나 공은 관직 생활을 좋아하지 않아 질병을 핑계로 사임하
고 향리로 돌아가서는 인왕산(仁王山) 기슭에 집을 지었다. 집 안에
연못과 누대를 만들고, 꽃과 대나무를 심어 놓고 구경하며 시를
읊고 술을 마시는 것으로 자적(自適)하였다. 만년에는 또 한강 가에
집을 짓고 자호를 조옹(釣翁)이라 하였다.

임진년(1592) 난리 때 홍양(洪陽)의 옛집에 가서 우거(寓居)하다가
12월에 병으로 졸(卒)하였으니, 공이 태어난 해가 갑신년(1524, 중종
19)이므로 향년이 69세이다.

용인 이씨(龍仁李氏)는 보계(譜系)가 고려 태사(太師) 휘 길권(吉卷)
에게서 나왔다. 여러 대(代)를 내려와 참판(參判) 승충(升忠), 현령(縣
令) 봉손(奉孫), 사평(司評) 효독(孝篤) 및 첨지공(僉知公)에 이르렀으
니, 이분들이 바로 공의 4대(代)이다.

비(妣) 이씨(李氏)는 제용 정(濟用正) 규(逵)의 따님이다.

배(配) 이씨(李氏)는 종실(宗室) 고양정(高陽正) 억손(億孫)의 따님이

고 안청군(安淸君)의 손녀이다. 겨우 이를 갈 어린 나이에 여종이
외를 사는 것을 보고 외가 값보다 많자 즉시 외의 반을 돌려주었다.
비록 부귀한 집안에서 생장했으나 몸가짐은 늘 빈한한 집 사람과
같았다. 음식을 만들고 제수를 장만하는 것을 모두 잘했으며 자녀
를 훈육하는 것도 매우 어머니의 도리에 맞았다. 공보다 6년 뒤인
기해년(1599, 선조32) 5월에 졸하니, 춘추가 75세였다. 그 이듬해 신
축년(1601) 10월에 공의 널과 함께 돌아와 용인(龍仁)의 선영에 함께
안장되었다.

아들이 넷이다. 조민(肇敏)은 절충장군(折衝將軍)이고, 근민(謹敏)
은 판관(判官)이고, 정민(貞敏)은 통정대부(通政大夫)로 지금 당진 현
감(唐津縣監)이고, 막내는 정민(靖敏)이다.

딸은 모두 일곱이다. 장녀는 정(正) 허경필(許鯁弼)에게 출가하였
고, 둘째는 판부사(判府事) 황진(黃璡)에게 출가하였고, 셋째는 판관
(判官) 송계선(宋繼先)에게 출가하였고, 넷째는 수사(水使) 신충일(申
忠一)에게 출가하였고, 다섯째는 종실(宗室)인 형산정(衡山正) 량(樑)
에게 출가하였고, 여섯째는 수사(水使) 박안도(朴安道)에게 출가하
였고, 일곱째는 현령(縣令) 남이성(南以聖)에게 출가하였는데 모두
명족(名族)이다.

조민은 1남 2녀를 낳았다. 아들은 치중(致中)이다.

근민은 4녀를 낳았다.

정민은 3남 2녀를 낳았다. 아들은 치경(致敬), 치상(致詳), 치원(致

遠)이다.

정민(靖敏)은 1녀를 낳았다.

내외손(內外孫)은 모두 40여 명이다.

공은 내행(內行)이 순비(淳備)하였다. 모친이 병환이 들자 공이 손
가락을 잘라 피를 내어 드려서 병을 낫게 하였다. 부친이 중국에
사신으로 갔다가 도중에 운명하니 공은 늘 자신이 모시고 영결하지
못한 것을 종신의 통한으로 여겨 기일(忌日)에는 늘 초상 때처럼 곡
읍(哭泣)하는 것이 40년 동안 하루 같았다.

평소에 횡거(橫渠)의 좌우명(座右銘)을 가훈으로 삼았으며,《소학
(小學)》을 즐겨 읽어 그 내용을 가사로 지어 기록하기까지 하였다.

집안에 본래 재물이 많아 남에게 베풀기를 좋아하고 형편의 유
무(有無)는 따지지 않았다. 박사암(朴思庵), 정송강(鄭松江), 우계(牛
溪) 성 선생(成先生) 등과 한마을에서 자라 서로 친한 벗으로 사귀었
다. 송강이 귀양 갈 때 사람들은 화가 미칠까 두려워 아무도 위문하
러 가지 않았는데 공이 홀로 교외까지 전송하였으며, 그 뒤로 서신
과 물품을 끊이지 않고 보내 주었다. 그래서 송강이 "외진 변새에
자주 서찰을 보내 주누나.[絶塞頻傳札]"란 시구를 지었다. 그 행의(行
誼)가 대개 이와 같았다.

후일에 아들 정민(貞敏)이 원종공신(原從功臣)이 됨으로 해서 공은
좌승지(左承旨)에 비(妣)는 숙부인(淑夫人)에 추증되었다.

당진 현감이 나에게 말하기를, "그대가 나의 조부의 명(銘)을 지

어 주십시오. 나의 부친이 그대의 종조(從祖)인데 아직도 묘도(墓道)
에 비석이 없으니, 나의 수치입니다. 그대라고 해서 유독 편안하고
말 수 있겠습니까." 하기에 드디어 사양하지 못하고 삼가 당진 현
감이 지은 공의 행장에 의거하여 서술하고 명(銘)을 붙인다.

  명은 다음과 같다.

이름난 부친을 부친으로 삼았고	名父父之
이름난 벗을 벗으로 삼았으며	名友友之
게다가 어진 부인이 있어	又有賢助
곁에서 잘 내조하였어라	以左右之
집안에서는 효자요	處爲孝子
세상에서는 순리이며	出爲循吏
거문고와 책 연못과 대나무	琴書水竹
칠순의 나이에 즐거움이었지	七袠之樂
다 누리지 않고 남은 복록은	不盡其餘
자손들을 위해 남겼어라	爲子孫遺
내 이를 비석에 쓰노니	我書于石
이 글은 길이 남으리라	不朽其辭

《월사집(月沙集)》 제46권, 번역자: 이상하, 한국고전번역원 역문 인용

鴻山縣監贈承政院左承旨李公墓碣銘 幷序

李廷龜

　　吾外曾祖僉知李公諱弘幹，負氣誼立名砥行，爲一時名臣，事在己卯錄。有二子。其季公，諱享成，字景休，幼有異質。甫三歲，伯父諱元幹公，與之碩果令自食，以試其智。公卽擲破之以啗，伯父大奇之曰："是故擊甕兒也。"遂子之。

　　及長嗜書，屢擧於鄉，哀然有儁聲。蔭補四山監役，轉司評。出爲鴻山縣監，治以修學校勸農桑爲先務。縣不產芋與栗。而官有恒貢，民以貴直辦。公令戶植之，數年蕃實，公私充足而民不病。出剩穀數百斛爲學儲，聚邑子厚廩之，興勸隸業，蔚有成就。居五年，縣大治。

　　公不樂爲官，辭疾歸，治第仁王麓。有池臺花竹之勝，觴詠以自適。晚又築居漢濱，自號釣翁。

　　壬辰之亂，流寓洪陽舊莊，十二月病卒，距公生甲申，得年六十九。

　　龍仁之李，出自麗太師諱吉卷。累傳至參判升忠，縣令奉孫，司評孝篤暨僉知公，卽公四代。

妣李氏, 濟用正逵之女。

配李氏, 宗室高陽正億孫之女, 安淸君之孫。甫齓, 見女奴買瓜, 瓜多於直, 卽取而還其半。雖生紈綺, 飭躬如寒素。奉旨灑蘋蘩無不宜, 訓子女得母道甚。 後公六年己亥五月卒, 春秋七十五。越辛丑十月, 與公柩歸, 同葬龍仁先兆次。

子四人。曰肇敏, 折衝護軍。曰謹敏, 判官。曰貞敏, 通政, 今爲唐津縣監。季曰靖敏。女凡七人。長適正許鯁弼, 次適判府事黃璉, 次適判官宋繼先, 次適水使申忠一, 次適衡山正樑, 次適水使朴安道, 次適縣令南以聖, 皆名族。肇敏生一男二女, 男曰致中。謹敏生四女。貞敏生三男二女, 男曰致敬, 致詳, 致遠。靖敏生一女。內外孫凡四十餘人。

公內行淳備。先夫人病, 公割指進以療之。先公朝天道卒, 常以不得侍訣爲終身痛, 諱日哭泣如初終, 四十年一日也。

居平, 以橫渠座右錄爲家訓, 喜讀小學書, 至作歌辭以錄之。

家故多貲, 喜賑施, 不問有無。與朴思庵, 鄭松江, 牛溪成先生里閈相友善。松江之謫, 人懼禍莫敢問, 公獨送之郊外, 訊遺不絶。松江有絶塞頻傳札之句。其行誼類此。

後以男貞敏原從功, 追贈公左承旨, 妣淑夫人。

唐津公謂余曰: "子旣銘吾祖矣。吾父, 子之從祖, 墓尙闕顯刻, 吾恥也。子豈獨晏然已乎?" 遂不敢辭。謹就唐津公狀而序之, 系以銘。銘曰:

名父父之, 名友友之, 又有賢助, 以左右之。處爲孝子, 出爲循吏, 琴書水竹, 七袠之樂。不盡其餘, 爲子孫遺, 我書于石, 不朽其辭。

찾아보기

ㅊ

영인자료

- 괘일록(홍중인, 《아주잡록》 권43 수록본)
(『조선 당쟁관계 자료집』(이이화 편) 40, 여강출판사, 1990)
- 괘일록(《패림》 수록본)
(『패림』 7, 탐구당, 1969)

여기서부터는 影印本을 인쇄한 부분으로 맨 뒷 페이지부터 보십시오.

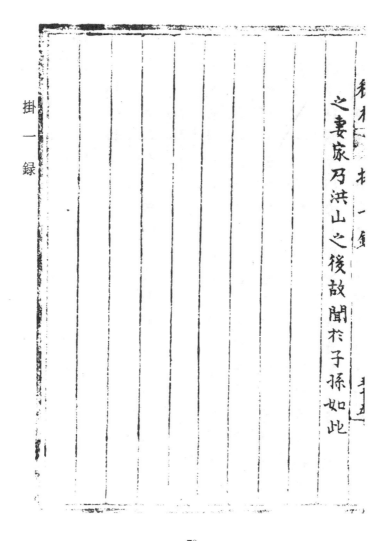

掛一録

之妻家乃洪山之後故聞扵子孫如此

官之時也西人輩以為李潑老母之死乃西崖委
官時也良可痛也
掛一錄作者之名不傳而乃已卯名賢李司諫
弘幹之孫洪山縣監某之弟也尹元衡之妾蘭
貞有女求婚於洪山之弟而不聽則元衡大怒
陷入死地禍將不測其弟曰寧棄一身以續父
命遂為元衡之婿終身自廢云沈青陽金省庵
皆其親友也沈青陽仍公事往元衡家入其婿
書室見金之寢具而心鄙之傳言於人遂成東
西黨論云洪山子孫今居龍仁韓山士人洪涵

獄士子及品官知與不知聚會獄門幾至千餘人

先生開獄門不納露宿數日不散入問日先生在

獄屢朔如有一毫動念吾荅曰死生已悉過三十

年矣先生謂人曰食慾最重問日何以尒此言先

生曰余拿入東大門內路邊菜葉濃綠一欲暴飯

喫之心油然生矣仍大笑此先生戲言置死生於

度外視身有若無事者然思食之心或有此事矣

考政院日記則澈之還為委官在庚寅三月十三

日李济毋夫人及雉子之被刑致死在庚寅五月

初四日西崖之為右相在同月二十日而末為妻

為義鬼不願生為不義之人受刑二次敚之廷瑞

知其反哒以毒酒饋先生即死廷瑞得免先

生素多病專索食飲朝夕以燒酒一二盃服之廷

瑞知其飲燒酒中間以毒攪入守愚臨死氣悶奄

奄鄭澈遣醫官診脉守愚揮手而言委官不可診

我脉遂逝弇子請言後事先生操筆書正字未畢

畫而終其後權愉上疏伸寃　宣廟贈大司憲贈

其弇餘慶工曹叅議給料先生妻子　宣廟深悔

為鄭澈所賣每稱毒澈奸澈妄置江衆初特

命晋州安置此　聖主育意存焉守愚初囚晋州

一三四

67

稅稅 扗 一鈇

措謂監官鄭姓人弘祚曰此言得聞於汝匸毋隱
謀監官愕然大驚曰城主何以於此言余之廖蘇
所不知之言何以及之余身廷瑞曰余聞於汝匸
毌異言監官曰此天亡之秋奈何廷瑞曰汝與我
禍福同事則富貴共之監官伴廳曰諾廷瑞指徵
拾辭曰聞於監官其入故監官一時辇来即拿問
監官則答曰美身之居踞京家六十里錐有此事
美身何能及知崔某杜門不出隣里之人動静不
得聞知况在遠之人乎判官無根之言無所措的
以臣為證臣錐無状安敢陷賢不測之地乎辜死

掛一録

牛溪無救之乃意自此遂貳於牛溪之門牛溪遣

其子問候於禁獄及先生出獄又遣其子慰之人

謂先生曰牛溪致歖如此可謂不負先生矣先生

笑曰此吾所不取者也先生再因供辭有曰李珥

名重士林一時年少輩援爲仕進之路交口稱詡

於臣乃笑而不荅以此爲詆毀李珥衆謗朋興此

臣之得禍也晉州判官洪廷瑞居官多有不滿人

意鄙其爲人累請不接以此做作無形之說臣病

不能出門已久姿與汝立相會於七百里外地乎

鞫廳請拿致廷瑞面質及廷瑞拿来之際蒼黃失

與於時事為惜及盧相國遺母夫人喪抵書扵人
日役輩既失左台無抵罅挨隙之漸先生聞之曰
此輩人之喪也自此交道遂跡其後先生過牛溪
家不問牛溪心呷之漸成情誼仍為秋本以三峯
為守愚別歸禍將不測善山居士人金宗伋守醇
仲牛溪門人於守愚亦親劝人也為守愚往見牛
溪於坡州泣言曰守愚事先生不可不救不救後
必有議牛溪黙然良久曰其為人偏僻底人三峯
恐是渠別歸也醇仲曰三峯怊晃敞出之言先生
何忍扵此言乎歸路訪諸友扵京中曰守愚死矣

二三三

也未久出拜延安府使盖景善在會賢洞景涵在
藏義洞以此分為南北　宣廟末年東人分作南
北已人自中叚已分裂或稱清北濁北骨北肉北
終為大中小之北至廢朝一節甚於一節以至國
破身比其景金相國應南為禍胎也李慶全鵝溪
山海之子初進浮薄之人爲吏郎鄭経世韓浚
謙金羙防之應南山海之妹夫漢陰李德馨山
海之女婿兩公主北故慶全一隊依豹在山之藝
改擊南人無所不至應南未久身死德馨知其漸
不可長遂入於南守愚心中每以牛溪山林之士

罪状　斗一象

三十三

大夫亦不敢作樊竹亭金榮一形如海鶴飄□熱

出塵恕卜等藏義洞林園蒲洒以竹為亭故號竹

亭寓性傳字景善為人有才多氣眪受學退溪先

生許草堂女婿且有時望一時僑董皆從之逰氣

象高元錐柳相國成龍鴈倒之性喜為人之首而

不肯下於人李景涵知其有後樊不許清望衆論

嘉口又有自中朋黨之漸西崖以銓相自南来景

善一隊延於江上言及景善不容於時而見答曰

叔献扶護鄭澈為士論所爭景涵士流不可與士

流爭鋒景善亦士流終必知之其時用之亦未晚

掛一録

稗□□一金

為政無一毫私意非其道雖王公大人不以為饒
主上亦知其正明壬辰之後唐兵充滿四境作
獎無所不至定州關西巨邑官庫所儲公然奪取
小不如意則毆打牧使人皆厭避公為定州牧使
到官嚴正自勅恩威并著唐人畏服戒其徒曰此
大夫神明不敢犯後拜慶州府尹未久自上上
教偷曰義州累莅非人將為弃邑勿論文武南
行戰栱高下薦之偷哥難其人自 上特除公視
差領相柳永慶挾私憾以道里遠近差非便防之
公未久卒於慶州朴宜為稷山時唐兵曰忠孝賢
甲木 卦一系

小施恩典以此免死君子共公之心於此可知晚

全洪可臣金玉君子自少至老無一毫瑕撲習靜

先生神道碑官至刑書判書退歸丹山歸晚金為

洪州牧使時洪山李夢鶴起兵搏林川郡守朴振

國本守尹英顯連陷五郡官軍奔潰鄉民響應旬

日之內軍至數于都城震動賊將以為洪州大邑

白面書生守之不如先集洪州以攇之貴到京城

進迫洪州公登城誓眾一郡感泣堅守不戰以觀

其勢賊將知其不成斬夢鶴以獻賊黨悉平以此

封功後引年致仕許錦孝友出天論議方正居官

一三一

蓀西邊無賴之徒不容於淸議父美與禹性傳相

善蓀憪說於性傳曰浩元謂人曰當此治蓮之日

必須擇其西人中謹愼不爲生事者爲臺諫終無

狠貝之患賊名先及於其中云口性傳信其說往

見銓相李陽元曰政柄受亦敗不授亦敗今聞成

浩元之言極其有理黃晦之爲除擬臺諫翌日除

掌令蓀鼓吻肆惡爲一網打盡之計浩元聞蓀爲

掌令大驚曰西人自此敗矣顧後蓀更不入臺府

廷彧父子以謀殺金守顯爲已往壬辰亂後守顯

爲大司憲獨啓曰廷彧蛙屈膝誠庭宗元勳大臣

甲味　斗一家

59

此言入口皆言君亦聞之耶臣對曰吾則無所聞
澈曰此言奇孝曾李善慶言之故聞之矣臣曰此
事重大不可不詰闕親啓云及書啓不書奇與李
以李恒福書啓恒福曰澈自言故聞矣今乃書入
吾名可問云此書今無文跡而小臣分明見之故
卯達矣出銀臺曰錄黃恭王子順和君之妻父也
士辰之亂與其父廷彧陪順和君避于北道而過
殺戮如麻焚蕩閭閻反有甚於倭賊北道人苦之
幷王子廷彧父子縛而納降於倭賊廷彧屈膝稱
臣及事定後朝議依律定罪　主上實死而黜之

此論議文瀆曰於公議何如答曰撲殺之名余不

敢斷定不救二字後尤難免瀆語默之際莫如不

爲未果烏又曰松江亦爲曖眛余答曰瀇不救伊

誰殺之瀆不能對守愚曰吾平生無一毫罪犯只

與成渾絕交至於此獄也云云壬辰七月二十七

日朝講時兵曹判書申礦啓曰每欲仰達不得美

遣徹時鄭澈密啓曰賊言挑湖南之頃截海西之

口義兵從嶺南起則臬粗狺羙云　上以小紙答

日聞此言者必預此謀云臣以聞事卽廳詣政院

持封書坼於澈前則澈深以爲悶不知所答乃曰

澗咏與一涨　　二十九

思孟洪聖民南彦經澈之声勢相倚者也白惟誠

其歲張雲翼黄赫李洽柳拱辰澈之鷹犬進士成

盡誅撮其甚者兩錄之牛渠兩公士林之領袖學者師

之興起斯文頗有力爲只緣其所親愛而僻爲爲

澈而感終始扶護春亡不忌澈亦有所恃而益肆

其毒小無忌憚至發慶士兩牛溪終始無一言以

春秋筆法論之則厥罪惟均余與成文清會於喪

泉吊同坐中文淸問曰南中議論父親撲殺慶士

云公亦聞否答曰延跡不向南中久矣寶未聞有

三二

固當死信聽永善之言以陷無辜之人愧恨奈何

澈以國士待永善永善驕傲日甚澈說醫大會永善

亦參之澈使永善行酬酢之禮沈忠謙曰吾儕篤

其忍飮永善之盃乎艴然而起忠謙爲大諫徹

事莫延以及士類發於言辭掌令張雲翼欲置

之死而僅屬免忠謙自先世扶護士林者南溟拜

丹城郡守辭戰上蹄曰 慈聖塞淵宮中之一寡

婦 殿下幼冲先王之一孤嗣等文字 文定大

怒元衡將欲拿殺之忠謙祖沈通源爲首相極排

之而止乙巳之禍亦有伸救之力俞泓黃廷或具

年末二□□斗 一條

二十八

稗林○○ 掛一録　　　　二十七一

嶺南有大賊將起遽車嶺塞臨津絶竜津以防四
方觀王之師從中而來不可不預為計備大賊指
守愚也　主上曰知此諜者與此諜誰為告變卽
為聞啓澈方與惟誠讌飲傾到失盃同知為告卽
間曰忠義衛某人告變卽拿致受刑二次而死所
謂忠衛澈之畜妾醫女善卜之愛夫也以此搆殺
之其心事類如此南溪兄尋竄出之後澈使醫負
趙永善陰教於罪人宣泓福曰汝若列李添兄弟
則汝身無事且得好官弘福信其言一如所誘泌
之兄等乒囚致死弘福亦未免出刑於市曰吾罪

掛一録

54

劄乞骸曰謗云死相不如活狗子歸死田園其言
正符今日配享道東書院蒭齋集十餘卷行於丗
唐大仲為全羅都事時在潭陽客舘遇愼忌日行
素拿致刑鞫臨死呈小詩曰若從地下比干去此
湖南惟鬼董華作言大仲與賊相親至於涕泣行
時舍笑不舍悲鞫廳沈相守慶與推官相議曰此
詩不與於謀逆不過亂言不湏上聞皆以為然而
罷大司憲崔滉馳闕奏聞 主上震怒大仲已死
之後拿其妻子盡發之壬辰倭亂滉之家屬為賊
而署人言天道好還鄭澈一日使問事郞廳啓曰

受刑二次謫慶源歿癸未年北胡亂彥信以參贊

爲巡察使討平之爲司馬長語鍊邊事且有智畧

主上倚爲長城而竟爲讒言所陷公論深惜之泓

立險貪鄙爲時議所弃適使中原臺改泉系回以

此特爲元勳入爲左相廬相聞遼變詰關門外上

劄戟行書曰遼爰起於士林中如聞虜語従容劾

治罪人斯得伏惟 聖上到萬福成渾見曰字□

帶邪臺諫削黜之其時病重待罪東大門鄭澈使

人問之曰相國前爲逆賊今何如矣荅曰人各有

所見小無屈意及死之日寂無人爲相國前日上

問汝立畏之震吉死於杖韓浚論鄭經世朴承宗

唑謀薦翰林之罪繫獄數月放黜沈憕博覽多才

百論受業習靜先生傳其道者義理細入秋毫又

精於易學為當古通儒官至戶曹參議右議政鄭

彥信俞泓啓曰彥信公然有翻獄之詐繫於言辭

無所忌憚 上問于領相柳塤曰卿聞此言乎臣

耳聲不得聞 又問李山海對曰似聞非聞未能的知

未及聞和問于問事卽廳姜紳對曰實無是事大

司憲洪聖民對曰彥信言若以直截之事論之則

此獄不可成也云聖民與泓相議而構成虛事彥

甲戌年　卦一象

一二〇

受刑二次而死其子孫痛先祖無辜而枉死後有

登科慶事不設宴悲感倍爲其後希吉又告佐郞

金自漢與賊筒同謀近及吐枝流鄭介清湖南

大儒學問該博精於禮文學者雲集公作學問節

義辦大義主呂東萊所論節義學問中一事而爭

端交起頗有非之者此十年前事及逆疫起西人

以介清作排節義論使士冒淪薄靡然從之於逆

賊之計也受刑二次死於讁其第素帶不食肉不

飲酒拜奉奉不仕韓百讁沈㥧以護翰林李震吉

之喪各受刑一次讁北道震吉汝立甥侄文章學

掛一錄

入為副學洪時可出為慶尚方伯時事可占子昂
睁之字時可聖民之字事在數年前而見忤於澈
死之李彥吉為金堤郡守時以遞上倉穀十餘石
題給鄭家鎮安縣監閔仁伯告爽彥吉備給百餘
石以此死之柳夢井湖南人也高敞有壯士吳希吉
者與汝立素無分爭書責之曰先生背牛栗兩
先生交柳夢井何意牛栗兩先生當今程朱子也
夢井不過善人其書在汝立文書中宣廟卽令
希吉乘駉上來持拏忽奉曰傳曰夢井與賊相親
為網漏之魚狂朝月夕嘯咏自在極為駭愕拿來

琿休 掛一錄

若金吾即拿致府吏而去公亦無幾色壬辰倭

主上播遷竜灣公艱難跋涉或步或騎十生九死

僅達行在所恩寵倍加及 主上還都公爲大司

憲首論澈之構殺處士之罪及其餘黨次第科罪

凜不可犯公素多疾病退居仁川海村又移於清

州地越數年乃逝尹起莘守愚門人李景涵兄弟

道義之交受刑十二次終始不饒義氣揚乙渠平

生自許者柳宗智南溟門人守愚愛重之李黃鍾

至誠事守愚先生先生拿求之後中夜沐浴禱天

公之片簡在守愚文書中寸紙寄朝報曰金子昂

二九

48

正字至副學以去就自重或進或退上劄

無非格言　宣廟甚敬重之乞郡安東臥閣治

之已丑之爻以汝立相親謫會寧其兄前大諫宇

宏臨路送別握手痛哭公顏色怡然徐言曰兄主

果痛余心不寧即就道而去徃配所時到鉄嶺趙

愚自北出來相偵愚先問寒暄先問甫夫到此悔

否公笑答曰公論後委而忘其可以一時刑罰却

定之耶愚憮然無以應至配而不知身在禍網中曰與

鄉老設局消日金吾郎不意到本府皆以爲拿安

東公來上下蒼黃公歎祉正坐畧無怖色言笑自

甲末　　卦一爻　　二十四

稧村 掛一錄 二十三

誠嗚於雲翼以逆賊治喪枝段之其心術如此錐

弑父與君不爲也歟東崗金孚顯南溟高峯也又其

孫女婿也與鄭寒崗述志同學終始不衰皆曰星州

人也爲人澄澈無瑕如氷壺秋月南溟每謂曰賢

清夜子規一鳥不搏又曰花田春露沾濕持竹篇

立於前者是子素戢其爲氣像清洒可知公秋福

死生利害得失置之度外至於當大事爭是非勇

如賣肓其爲學先審義理之分深得其童子所謂

明其道不計其功正其義不謀其利之學也細案

掛一錄

谷相親衆谷力主其扶護黨類交道漸衰自弘文

從衆也堯險暴戾時為献納搆殺之掌令張雲翼

啓曰東人每以交結戚里排斥之交結逆賊其罪

如何請施其壹三族之法　主上曰掌令之言是

也修撰許篋啓曰以其法治之足以成獄　聖朝

何用秦法乎其議遂寢然慘酷之刑始於雲翼白

惟讓四父子皆死於杖隣里知舊畏其禍無一人

來吊者有庶孽來治其喪惟誠以大功之親不得

退在一會往見己其治喪者出於至誠惟而問之

曰汝是何人對曰小人家門孽屬某也惟誠曰然

則汝何獨不見我也其人曰窮鄉賤物未及見謁

淅鐘城自 上有脅從同治之教懲事将解謹言

同極秋焔滔天淅没兄弟同日死於杖洪可臣許

鐘金榮一輩親執其喪以禮殯歛浩論淵川追後

拿来又死於杖汲之子濚之子長年十一季年五

皆歿之至於毋夫人拿来歷汰致死錐乙巳芭元

衡從行彧威来有如此慘酷之刑也微卒莫不流涕

曰惟讓慈祥惶悸負如玉人至於分別邪正論議

剛直不以為屈名重一時所與交者皆賢師宿儒

震民供辭曰其父不知之事其子烏知推官惻然

亦少聰敏稱其家兒者人莫不痛惜惟誠惟讓之

交道漸踈西人甚惡之虞丘旣久經歷艱儉知時

事不可爲以副提學上劄極論人物邪正退歸故

鄉篼室讀書其昇澔亦以應敎下去與其兄臭味

相同而太剛有毋年至八十以此不雜於膝下或

仕武辭遊疫起於士林中潑　其不免從容就道

待命于郊外拿鞫闕庭　宣廟親問汝之不仕何

也曰臣有老毋不離膝下天恩同梃兄沒得爲便

養之邑從此奉老毋順養於井邑昇澔已爲上來

臣亦上來矣　主上曰汝知汝罪乎曰臣欲刮其

而　主上微哂曰晚矣天顏和順小無慢色謫李

甲末云々 4 一象

慶源洪可臣李渭賓許鏜朴宜康復誠金昌一等

數十八削黜禁錮金榮一受刑二次削職其餘諧

學儒生稍有名字者皆禁錮李泝為人重厚嚴正

自少有志於學術遊於陽菴門出入習静門與守

愚堂最親洪可臣許鏜朴宜尹起莘金榮一金守

顯莘同為同志之友篤志力學一時儕輩皆以遠

大期之及捷謁聖壯元華聞籍□滿朝賀其得人

不久直拜吏曹佐郎進退人物一循公道扶植士

論欲回已卯趙静菴當政出經延每以王道陳達

振紀綱分邪正為已務小無苟合之意牛栗兩公

掛一錄

力人也守愚微中事蹟詳在別傳南溪李溑字景

澀李浩及其兄李汲皆死於杖下副提學白惟讓

及其子震民興民死於杖新寧縣監崔餘慶亦死

於杖尸虫出外士人李士瀘親自洗沐歛殯佐卽

金懲死於杖全羅都事曺大仲金堤郡守李彥吉

掌令柳夢井善山府使柳德粹恭奉尹起莘恭奉

柳宗智察訪李黃鍾死於杖其餘冤死者不能盡

記東崗金守顒會寧崔奉韓白謙受刑一次讁

鍾城鄭介清讁穩城士人沈瑍受刑一次讁會寧

盧相國守慎削黜右議政鄭彥信受刑一次後讁

畀沐心 卦一象 二十

其死者輒掩卷流涕或過忠臣義士之祠廟蹲躇

嗚呼不忍去也尊賢愛士樂而忘食初謁南溟先

生先生即許以道義之交守愚師事之守愚拿入

鞫廳風彩動人有如仙鶴飄亡然自天而降左右

獄卒莫不驚動鰲城李恒福為聞事郎顧謂推官

曰今不見此老虞過了一生鄭微笑以扇擬頸此

漢欲斫我頭如此如此云亡右相沈守慶邁止之

曰大監何以發此言耶澈曰以役容負僵卧竹林

間嘲弄時事足以得虛名矣先供辭之時神色自

若澈謂人曰此漢暑無動色非大黨劇賦必見亡

一七

有樂一毫非其義不取雖親舊之人亦不敢以一
毫加其身罘荀宏大其於待小人也甚嚴以此得
秋鄭澈曰敏學求見先容守愚辭之澈深感為朝
廷推薦六品叙用連拜刑戶曹郎持平掌令皆不
受又拜司畜之余即大歸晉州亦無一畝田家
謝恩司畜聚妻晉州故往依弟家前有池餘慶網取
弟餘慶聚妻晉州故往依異家前有池餘慶網取
池魚其大如盤守愚不忍食至於數年人間其故
守愚曰家契貧寒不敢奉甘旨老每已逝對此情
不忍食也其誠孝出於天拔閱古史見先賢不得

卑牀　對一張　二十

39

滇先生為伯仲世居城中以小學律身杜門求志

雖隣里罕見其面牛溪成浩元自重其身有時入

城名公巨卿輻輳其門一不叩謝及聞守愚隱德

晦光即命駕往訪歸謂栗谷曰吾今日往見崔慶

士某重門深鎖芳草滿庭慶士之家世主人立於

有一青衣童子出拜迎入桶其家兒也剝啄良久

重門外察其容貞方面廣顙君子之容察其動靜

威儀嚴重與之語膚呑瓦礫歸來清風滿袖叔獻

亦往訪焉兩公交口㯠言曰孝元可方古之處士

非今古人也守愚家契貧寒朝夕饘粥難繼晏如

掛一錄

38

澈東八所弄者也以此自 上特命之欲以嚴治

其澈也澈平生所憾者不論是非皆置之死澈一

時諸賢盡為趙醢守愚豈為澈功齒腐心者久矣

與安敏學輩日夜鍛鍊所謂吉三峯者乃崔永慶

也惜揮生負金克仁梁千頃姜海輩吉變又誘晉

州判官洪廷瑞作言鄭汝立與崔永慶潛往書院

夜聚晝散四五日而罷拿來論問致死澈中士人

李士瀚親自歐殯出於至誠於先生五寸侄而終

始受學者也先生壁立千仞秋霜烈日青次酒落

玉壺氷月望之有若神仙而其為氣像風節與南

孚仍問曰尒等為叛逆孚曰叛逆則不知也欲為

叛國也又問叛國何意曰衣食有餘迲云事狀不案

欲放送而苦待汝文之来汝立亡命亦脱至鎮安

竹島別墅自列而祀崇福從其尸傍亦列死大秋

丹起西人崔躍東人喪氣盖

注山海為吏到十年西人散在閒地氣色簫索及

起迚變之後揮冠相賀東人自退西人居其位報

復私怨無所忌憚 主上亦不察推薦汝立為修

撰初出於李珥成渾而以為李溪之所為而助其

声勢益怒之召鄭澈拜右議政為委官治其獄盖

弟○○相一金　　　　十八

為信川忠佪馳往安岳謂軏曰汝立叛謀已著速

萬之軏拙者甚難之又往信川則應寅神者知其

幾飲酒佯醉忠佪不得開口如是者再忠佪亦知

應寅之謀避怩軏恐應寅報監司狀啓則朝野

驚動宣廟聚大臣曰予知其汝立之為人何至

於為逆左相鄭彦信微笑曰豈有此事鏰然不可

不拿鞫鏰西人皆曰汝立心術則不正矣豈有叛

逆之理乎勿論彼此皆不信之西一邊謀逆愚眠

數人等黃海監司韓準著加上送自上親鞫則皆

丐乞窮民主上笑曰汝立鏰叛宣與此輩同謀

早木┃三科一┃

二六

愚而多氣反攻李珥無所不至西人痛嫉雖東人
亦知其有後獎或勸李絕之瀯以爲人才可惜不
聽翰弼菫誘謂海西愚氓曰全州至八生爲乃鄭
修撰也與吉三峯相知往來而三峯曰行三百里
勇知無難亦神人也众等若往謁則官爵自至翰
弼雖巧惡豈爲此齟齬之計釀成大獄之理也然則
鄭賊何以自殺也今心歸罪於翰弼而反自晼逝
魁爲此說者其病於黨論者也校生卞崇福朴延
岭等千里遠来欸遇送之亦有　菫往謁焉汝立
厚待之其時朴忠侃爲載寧李軺爲安岳韓應寅

奴也依法使嗅小伸復讐之義異哉而所知者莫不

驚憤反欲治庭蘭之妖妄庭蘭不顧寢生呈上言

出遺書以示訟官則訟官不得已決給庭蘭庭蘭

韋其族黨堀其祀連之塚出其屍数其罪以笞打

碎屍骨非欲為使嗅為此計也宋家迸散四方輪

彌往黄海道変姓名自稱趙生負日夜怨望東人

痛入骨髓東人實無與於其間又有鄭汝立者全

州人也博學多聞聖書無所不讀出入於牛東門

下兩公交口推薦修撰及西人失志復投入東人

李済許之潾南平人也以此相親為人心術不正

甲未 斗一泉

攻誠一悔限無及尹家以為與誠一相約而言兩
家交道遂絕宋翼弼翰弼之父祉連巳卯左議政
安瑭之孼妹甘丁丁之子也甘丁自巳婢所生年十
四時有不測之事司藝公敦厚便于瑝杖是折傷
齩指而送于白川歐家嫁甲士者斤金子瑈生祉
連而甘丁則未得贖身者也翼弼兄弟自以持身
如侯門甲族至於赴擧聯名一等驕氣揚巳傍若
無人以此雖目中之人多有未便之心安家滅族
之後子孫殘微孼孫安庭蘭善文章有才氣為吏
文學官巳至宗同知者也起訟呈法司翼弼吾家

一五

32

惟誠為銓郎專用西人小無伸雪三竄之意朝野

大失聖未久珥卒逝李山海代其職東人還用事

先時延中論及守令貪贓正言金誠一啓曰或有

滿船載戴以遺當道者校理姜緒進曰誠一藏頭而

言殊無諫官之風誠一伏地待罪曰而受者尹斗

壽根壽及其侄晛也所與者珍島郡守李銖其時

斗壽為都承旨亦參延中避伏曰李銖臣之四寸

也臣有老母故魚物則送之其餘臣所不知掌令

李瀷論啓彀曰不允根壽為副學晛為吏曹佐郎

也姜與三尹同隆少時友也緒實不知指尹家而

甲木 斗一 彔 十六

鶴林　掛一錄　十五

判書調兵運粮專任其策志大才踈更張無漸以
納戰馬運粮鉄嶺者爲麻絚許通之法三司交章
論其不可劄辭多有過激亦有不近人情之言珥
亦上劄自明訖斥三司以激公論公論舊發攻之
不遺餘力珥辭職出郊成渾上劄伸救　宣廟卽
日特命許對甲山應瀗慶源謹元江衆定配自
主上卽位之後此擧措始於今日人心驚惶其餘
左遷外職諸學亦分黨上疏爭其是非有同戰塲
今日西跪明日東跪自是類匕相聚仇敵匕成同
年相厚之風掃地盡矣李珥入爲吏曹判書以自

掛一錄

慎目之為東人東人自此不安在朝或補外或退外

西人始用事乙亥年也趙瑗為吏曹佐郎瑗乃甲

子壯元進士早有才名者往謁靜先生極言東

人偏黨之非西人至公無私之意先生良久答曰

東西是非非吾不知也試觀台之今日設施合於公

道與否耶瑗慚而退進人物多失人望行已無

恥夜半往娼家進俠客被枕臂持平洪可臣駁去

之宣廟不欲專任一處以此東西或進或退蚌

蠔末決癸未年北胡作亂攻陷慶源城朝野洶□

叅贊鄭彦信為巡察使出往之則李瑱為兵判

自此黨論日甚已成巢窟牢不可破西人子弟皆

牛栗門生又有宋益弼翰弼兄弟已卯告變祀連

之子以文章自高駕御一世為西家入幕之賓奸

論邪議皆出其口自大臣至百執事以及市井窮

鄉僻村皆有東西之論雖一家父子兄弟亦有異

同以保調得不亦難乎維相國盧守慎不與於其

間見時事汲汲士禍將出揭前榜東西偏黨之

癸曰去其根本然後小鎮人心　宣廟即日特命

義論為開城畱守孝元為富寧府使守慎又啓曰

孝元有老母不可遠移差三陟府使西人反以守

一四

內實有中毒之計以此兩家朋僚各主所見互相
排斥東西之說始肇於此盖孝元在乾川洞義謙
在貞陵洞以此也東人皆年火聰敏多有學行名
節自勵者西人雖有賢士大夫而貪利之輩雜於
其中如朴淳金繼輝洪聖民李海壽尹斗壽根壽
李山甫若干人等可與同事於國家而東人之意
前鑑不遠戚里決不可用西人以義謙多有功勞
亦是士類何以防之拒而不從韓修南彦経輩入
於西渾亦未免爲李珥欲兩全之計首發調停之
說而東人論議壹上反攻其論且之論少無饒貸

軍末 斗一系 十四

然也聞惕菴李問髙明往師之未久謁聖莊元声名籍

籍金継輝請義謙曰欲為孝元為銓即於君意何

如義謙黙然不答再問之義謙舉元衡家為門客

事及之継輝揮手曰慎勿出口少年時事也義謙

亦以為然更不為言然相親諸革無不聞知矣及

其沈忠謙為壯元及第欲為銓即孝元防之曰外

戚不可用義謙曰外戚不猶逾於元远之門客乎

主孝元者曰孝元之言出於公議義謙以私嬿排

擯佳士極為非矣主義謙者曰義謙非自作之言

也言其實状孝元舍其宿怨外托以戚里防之而

26

掛一錄

釋然朝野加額　宣廟卽位之初年綫十六接待
天使從容中禮不遠寸毫天使大奇之敬服不已
天使乃許國魏時亮名滿天下者也　宣廟勵精
求治日集儒臣講論為事追罷乙巳奸㐫等削其
官爵禁錮子孫此義謙之㓛居多與牛溪成渾累
官爵禁錮子孫此義謙之㓛居多與牛溪成渾累
谷李珥相從又韓永叔南時甫奇高峯及尹斗壽
根壽金絿輝等為友美義謙為舍人時寗公事往
于元衡家聞讀書之聲琅然可聽問于子昂則曰
金孝元中㞕不滿而歸盖孝元之妻父元衡之㓛
親致而與子同接孝元年未滿二十未有知識而

浮休　　坤一㣲
　　　　　十三

可幾尋身後事南溟先生亦以徵士詰關引見便
殿訪以治道所論無非俗儒驚聽者也　明庙又
關諸嘗孔明不得恢復者何也曰非臣所知蓋先
生之意夫運邑盡錐孔明不得成功以其出處未
備故也望日還山朝野想望其文明志學之士彬
彬單出時退溪先生赴召詰關暘菴冒靜兩先生
以師道自任學者雲集邦國不幸　明庙昇遐丁
卯六月二十六日也入心危懼應其再遭乙巳之
禍首相李後慶凝然獨立奉　明庙遺敎又承中
殿迁命受策德興等二子河城君延立継統摩頹

一三

冲為文定所廻魚肉士林佛道大行正學派滅當

此時若不更張則國不為國而　主上自新之德

無以感動於士林矣義譏家踈于内得其　聖允

首倡伸寃乙巳諸賢又蕩六條俱備一齋李恒大

谷成運葛川林薰后溪金範韓脩永叔南彦經時

甫等六人也引對便嚴各陳其治道　上問人心

道心之說於庚経與修不能對一齋進辨釋甚明

惟大谷先生辭戩不来屢加恩令最後上京陳辭

劃不謝恩令還山先生字健叔京誠人也娶配於

報恩回居焉官至執義　撰南溟碑無子以妻任金

罕休　　閒一　　

十二　　十一

23

獪材　掛一録　　十二

於李樑曰不意中學一會極可慮也樑咎曰副學

即今見我而去有何事也不過丹校正而已俄而

樑之黨與數十人効劵臣罷樑論江界死戡論慶

源死　明庿傳教曰七奸如金白均黄三省李鈴

革絀於七奸者不可盡記高孟英高敬命父子削

出李廣忠趙德源元紞儉削出或削或罪自此士

氣稍振

越明年乙丑文定薨遊義謙與大諫朴淳相議罷黜

元衡元衡為一窮廢家亡户口皆欲屠食其肉酒

入紳車徃江陰自死義謙與士類相議　明庿幼

掛一録

22

門則閣者以出外爲辭義謙排門直入從屛後潛
聽則曰某有某罪可黜其有某罪可削次荣科罪
論議未畢義謙突出其外滿座錯愕失色翌日先
罪許曄朴素立奇大升尹斗壽根壽等皆一時名
人朝野危懼義謙卽庵啓李㮨濁亂之罪答曰旣
知叔之愚委以朝政是誰之過大臹亦已知之卽
請副提學奇大恒議曰事將出不測副學劄劾之
大恒惶怵不能答義謙曰已奉内旨出示之大恒
踴躍快許而去朝四學一會大恒過㮨家從容
談話分食除餞以示信義而去俄而大憲戚疏書

等擊去之弘度以舍人讒死於甲山其餘或竄或

削紲輝以吏曹佐郎讒謫川汝李之黨亦不久罷

黜紲輝之子沙溪長生弘度之子瞻與晔皆一代

名流又有一黨継起李楔仁順王后沈氏外叔以

李戬為腹心如元衡之於芒也楔為人愚潤不惺

為執政者沈家無用權者錐知楔之為人而使奇

大恒摂之則事可成矣試用之黨與不日而満朝

權傾元衡元衡亦畏惧大恒已卯先生應教遵之

子也越數年沈義謙登第權勢自分相分楔惡之

一日聚其黨類謀起士林之秋杜門方議義謙到

神芭褊前奏事言未畢暴死亥慇詣闕陛馬嘔血
而死百岭演死於中原順朋未父結而死浮薄躁
進之輩各立私黨金汝李崔祐李淇金鎮為一隊
金弘度金繼輝為一隊其為類甚多自相攻擊元
衡自以為富賣己極無與於改權等聞者其勝負
曰皆是吾家人也奈何必取捨於其間大縣私度
若守法則先為橋擋行已慶身有同俠客然士習
曰益浮薄實由於此私度或用乙巳餘賢許曄金
施文微探元衡驚怒曰幾為俊賊所賣卽使汝李
罪末□□一象

二二

賜酒差備門外醉倒而出人莫不憤痛起復為工
曹叅議若氷曾平二男來訪灘叟若有矜夸之色
若氷去後先生曰渠之二子不如我之無子先生
知人類此許草堂晬為大諫時洪男之子民覺為
其父求得便邑草堂駁之曰其父何人乃敢以養
親為求一時抉之許草堂巳卯名賢尊陛下士出
於至誠學者稱為草堂先生洪瀣誣詆服芹市宦徒
滿朝人沮喪惴㤼然危懼不寧以小學為嫁禍之
資父兄戒子弟一禁之士習偸薄猖狂自恣如有
一行之士以為狂衆輒攻之使不容身天道至

掛一錄

其弟志同道合舟川以一家嚴師友敬重之鵬克
齋與燕齋河西兩先生及金文之為道義之交文
之乾文字也李洪男之甥洪瀍延城女婿少年輕
薄洪男緣父若氷之禍讁在寧越若氷已卯名士
衰在淺士洪瀍王其襄事卜得新地抵書洪男曰
王侯將相可出之山且曰齋朝之殺人極於甲子
乙丑而終有丙寅之禍今　上亦何能父御耶洪
男封洪瀍書直送于典翰鄭惟吉使之告變惟吉
如逢騎虎之勢不得已呈于政院大臣傳旨棄馹
上來以喪服偃然馳駟詣闕門文臣以大義滅親

理体　卦一象　乙

17

或短棹騎驢與灘叟相從緱岩書院陰崖金条判

灘叟三賢配享也先生瞿然翌日還鄉或者疑其

沈庵光之所製也庵光文章之士也早有名言後

附安老北憲鄭礦順朋之子知其父之不可諫用

廬嗚血而死仙風道骨我東方之洞賓而醫家難

術天文地理無不精玩易學左　　　継起巳卯

之變勿論貴賤敗家滅族者數十餘人康舟川死

於枕廬相國作碣銘其終曰每一念至悒怖而摧

賫復使入摧之至千百摧千摧萬摧而無已也身

川兄景善連咙兖為庶人賫性嚴峻濾宇渾成與

二一

16

此也磁齊仁有悔譏於言辭削勳竄謫灘叟先生

一日以事入城中本家順朋来見曰柳仁叔吾輩

以正人君子許之不屑今日屈謀至此於公意何

如灘叟曰吾意至今以為正人君子也順朋慚愧

而退柳貞在傍悚默曰席前作舞人皆道之公何

為孫此言耶先生笑曰耳嶺狡黠教原明者視為

奇貨為子孫計也若書吾則徒得殺友之名無利

巳吾無患矣有人投詩曰城市風塵宣被身龐門

高節正驚人陰崖地下精灵在廳幌王良屑巳頻

陰崖巳卯名相李耔也巳卯之禍削勳退居綱岩

甲末斗一家

15

弱元衡輩輕其為人幗瞡之希圭曰吾肉黥乙剮

取安以受之邪議不可從黥之權贊成聞之擊

篤歡息曰不可以容貞取人自後生子才不才皆

育之可也修撰金乾文受擎於朴松堂門 仁庙

卽位之初上疏條陳初喪吉禮之非 仁庙悔感

為未久遭喪以此得免大禍為人端正秀美專事

心學士林推仰乜元衡順朋為魁首林百岭崔輔

漢金明胤崔演閔齊仁金光準許磁鄭彥慤忌難

功臣封爵有次順明明胤已卯賢良科者也晚年

掛一錄

残居士林謀危宗社無所不至盖榷事乃定正謂

14

生以名節自許金礎巳卯名臣吏叅金世弼之子

也名節有自來叅判公被黜卜居於忠州地有贈

詩於僧去却慚林下逹灵澈不是休官是黜官學

閒諼博每入経筵義理通徹感動人主錐静菴先

生自以為莫及配享紹書院李仲悅名卿判書

潤慶之子也與李輝清塑自持李德應愚齒乱言

守敬心疾之所睿玳味遍及嶽中諸賢不與於德

廳守微者尹仕所親信之人也尹氏家禍曰德應

益熾以山故也成虜士遇大谷先生之兄氣味相

同難為兄弟者也司諫宋希圭形貌短小凛賔残

甲木 十一 集

二

舟川公灘叟女婿也己卯諸賢 中廟未及伸寃

仁廟卽位太學生三上䟽章辭疾功可泣㠪

神乃舟川所製也 仁廟批荅曰甬等言是非則

可也期於空是非則非也姑爲讀書臨薨時特下

惝忘託已卯諸賢盡復官爵守愚先生每稱舟川

爲人心氣欝積之時披讀舟川䟽章則意思活潑

云蘇齋官至左議政凤興夜寐箋註人心道心辭

爲後學之指南柳眉菴希春官至禮曹判書金驚無副

學二問談博無書不讀自仁傑爲大司憲金鸞祥爲

大司諫正直倔强老而益壯鄭希登談論尚意氣平

士林倚重如山斗大司憲其壽聃己卯餘賢持身

方□正□非其義一毫不苟取留意學問所見超

諸屢經大禍靜以待之臨死沐浴改衣而逝李霖

南滇先生言及鳴咽其人可知林亨秀軒豁奇男

子善吟詩臨死奉毒酒大笑曰此酒無酬酌之禮

狀倒而逝羅湜北向再拜有若天顏恐尺號

起甚恭金吾郎相謂曰從容就死羅參奉為上

云郭司諫珣神道碑孫齋撰之臨死謂奴曰吾

喪到忠州則無患矣未喻其意及到忠州灘叟

先生發引諸其一□倫待護喪車喻嶺而還孫齋

軍末□□卜一絲

二〇

11

罪賜藥自廬延及桂林君　中庙之子桂林曰命

應於安邊石窟家奴經過兔山為盜直而所捕知其

桂林而在拿來刑訊誣服弃市退溪先生事蹟其

集流傳不盡首末痛兄之無辜龍禍以應教解戰

下來終身不仕來時儕輩送別江頭石川吟詩寄

贈其弟百岭寄語漢江水安流莫起波百岭黨元

衡封勲官至一品往中原䧹於中路石川過恭仁

抆香亭題詩曰元亮新理地孤雲舊上天空餘池

水在白露滴秋蓮其氣像洒落可知元亮昊川子

申潛字巳卯賢良科人也宋圭菴撰壽德聖盖世

掛一録

伸救放歸田里盧守愼應敎尹春年同榻友也春
年元衡五寸怪多才且文爲元衡腹心乙巳形勢
春年釀成之故守愼得免死禍其餘名流各以罪
之輕重或竄錮或輔外不可殫記元衡殺其兄元
老春年承元衡之意上劄奏其罪愚曰寧負元
不負殿下卽下徽賜死蓋元老妖吳以蔭官與顧
斈元衡爭權多殺不道之言以此招禍人謂元衡
非斂兄也春年實殺叔也怪至判書姓妁詿傳覽
儒家書方外書延接後斈扶植公論以愚士干欲
掩復其罪識者左憤痛百官廷請鳳城君依律處

慰送之而儒生等固爭之　中庙使衛士禁軍駆
逐之光佑頭觸闕門流血被面裂其袖裹頭而卧
口呼使金聲李潔把筆左酬右應文思湧出匝蹯
不能及書其為文章浩汗可知有二子長日受精
於易次曰宜亦士流官至楊州牧使皆暘菴門下
士林多之持平金儲廬士成琭島吏朴守敬死
於栐吏曹佐郎廬守慎謫琭島正郎李光禄芑
之任子謫江界正言金寗祥謫海南應教柳希春
謫鍾城堂令權勿謫順天舍人柳堪謫穩城丞昔
李聞建謫星州白仁傑二相許磁必時友也至死

一〇九

8

灘叟李延慶已卯完人也校理鄭彥慈過長村驛

見壁上有書曰女主執政奸臣弄權國家之亡坐

而待之彥慈浮壁書告炎禍熖益熾已謫者皆賜

死未謫者乃彥慈賢人君子盡為魚肉畧舉兩記

之壁書乃彥慈手筆也圭菴宋獜壽大司憲具壽聃

丞旨李霖宜學林亨秀參奉羅湜叅判韓澍皆賜

死于謫所李仲悅李輝洼書李德應尹仕之皆棄

市司諫郭珣掌令鄭希登司諫朴光佑死於杖光

佑已卯太學生也趙靜菴被罪時宰舘學儒生千

餘人獅哭闕庭日上疏章十餘度　中廟命中使

界木？斗一？

四

7

以姜鐵為掌令時流曰渠必不肯為吾所用鐵於

經筵首論思孟之貪權徇私滅公之罪思孟翌日

見遞鐵耿介清貧自守好善如已出官至大司憲

及死之日家無儲歛之衣贊成李晦齊先生客死

江界贊成權扒死於配所李贊成慶州人權贊成

安東人一時校拿同日到于忠州灘叟李校理在

龍灘往見李贊成則愀然不樂以國家危亡為憂

及見權贊成則大笑迎入曰李贊成權贊成一時

並到何其赫乍我畧無憂色灘叟謂人曰李贊成

憂國至死不忘權贊成禍福都忘可謂兩得之矣

掛一錄

皆賜死翰林安命世大書　殯前殺三司大臣同

僚韓智遠渦淺之元衡請查考史筆命世自首曰

山臣所筆史筆不必查考即日其朝服奔市言笑

自若臨刑顧謂其子曰慎勿赴科人心沮喪道路

以目應教尹潔文章節義高於一世與綾原尉其

思顏飲酒俘盃太息曰安命世忠骨橫於宇宙吾

筆碑乙綾原望日吾憂様殺尉之筭賢成思孟也

思孟扑示素雅內實忌克執政屢年貪毒無厭顧

子家已丑之變為獻納構設處士崔守愚堂其比

世濟其惡所可道也言之醜也史書正而其允論

罪木□斗一象

5

年甫十二歲　文定垂簾聽政芑元衡秉權用事

文定下密旨於大臣云右議政柳灌吏判仁叔兵

判尹任與修撰李輝吏曹正郞李仲說等倡說

立長擇賢之議謀危宗社其時三司皆沐浴

仁廟聖化正人君子也聚會中學交章論奏言

論正直凜不可把獻納白仁傑獨啓曰大憝閔齊

仁大諫金光準等聞密旨之下奔走於大臣之

家有同傳令軍卒　文定大怒即拿囚仁傑鞫問

贊成權橃上劄伸救柳灌等竟斂鄭順朋同日上

劄辭極兗㦨為一網打盡之計柳灌柳仁叔尹任

4

六日乃誕生亥屬豬而鼠類時議以為　東宮

咀呪宮中指朴氏其侍女及唐城尉奴僕多祗

杖死甲辰十一月　中廟昇遐　仁廟氣毀過

禮晝夜號泣朝夕定省於　文定文定待之甚

薄以此王體不寧越明年七月初二日昇遐深山

窮谷兒童村婦莫不奔走號哭如喪考妣非盛

德之深入骨髓能如是乎惟小尹黨類禪冠相

賀揚己自得成服之日百官班立尹元衡李芑

趑而入校理丁熿望見奮罵曰覩此賊氣色痛

莫其焉爛素有重望論死臣濟　明廟卽位

界沐　斗一象

雜記 猥一卷　　一

延城尉公主　仁庙同母弟也安老性喻毒及得

志以許沇蔡無擇李茂先為鷹犬去異巳者禍迫

士類　中庙惡之下密旨于大司憲梁淵遠竄賜

死自後朝野小安而交搆兩　宮之譖父而益深

大臣三司日以鎮靜得議啓達　仁庙資質粹美

誠孝出天窹侍宮妾無不感化而文忠小無保護

之心及其咀呪事覺誄之於朴淑儀并與其子福城

君皆賜藥而死人皆寃之盖嘉靖丁亥二月二十

六日　東宮亥地懸一灼鼠以水桶木宄作榜書

掛之時　仁庙在東宮　仁庙亥生而二月二十

押林

掛一錄

中庙前後王妃皆尹氏前章敬王后後文定王后

仁庙誕生之日章敬暴避支定生慶源大君即

明庙也大小尹之說始此　仁庙養德東宮聖學

風成動遵規法日與侫臣講論古書風夜不懈一

時士類備飭於家為他日進用之計拭目以待儒

風大振化動四方人捔火年克舜之君　中庙愛

重之然膚潤之譖日深其勢孤危時金安老得罪

在外朝議以羽翼東宮召入為左議政盖以顧子

괴일록(《패림》 수록본)

(『패림』 7, 탐구당, 1969)

鵝洲雜錄卷之四十三

掛一錄 沙溪撰其父
黃岡付狀云金孝元為後進所排民議
時交結元樹妻女塔過片欲即之
退云 兩謂元樹妻女塔似是撰掛一錄者耳

中廟前後王妃皆尹氏前章敬王后後文定王后 仁廟誕生
之日章敬昇遐文定生慶源大君即 明廟也大小尹之說始
此 仁廟養德東宮聖學風成動遵規法日與儒臣講論古書
鳳夜不懈一時士類修飭於家為他日進用之計拭目以待儒
風大振化動四方人稱少年堯舜之君 中廟愛重之然膚潤
之諸日深其勢孤危時金安老得罪在外朝議以羽翼東宮召
入為左議政盖以厥子延城尉公主 仁廟同母弟也安老性

憸毒及得志以許沆蔡無擇李芪先為鷹犬辜去異己者梏迫

士類 中廟惡之下密旨于大司憲梁淵遠竄 賜死自後朝

野小安而灸撑兩宮之諂久而益深大臣三司曰以鎮靜浮議

啓達 仁廟資質粹美誠孝出天寔宮妾無不感化而文定

少無讒謗之心及其咀呪事覺謊之於朴淑儀并與其子福城

君皆賜藥而死人皆寃之蓋嘉靖丁亥二月二十六日 東宮

亥地懸一灼鼠以水桶木匜作楛書掛之時 仁廟在東宮

仁廟亥生而二月二十六日乃誕辰亥屬豬而鼠頪時議以為

東宮咀呪宮中指朴氏其侍女及唐城尉奴僕多被杖苑甲辰

十一月 中廟昇遐 仁廟哀毀過禮晝夜號泣朝夕定省於

一〇〇

2

文定文定待之甚薄以此玉體不寧越明年七月初二日昇遐

深山窮谷兒童村婦莫不奔走歸哭如喪考妣非盛德之深入

骨髓能如是乎惟小尹黨類彈冠相賀揚揚自得成服之日百

官班立尹元衡李芑超而入校理丁熿望見奮罵曰觀此賊氣

色痛莫甚焉燥素有重望謫死巨濟

文定垂簾聽政芑元衡秉權用事　文定下密旨於大臣云右

議政柳灌更判柳仁淑兵判尹任與修撰李輝吏曹正郞李仲

悅等倡說立長擇賢之議謀危宗社其時三司皆沐浴　仁廟

聖化正人君子也聚會中學交章論劾言論正直凜不可犯献

納白仁傑獨啓曰大憲閔齊仁大諫金光準等聞密旨之下奔

走於大臣之家有同傳令軍卒文定大怒即捧囚仁傑鞫問資
威權撥上劉伸救柳灌等寃獄鄭順朋同日上劉辭挺凶慘為
一綱打盡之計柳灌柳仁淑尹任皆賜死翰林安命世大書
殯前殺三大臣同僚韓智遠漏洩之元衡請查考史筆名世自
首曰此臣所筆史筆不必查考即日具朝服薫市言笑自若臨
刑顧謂其子曰慎勿赴科人心沮喪道路以目應教尹潔文章
節義高於一世與綾原尉其思顔飲酒停盃太息曰安名世忠
骨橫於宇宙吾輩碌碌綾原翌日告癈撲殺尉之弟資成思孟
也思孟於外示素雅内宗忌克執政屢年貪毒無厭厥子宬己丑
之變為飢納搆殺處士崔守愚堂具氏世濟其惡所可道也言

一〇二

4

之醜也更曹正卽吳允謙以姜籤為掌令時流曰渠必不肯為

吾所用籤於經道首論思孟之貪權徇私滅公之罪思孟瞿曰見

遄籤耿介清貧自守好善如己出官至大司憲及死之日家無

殯斂之衣貧成李晦齋先生論死江界貧成權撥死於配所李

貧成慶州人權貧成安東人一時被拿同日到于忠州灘叟李

校理在龍灘逬見李貧成則愀然不樂以國家危凶為憂及見

權貧成則大笑迎入曰李貧成權貧成一時并到何其赫〻歟

略無憂色灘叟謂人曰李貧成憂國至死不怠權貧成禍福都

忘可謂兩得之矣灘叟李延慶已卯完人也校理鄭彥懲過宿

良寸驛見壁上有書曰女主執政奸臣美權國家之亡坐而待之彥

卷之四十三　掛一錄・附晋陽誌

一〇三

5

慈浮壁書告璚禍焰益熾已謫者皆賜死未謫者死於杖賢人

君子畫爲魚肉略擧而記之壁書乃彦慈手筆也圭菴宋麟壽

大司憲具壽聃承旨李霖直學林亨秀從奉羅湜僉判韓樹皆

賜死于謫所李仲悅李輝注書李德應尹任皆棄市司諫郭珣之壻

掌令鄭希登司諫朴光佑死於杖光佑已卯太學生也趙靜被

罪時瘴館學儒生千餘人號哭闕庭日上疏章十餘度　中廟

命中使慰送之而儒生等圍爭之　中廟使衛士禁軍駈逐之

光佑頭觸闕門流血被面裂其袖裹頭而卧口呼使金魯李潗

把筆左酬右應文思瀜出寫疏者不能及書其爲文章浩汗可

知有二子長曰受精於易次曰宜亦士流官至楊州牧使皆惕

一〇四

庵門下士林多之持平金礎處士成遇靈施吏朴守敬死扙杖
吏書佐郎盧守慎論琭島正郎李元祿㤠之論江界正言金鸞
祥論南海應教柳希春論鍾城宰令權勿論順川舍人柳堪論
穩城承旨李聞建論星州白仁傑二相許磁少時友也至死伸
救放歸田里盧守慎應教尹春年同榻友也春年元衡五寸侄
多才且文爲元衡腹心乙巳形勢釀成之故守慎得免死
禍其餘名流各以罪之輕重或禁錮或補外不可縷記元衡
其兄元老春年承元衡之意上劄其罪惡曰寧負元老不負
殿下即下獄賜死盖元老妖妄以蔭官與厥弟元衡爭權多發
不道之言以此招禍人謂元衡非殺兄也春年宗敬叔也位至

判書性巧詐慱覽儒家書方外書延接後學扶植公論以愚士

子欲掩覆其罪懟者尤憤痛百官廷請鳳城君伏律定罪賜藥

自廬延及桂林君之子 中廟 桂林亡命匿於安邊石窟家奴經過免

山為盜直肝捕知其桂林阼在拿來刑訊誣服棄市退溪先生

事跡其集流傳不盡首末痛兄之無辜就秋以應教解職下來

終身不仕林石川億齡知其士林將敗亦下來終身不仕來晬

僩輩送別江頭石川吟詩贈其弟百齡曰寄語漢江水安流

莫起波百齡黨元衡封勳官至一品往中原死於中路石川過

羕仁投香亭題詩曰元亮新埋地孤雲舊上天空餘池水在白

露滴秋蓮其氣像灑落可知元亮靈川子申潛守已卯賢良科

一〇六

8

人也宋圭菴猶壽德登蓋世士林倚重如山斗大司憲具壽聃
己卯餘賢持身方ゝ正ゝ非其義一毫不苟取留意學問昕見
起諸屢經大禍靜而待之臨死沐浴改衣而逝霖南實先生
言及嗚咽其人可知林亨秀軒谿奇男子善吟詩臨死奉毒酒
大笑曰此酒無酬酢之禮快倒而逝羅湜北向拜有若天顏
恐尺跪起甚恭吾即相謂曰從容就死羅湜恭奉爲尚云郭司
諫珣神道碑蘸蕪挍之臨死謂奴曰吾喪到忠州則無患矣未
喻其意及到忠州灘叟先生發引諸具一ゝ備待設喪軍踰嶺
而還蘇齋舟川公灘叟女壻也已卯諸賢ゝ中廟未及申寃
仁廟即位太學生三上疏章疏辭宛切可泣鬼神乃舟川所製

卷之四十三 拼一錄・附晉陽誌
一〇七

9

也　仁廟批荅曰甫茸言是非則可也期於定是非則非也始
為讀書瞳覺時特下備忘記己卯詔賢盡復官爵守愚先生每
稱舟川為人心氣鬱積之時披讀舟川疏章剴意思活潑云蘇
齋官至左議政鳳與夜寐箴註人心道心辯為後學之指南柳
眉菴希春官至禮曹判書無副學。閔該博無書不讀白仁傑
為大司憲金鸞祥為大司諫正直倔強老而益壯鄭希登善註
論尚義氣平生以名節自詡金磧己卯名臣吏象金世弼之子
也名節有自來忝判公被黜卜居於忠州地有贈詩於僧云却
慚林下逢靈徹不是休官是黜官學問該博每入經筵義理通
澈感動人主雖靜菴先生自以為莫及配享鈒巖書院寺仲悦

名卿判書閏慶之子也與李輝清坕自持李德應愚惻亂言守
敬心疾之哘嘗珠味遍及獄中諸賢而不與扵德應守敬者尹
任所親信之人也尹氏家秋曰德應盟燬以此故也成慶士遇
大谷先生之兄氣味相同難為兄弟者也司諫宋希奎形頼短
小稟順殘弱元衡軰輕其為人惻迫之希奎曰吾肉點〻割取
安以受之邪議不可從放黜之權貴成聞之擊節嘆息曰不可
以容貌取人自後生子才不才皆育之可也修撰金就文受業
扵朴松堂門　仁廟即位之初上疏条陳初喪吉禮之非　仁廟悔
感馬未久遺戻以此得免大禍為人端正秀義專事心學士林推
仰芑元衡順朋為魁首林百齡崔輔漢金明胤崔演閔齊仁金

光準許磁鄭彦憼定難切臣封爵有次順朋明瀷已卯賢良科
者也晚年殘害士林謀危宗社無所不至盖棺事乃定正謂此
也磁齊仁有悔憝扵言辭削勳竄謫灘叟先生一日以事入城中
本家順朋来見曰柳仁淑吾輩以正人君子許之不圖今日兇謀
至此扵公意何如灘叟曰吾意至今以爲正人君子也順朋慚愧
而退柳卣在傍悚然曰虎前作舞人皆道之公何爲發此言耶
先生笑曰耳龄狡黠殺原眀者視爲奇貨爲子孫計也若害吾
則徒得殺友之名無利已吾無患矣有人投詩曰城市風塵豈
被身鹿門高卧正驚人陰崖地下精靈在應怊玊良屑三頻崖陰
已卯公相李荇也己卯之禍削勳退居劒巖或短墰騎驢先生
與灘叟相從釣巖書院陰崖全公判灘叟三賢配享也

一一〇

瞿然翌日還鄉或者疑其沈彥光之所製也彥光文章之士早
有名譽後附安老北窓鄭礦順朋之子知其父之不可諫用憲
嘔血而死仙風道骨我東方之洞賓而醫家雜術天文地理無
不精玩易學尤　　緒起已酉之變勿論貴賤敗家滅族者
數十餘人康舟川死於杖盧相國作碣銘其終曰每一念至但
仰而捫骨復使人捫之至于百搥千搥萬搥而無已也舟川兄
景善運坐免為庶人稟性嚴峻德宇渾成與其弟志同道合舟
川以一家嚴師友敬重之駢克齋與蘇齋河西兩先生及金文
之為道義之交文之就文字也李洪男之弟洪湍延城女壻少
年輕薄洪男緣父若氷之禍謫在寧越若氷已卯名士喪在浅

卷之四十三　掛一錄·附晉陽誌

二一

土洪瀗主其襄事卜得新地抵書洪男曰王侯將相可出之山且

曰廢朝之殺人極扵甲子乙丑而終有丙寅之禍今　上亦何

能久御耶洪男封洪瀗書直送于典翰鄭惟吉使之告孌惟吉

如逢騎虎之勢不得已呈于政院　文定傳旨乘駟上來以襄

服僵然馳駟詣闕門　文定以大義滅親賜酒差備門外醉倒而

出入莫不憤痛起復為工曺叅議若永曾羍二男來訪灘叟老

有矜夸之色若永去後先生曰渠之二子不如我之無子先生知

人類此許草堂曙為大諫時洪男之子民覺為其父求得便邑

草堂駭之曰其父何人乃敢以養親為求一時快之　許草堂名

學者稱之曰草堂先生　　誠　洪瀗詿服藥市凶徒滿朝人心沮喪惴

二三

惴然危懼不寧以小學為嫁禍之資父兄戒子弟一禁之士習
偸薄猖狂自恣如有一行之士以為狂士衆輒攻之使不容身
天道至神芑楄前矣事言未畢暴死彦懸諸關墮馬嘔血而死
百齡演死扵中原順朋亦未久繼而死浮薄躁進之輩各立私
黨金汝季崔祐李滇金鎮為一隊金弘度金緒輝為一隊其為
頼甚多自相攻擊元衡自以為富貴已極無與扵政權等閒省
其勝負曰皆是吾家人也奈何必取舍扵其間大槩弘度緒輝
之意収拾人才伸雪乙巳罪人之計也吾輩若守法則先為擠
擯行己慮身有同俠客然而士習日益浮薄宗由扵此弘度或
用乙巳餘賢許曄金就文徵探元衡驚怒曰我為彼賊所賣即

一一三

使汝季等擊去之弘道以舍人謫死於甲山其餘或竄或削縋
輝以吏曹佐郎謫漣川汝季之黨亦不久罷黜緗輝之子沙溪
長生弘道之子瞻與晬皆一代名流又有一黨緗起李樑仁順
王后沈氏外叔以李戡為腹心如元衡之於芑也使奇大恒撮
不堪為執政者沈家無用權者雖知樑之為人而使奇大恒攝
之則事可成矣試用之黨與不日而滿朝權傾元衡元衡亦畏
懼大恒已昕先正應教遵之子也越教年沈義謙登第權勢自
甫相分梡惡之一日歌其黨類謀起士林之楛杜門方議義謙
到門則閽者以出外為辭議排門直入從後瀹聽則曰其
有其罪可黜其有其罪可削次第科罪論議未畢義謙突出其

二一四

16

外滿坐錯愕相顧失色翌日先罪許聯朴素立奇大升尹斗壽

根壽等省一時名人朝野危懼義諶即密啓李櫟濁亂之罪

苔曰阮知叔之愚委以朝政是誰之過大殿亦已知之即請副

提學奇大恒議曰事將出不測副學劾劾之大恒惶怖不能苔

義諶曰己奉内旨出示之大恒踉躍快許而去翌朝四學一會大

恒過櫟家從容談話分食除飯以示信意而去俄而大憲裁抵

書扵　　櫟曰不意中學一會極可應也是何事也櫟苔曰副

學即今見我而去有何事也不過冊校正而已俄而櫟之黨與

數十人劾奏定罪櫟謫江界䖏䵻謫慶源䖏　　明廟傳教曰七

奸如金白句黄三省李鈴輩　　　不可盡記

㣲扵七奸者高孟英高敬命父子

卷之四十三　掛一錄・附晉陽誌　　一二五

17

削出李彥忠趙德源元緒儉削出或削或罷自此士氣稍振如

宿病之一分向蘇云

越明年乙丑 文定昇遐義諫與大諫朴淳相議罷黜元衡元

為一窩寇家～戶～皆欲屠食其肉潛入鉗車徃江陰自矩義

謙與士類相訏 明廟幼冲為文定所迫魚肉士林佛道大行

正學泯滅當此時若不更張則國不為國而 主上自新之德

無以感動於士林矣義諫密疏于內得其 聖允首倡伸寃乙

已諸賢又薦六條俱備一齋李恒大谷成運葛川林薰后溪金

範轉修永叔南彥經時甫等六人也引對便殿各陳其治道

上問人心道心之說於彥經與修不能對一齋進辨釋甚明惟

一六

18

大谷先生辭戟不来累加 恩命最後上京陳辭劄不謝 恩命而
還山先生字健叔京城人也娶配於報恩因居焉官至執義撫南
滇碑無子以妻倭金可幾寄身後事南滇先生赤以徵士諧闕
引見便殿訪以治道所論無非俗儒驚聽者也 明廟又問諸
葛孔明不得成功者何也曰非臣所知盖先生之意天運已盡
雖孔明不得成功以其出處未備故也翌日還山朝野想望其
文明志學之士彬彬輩出時退溪先生赴名諧闕惕奄習靜兩
先生以師道自任學者雲集邦國不幸 明廟昇遐乃丁卯六
月二十八日也人心危懼應其再遺乙巳之禍首相李浚慶凝然獨
立奉 明廟遺敎又承中殿之命定策德興第三子河城君𡑭

立緒統羣疑釋然野朝加額　宣廟即位之初年纔十六接待

天使從容中禮不違寸毫天使大奇之敬服不已天使乃許國

魏時亮名滿天下者也　宣廟厲精求治日集儒臣講論爲事

追罪乙巳奸凶等削其官爵禁錮子孫此義謙之功居多與牛

溪成渾栗谷李珥相從又韓永叔南時甫奇高峰及尹斗壽根

壽金緒絅等爲友矣義謙爲舍人時禀公事往于元衡家聞頌

書之聲琅然可聽問于子弟則曰金孝元年未滿二十未有

元之妻父元衡之切親致而與子同接孝元心中不滿而歸蓋孝

知識而然也聞楊菴學問高明徃師之未久謁聖壯元聲名籍

籍金緒絅禪請義謙曰欲薦孝元爲銓郞於君意何如義謙默然

一二八

不答再問之義謙舉元衡家為門客事及之結輝輝手曰慎勿
出口少年時事也義謙亦以為然更不為言然而相親諸輩無
不聞知矣及其沈忠謙為壯元及第欲薦銓即孝元防之曰外
戚不可用義謙曰外戚不猶逾於元凶之門客乎主孝元者曰
孝元之言出於公議義謙以私嫌擯擠佳士極為非矣主義謙
者曰義謙非自作之言也言其寅狀孝元舍其宿惡外托以戚
里防之而内宗有中毒之計以此兩家朋儔各主所見互相排
斥東西之說始肇於此蓋孝元在乾川洞義謙在貞陵洞以此
東人省年少聰敏多有學行名節自勵者西人雖有賢士大夫
而貪利之輩雜於其中如朴淳金繼輝洪聖民李海壽尹斗壽

卷之四十三　拼一錄·附晉陽誌

二九

21

根壽李山甫若干人等可與用事扵國家而東人之意前鑑不

遠感里決不可用西人以為義謙多有功勞亦是士頖何以防之

拒而不従韓修南彥經輩入扵西渾亦未免為李珥欲為兩全

之計首發調停之說而東人論議盈堂反攻其茍且之論少無饒

貸自此黨論日甚已成巢窠牢不可破西人子第皆牛栗門生

有宋翼弼瑚弱兄第已卯告瓊祀連之子以文章自高駕御一世

及市井窮鄉僻村皆有東西之論雖一家父子兄第亦有異同

以保調停亦難乎雖相圍廬守慎不與扵其間見時事汲汲

士禍將出楢前首發東西偏黨之弊曰去其根本然後小鎮人

三一〇

22

心
宣廟即日特命義謙爲開城留守孝元爲富寧府使守愼
又啓曰孝元有老毋不可遠出移差三陟府使西人及以守愼
目之爲東人東人自此不安在朝或補外或退外西人始用事
乙亥年也趙璞爲吏曹佐卽璞乃甲子壯元進士早有才名者
往謁習靜先生極言東人偏黨之非西人至公無私之意先生
良久荅曰東西是非吾不知也試觀公之今日施設合於公道
與否耶璞慚而退進退人物多失人望行已無恥夜半徃娼家
逢俠客被杖臂持平洪可臣駁去之　宣廟不欲專任一處以
此東西或進或退蚵蝘未決

癸未年北胡作亂攻陷慶源城朝野洶々發賈鄭彦信爲巡察

使出征之時李珥為兵曹判書調兵運糧專任其策志大才疎
更張無漸以納戰馬運粮鐵嶺者為庶孽許通之法三司交章
論其不可劄辭多有過激亦有不近人情之言珥亦上劄自明
詆斥三司以激公論公論奮發攻之不遺餘力珥辭戰出郊成
渾上劄伸救　宣廟即日特命許鈞甲山應溉慶源謹元江界
定配自、主上即位之後此擧擂始於今日人心驚惶其餘亦左
遷外戚館學亦分黨上疏爭其是非有同戰場今日西疏明日
東疏自是類乂相聚仇敵己成同朝相厚之風掃地盡矣李珥
入為吏曹判書以白惟誠為銓郞專用西人小無伸雪三竄之
意朝野六失望未久珥卒逝李山海代其戕東人遂用事先時

一三一

24

筵中論及守令貪鄙正言金誠一啓曰或有滿軆載歛以遺當
道者校理姜緒進曰誠一歲頭而言殊無諫官之風誠一伏地待
罪曰所受者尹斗壽根壽及其侄睍也所與者珎島郡守李銖
其時斗壽為都承旨音亦從筵中避伏曰李銖之四寸也臣有老
毋故魚物則送之其餘臣所不知掌令壽凝論啓歛曰不亇根
壽為副學睍為吏曹佐郎也姜與三尹同隣少時友也緒寔不
知指尹家而攻誠一悔恨無及尹家以謂與誠一相約而言兩
家交道遂絶宋翼弼弼之父祀連己卯左議政安塘之尊妹
甘丁之子也甘丁自己婢所生年十四時有不測之事司藝公
敦厚使子璋杖足折傷數指而送于白川厥家嫁甲士者斤金

卷之四十三　掛一錄・附晉陽誌

二三三

子璘生祀連而甘丁則未得贖身者也翼弱兄弟自以持身如
侯門甲族立於赴擧聯名一等驕氣揚々倘若無人以此雖自
中之人多有未便之心安家滅族之後子孫殘微孽孫安庭蘭
善文章有才氣爲吏文學官々至宗同知者也起訟呈法司翼
弱家奴忠依法使嗾小伸後譽之義翼弱所知者莫不驚憤
及欲治庭蘭之妖妄安蘭庭不顧死生呈上言出遺書以示訟官則
訟官不得己決給庭蘭庭蘭肆其族黨掘其祀連之塚出其
屍毀其罪以其斧打碎屍骨非欲爲使嗾爲此計也宋家逃散
四方翰弱徃黃海道瓊姓名自稱趙生負日夜怨望東人痛入
骨髓東人寃無與於其間又有鄭汝立者全州人也博學多聞

一二四

聖賢書無所不讀出入於牛粟門下兩公交口推薦為修撰及
西人失志後投入東人李濊許之濊南平人也以此相親為人
心術不正愚而多氣反攻李珥無所不至西人痛嫉雖東人亦
知其有後斃武勤李絶之濊以為人才可惜不聽翰弸荸誣謂
海西愚泯曰全州圣人生焉乃鄭修撰也與吉三峯相知往來
而三峯日行三百里勇知無痕亦神人也甫荸若徃謁則官爵
自至何以翰弸雖巧惡為此蛆吾之計釀成大獄之理也然則鄭賊
病者於黨也意歸罪於此翰兩反自脫逞兇為此記者其
翰生下崇福朴延齡荸若千人信其言徃謁汝立汝立
以延齡荸千里遠来欵遇送之亦有 革徃謁焉汝立益厚待
之其時朴忠侃為載寧李軸為安岳韓應寅為信川忠侃馳徃

27

安岳謂軸曰汝立叛謀己著速圖之軸拙者甚難之又徃信川則
應寅神省知其幾欲酒佯醉忱不得開口如是者再忠忱亦知
應寅之謀避悃李軸恐應寅報監司狀啓則朝野驚動　宣廟
歇大臣曰予知其汝立之為人何至於為迨左相鄭彦信微哂曰
豈有此事雖然不可不拿鞫西人皆曰汝立心術則不正矣豈
有叛逆之理乎勿論彼此皆不信之而一邊謀迨愚眠數人等
黄海監司韓準著枷上送飾　上親鞫則皆丐乞窮民　主上笑
曰汝立雖叛豈與此輩同謀乎仍問曰甫等為叛逆乎曰叛逆則
不知也欲為叛國也又問叛國何意曰衣食有餘云事狀不宗
即欲放送而苦待汝立之来汝立凶命逃脱至鎮安竹島別墅

一二六

28

自刑而死崇福從其尸僵亦刑死大禍乃起西人崔曜東人喪
氣蓋　主上厭苦西人依注山海為更判十年西人散在閒地
氣色蕭索及起送夔之後彈冠相賀東人自退西人居其位報
復私怨無所忌憚　主上亦不察推薦汝立為修撰初出於李
珥成渾而以為李潑之所為而助其聲勢益怒之名鄭澈拜右
議政為委官治其獄蓋東人所棄者也以此自　上特命之
欲以嚴治其獄也澈平生所憾者不論是非皆置之死獄一時
諸賢盡為逍遙守愚堂為澈切齒窩心者久矣與安敏學輩日
夜鍛鍊所謂吉三峯者乃崔永慶也指揮生員金克仁梁千頃
姜海箪告變又誣晉州判官洪廷瑞作言鄭汝立與崔永慶游

洗書院夜歌畫散四五日而罷拿来鞫問致死獄中士人李士
濂親自欲殯出抬至誠於先生五寸徑而終始受學者也先生
壁立千仞秋霜烈日胷次洒落玉壺冰月塋之有若神仙而其
滿氣像風節與南溟先生為伯仲世居城中以小學律身杜門
尤志錐隣里罕見其面牛溪成浩元自重其身有時入城名公
卿輶軿其門一不回謝及聞守愚隱德晦光即命駕往訪韻
栗谷曰吾今日往見崔廳士某重門深鎖芳草滿庭廳士之家
也剗啄良久有一青衣童子出拜迎入稱其家兒也主人立於中
門外窺其容兒方面廣顙君子之容察其動静威儀嚴正與之
語脊吞元礫歸来清風滿袖叔獻亦徃訪焉兩公交口稱譽曰

一二八

孝元可萬古之盧士非今世人也守愚家契負寒朝夕饘粥難

紬晏如有樂一毫非其義不耿雖親舊之人亦不敢以一毫加

其身器局宏大其於待小人也甚嚴以此得裰因敏䆁求

見先容守愚辭之懇深憾焉朝廷推薦六品叙用連𥙷刑戸書

即持平當令皆不受又拜司畜以世家子弟家在闕門外去就

狼狽謝恩司畜之命即大歸晉州晉州亦無一畒田家窮餘慶

聚妻晉州故徃依於弟家前有大池餘慶綱取池魚其大如盎

守愚不忍食至於數年人間其故守愚曰家契負寒不能奉甘

旨老母已逝對此情不忍食也其誠孝出於天披閱古史見先

賢不得其死者輙掩卷流涕或過忠臣義士之祠廟躑躇嗚呼

不忍去也尊賢愛士樂而忘食初謁南滇先生先生即許以道

義之交守愚師事之守愚拿入翰廳風彩動人有如仙鶴飄乄

然自天而降左右獄卒莫不驚動鰲城李恒福為問事卽顧謂

推官曰余不見此老處過了一生鄭澈微笑以扁擬顚此漢欲斫

我顚如此如此云云右相沈守慶遲止之曰大監何以發此言

耶澈曰以彼負僨臥竹林間嘲美時事足以得虛名矣先生

供辭之時神色自若澈謂人曰此漢略無動色非大黨劃賊必

是定力人也守獄中事蹟詳在別傳南溪李滉字景涯李浩

及其兄孝汲皆死於杖下副提學白惟讓及其子震民與民死

於杖新寧縣監崔餘慶亦死於杖尸虫出外士人李士瀜親自洗

沐歛殯佐郞金憑死於杖全羅都事曹大仲金堤郡守李彦吉

掌令柳夢井善山府使柳德粹余奉尹起莘余奉柳宗智察訪

李黃鐘死於杖其餘寃死者不能盡記東崗金宇顒謫會寧泉

奉韓百謙受刑一次謫鐘城鄭介淸謫穩城士人沈璟受刑一

次謫衿會寧盧相國守愼削黜右議政鄭彦信受刑一次後

謫慶源洪可臣李渭賓許鐘朴宜康復誠金昌一等數十人削出

禁錮金榮一受刑二次削其餘館學儒生稍有名字者皆禁錮

李潑爲人重厚嚴正自少有志於學術遊於愓菴出入於習靜

門與守愚堂最親洪可臣許鐘朴宜尹起莘金榮一金宇顒輩

同爲同志之友篤志力學一時儕輩皆以遠大期之及捷謁聖

一三二

壯元華聞籍＿滿朝賀其得人不久直拜吏曹佐郎進退人物
一循公道扶植士論欲回己卯趙靜菴旧政出入經遷每以王道
陳達振紀綱分邪正爲己務小無苟合之意牛栗兩公交道漸
踈西人甚惡之處世旣久經歷艱險知時事不可爲以副提學
上劄極論人物邪正退歸故鄕等室讀書其弟洁亦以應敎下
去與其兄臭味相同而太剛有毋年至八十以此不離於膝下弍
仕或辭遆起於士林中濈知其不免從容就道待命于郊外
拿鞫闕庭 宣廟親問汝之不仕何也曰臣有老毋不離膝下
天恩罔極兄汲得爲便養之邑從此奉老毋順養於井邑弟洁
己爲上束臣亦上來矣 主上曰汝知汝罪子曰臣欲刮其面

一三二

主上微哂曰晚矣　天顏和順少無慍色謫李澄鍾城自　上
有脅從同治之教獄事將解詭言同柩禍熖滔天澄汲兄弟同
曰死杖杖洪可臣許鐘金榮一韡觀執其喪以禮殯斂浩謫熙
川迤後拿来又死杖杖汲之子瀿之子長年十一季年五歲皆
殺之至杖毋夫人拿来壓沙致死錐乙巳芑元衡怂行凶威未
有如此慘酷之刑也獄卒莫不流淨白惟讓慈祥憚悚貌如王
人至於分別邪正論議劉直不以為屈名重一時所與交者皆
賢師宿儒儒震民供辭曰其父不知之事其子焉知推官惻然年
少聰敏稱其家兒者人莫不痛惜惟誠惟讓之從弟也免險暴
炗時為歗納擭殺之掌令張雲翼啟曰東人每以交結戚里排

卷之四十三　掛一錄·附晉陽誌

一三二

35

斤之交結迎賊其罪如何請施其夷三族之法　主上曰寧令之言

是也修撰許筬啓曰以其法治之足以成獄　聖明何用蔡法乎

其議遂寢然慘酷之刑始於雲翼白惟讓四父子皆死於杖隸

里知舊畏其禍無一人来吊者有庶孽来治其喪惟誠以大功

之親不得退在一番徃見～其治喪者出於至誠惟問之曰

汝是何人對曰小人家門孽屬某也惟誠曰然則汝何獨不見

我也其人曰窮郷賊物不及見謁誠囑於雲翼以迎治喪杖

殺之其心術如此雖我父與君㒹有闕文也歟東崗金宇顒南

滇高象也又其孫女婿也與鄭寒崗述志同學同終始不壞皆

星州人也為人瀅澈無瑕如氷壺秋月南滇每謂曰賢淸夜子

一三四

規一傷不搏又曰花田春露沾濕持竹箒立扵前者是子素戢
其為氣像清洒可知公禍福死生利害得失置之度外至扵當
大事爭是非勇如賁育其為學先審義利之分深得其董子所
謂明其道不計其功正其義不謀其利之學也與栗谷相親栗
谷力主其扶護黨類交道漸裏自弘文正字至副學以去就自
重或進惑退上劄

　　　　　　無非格言　宣廟甚敬重之乞郡安
東卧閒治之己丑之璞以汝立相親謫會寧其兄前大諫字宏臨
路送別握手痛哭公顔色怡然徐言曰兄主過痛余心不寧即
就道而去徃配所時到鐵嶺趙憲自北出來相值憲不聞寒暄
先問庸夫到此悔否公笑荅曰公論後世而定其可以一時之刑

罰劾定之耶憲無以應至配呀不知身在禍網中日與鄉老設
局消日金吾郎不意到本府一府皆以爲拿安東公來上下蒼
黃公歛祉正坐略無怖色言笑自若金吾郎拿致府使而去公
亦無幸多壬辰倭冠　主上播遷龍灣公艱跋涉或步武騎
十生九死僅達行在呀恩寵倍加及　主上還都公爲大司憲
首論漱之搆殺處士之罪及其餘黨次第科罪凛不可犯公素
多疾病退居仁川海村又藜於淸州地越數年乃逝尹起莘守
愚門人寿景㳌兄弟道義之交受刑十二次終始不挠義氣撸
揚渠平生自許者柳宗智南滇門人守愚愛重之寿黃鍾至誠
事守愚先生先生拿來之後中夜沐浴襘天公之片簡在守愚

一二二六

文書中寸紙寄朝報曰金子昂入為副學洪時可出為慶尚方
伯時事可占子昂眸之字時可聖民之字事在數年前而見忤
於澈死之李彦吉為金堤郡守時以還上倉穀十餘石題給鄭
家鎮安縣監閔仁伯告彦彦吉備給百餘石以此死之柳夢井
湖南人也高敬有怪士吳希吉者與汝立素無分厚抵書責之
曰先生背牛栗兩先生交柳夢井何意牛栗兩先生當今程朱
子也夢井不過善人其書在汝立文書中　宣廟即命希吉乘
駬上來特拜牛因傳曰夢井與賊相親為綱漏之魚花朝月
夕嘯咏自在極為駿惡拿來受刑二次而死其子孫痛先祖無
辜而枉死後有登科慶事不設宴悲感倍焉其後希吉又告佐

卷之四十三　掛一錄・附晉陽誌

二三七

郎金自漢與賊鈞同參迸謀及坐杖流鄭介清湖南大儒學問

該博精於禮文學者雲集公作學問鄭義辨大義主呂東萊所

論鄭義與文中一事而爭端交起頗有沘之者此十年前事也

及迸邊起西人以介清作排鄭義論使士習渝薄靡然從之於

迸賊之計也受刑二次死於謫其弟至今素帶不食肉不飲酒

拜象奉不仕韓百謫翰林寺震吉之喪各受刑一次

論北道震吉汝立甥侄文章學問汝立畏之震吉死於杖韓浚

謫鄭經世朴承宗坐誤薦翰林之罪繫獄數月放出沈懷博覽

多才百謫受業習靜先生傳其道者義理細入秋毫又精於易

學為當世通儒官至戶曹參議右議政鄭彦信俞泓啓曰彦信

一三八

40

公然有翻獄之計發於言辭無所忌憚 上問于領相柳洄曰
卿聞此言乎對曰臣耳聾不得聞問李山海對曰似聞非聞未
能的知又問刑房李準對曰臣修正文書蒼黃之中未及聞知
問于問事即厲姜紳對曰宗無是事大司憲洪聖民對曰彦信
言若以直截之事論之則此獄不可成也云聖民與泓相議而
攝成虛事彦信受刑二次誚慶源死癸未年北胡亂彦信以從
贅為巡察使討平之為司馬長諮鍊邊事且有智略 主上倚
為長城而竟為讒言所陷公論深惜之泓凶險貪鄙為時議所
棄適使中原羣改宗条囬以此特為元勳入為左相盧相國聞
遂變詣闕門外上劄數行書曰迗變起於士林中如聞盧語從

卷之四十三 掛一錄 · 附晉陽誌　　一三九

容劾治罪人斯得伏惟　聖上到萬福成渾見曰守三帶邪臺

諫削黙之其時病重待罪東大門鄭漱使人問之曰相國前薦

遂賊今何如矣咨日人各有所見小無屈意及死之日寂無人

馬相國前日上劉乞骸曰諺云死政丞不如活狗子歸死田園

其言正符今日配享道東書院薰裔集十餘卷行於世書大仲

為全羅都事時在渾陽客館適値忌日行素湖南恠鬼輩係

言大仲與賊相親至於滌過行素拿致刑鞫臨死呈小詩曰若

從地下比于去此時含笑不含悲鞫廳沈相守慶與推官相議

曰此詩不與於遂謀不過亂言不湏上聞皆以爲然而罷大司憲

崔滉馳關奏聞　主上震怒大仲已死之後拿其妻子盡殺之至

一四〇

42

辰倭亂滉之家屬為賊所害人言天道好還鄭澈一日使問事
卽廳啓曰嶺南有大賊將起遮車嶺塞臨津絶龍津以防四方
覲王之師從中而來不可不預為計備大賊拍守愚也　主上
曰知此謀者與此謀誰為告瓊卽為回啓澈方與惟諴亂飮蕩
倒失盂同知攸為又同曰忠義衛其人告瓊卽拿致受刑二次
而死旳謂忠義澈之畜妾醫女善卜之愛夫也以此搆殺之其心
事顏如此　欲仰達不得矣　宗郶時兵曹判書申磏啓曰每
項聞此言者必以為義兵從云嶺南起則事郶澈言人諳云賊言諳湖南
日聞海西之口達西兵不問此則曰此曾慶言之故隣圻孩苍之
澈前則澈言深以無所開澈言乃奇時礿院上封書以小嶺南
耶臣對曰吾事重大不可不澈自言故閑親啓矣今乃書入吾
矢臣曰此事啓恒福曰澈書啓恒福曰澈自言故聞矣今乃書入吾
李恒福書啓恒福曰澈書啓恒福今乃書入吾名可悶與李此以

事令無文跡而小臣分明見之故仰達矣出銀坮日錄南溪兄弟竄出之後澈使醫
貟趙永善陰教於罪人宣弘福曰汝若引李潑兄弟則汝身無
事且得好官弘福信其言一如所誘潑之兄弟再囚致死弘福
亦未免出刑於市曰吾罪固當死信聽永善之言以陷無辜之
人愧恨奈何澈以國士待永善永善驕妄日甚澈設爵大會永
善亦參之澈使永善行酬酢之禮沈忠謙曰吾雖駑其忍飮永
善之盃乎艴然而起忠謙爲大諫痛獄事蔓延以及士類發於
言辭黨令張雲翼將欲置之死而僅畱免忠謙自先世扶護士
林者南溟拜丹城郡守辭職上疏曰　慈聖塞淵宮中之一寡
婦　殿下幼冲先王之一孤嗣等文字　文定大怒元衡將欲

拿殺之忠謙祖沈通源爲首相極救之而止乙巳之禍亦有伸
救之力俞泓黃廷殘具思孟洪聖民南彥經澈之聲勢相倚者
也白惟誠具宬張雲翼黃赫李洽柳拱辰澈之鷹犬也進士成
格李春英宋翼繭爾澈之腹心也誅之則不可盡誅撮其甚
者而錄之牛栗兩公士林之領袖學者師之興起斯文頗有力
焉只緣其所親愛而僻焉爲澈所感終始扶護眷眷不忘澈亦
有所恃而益肆其毒小無忌憚至殺慶士而牛溪終始無一言
以春秋筆法論之則嚴罪惟均余與成文濬會於喪家吊客同
坐中文濬問曰南中議論父親搆殺廉士云公亦聞否荅曰足跡
不向南中久矣宗未聞有此議論文濬曰於公意何如荅曰搆

卷之四四十三 拼一錄‧附晉陽誌

一四三

45

殺之苕余不敢斷定不敖二守後世難免瀆曰語黙之際莫如
不為未果焉又曰松江亦為曖昧余荅曰澈不殺伊誰殺之瀆
不能對守愚曰吾平生無一毫罪犯只與成渾絶交至扵此極
也云、黄恭王子順和君之妻父也壬辰之亂與其父廷或陪
順和君避于北道所過殺戮如麻焚蕩閭閻反有甚扵倭賊北
道人苦之幷玉子廷或父子縛而納降扵倭賊廷或屈膝稱臣
及事定後朝議父子依律定罪　主上貸死而黜之恭西邊無
賴之徒不容扵清議久矣與恭性傳相善恭慌說扵性傳曰浩
元謂人曰當此治達之日必湏擇其西人中謹慎不為生事者
為臺諫終無狼狽之患賊名先及扵其中云之性傳信其說往

一四四

46

見銓相孝陽元曰政柄授亦敗不授亦敗今聞成浩元之言極
其有理黃晦之為先除擬臺諫翌日除掌令赫鼓吻肆惡為一
綱打盡之計浩元聞赫為掌令大驚曰西人自此敗矣嚴後赫
更不入臺府廷或父子以謀殺金宇顯為已任壬辰亂後宇顯
為大司憲獨啓曰廷或錐屈膝賊庭宗元勳大臣小施恩典以
此免死君子共公之心柦此可知晚全洪可臣金玉君子自火
至老無一毫瑕撲習靜先生神道碑官至刑曹判書退歸牙山
驂晚全為洪州牧使時鴻山李顗鶴起兵縛林川郡守朴振圇
本守尹英顕連陷五郡官軍奔潰鄉民響應旬日之内窘至數
千都城震動賊將以為洪州大邑白面書生守之不如先奪洪

卷之四十三 掛一錄·附晉陽誌

一四五

州以援之直到京城進迫洪州公登城誓衆一郡感泣堅守不
戰以視其勢賊將知其不成斬夢鶴以獻賊黨悉平以此封功
後引年致仕許錦孝友出天論議方正居官爲政無一毫私意
非其道雖王公大人不以爲饒　　主上亦知其正明壬辰之後
唐兵充滿四境係弊無所不至定州關西巨邑官庫所儲公然
奪取小不如意則歐打牧使人皆厭避公爲定州牧到官嚴正
自勅恩威并著唐人畏服戎其徒曰此大夫神明不敢犯後拜
慶州府尹未久自　　上下教備局曰義州累經非人將爲棄邑
勿論文武南行耿秋高下薦之備局難其人自　　上特除公搜
差領相柳永慶挾私憾以道里遠遠撥差非便防之公未久卒

一四六

拎慶州朴宜為稷山時唐兵曰忠厚賢大夫不敢作藥竹亭
金榮一形如海鶴飄〻然出塵想卜築義洞林園蕭洒以竹
為樹故騈竹亭島性傅字景善為人有才多氣魄受學退溪先
生許草堂女壻且有時謹一時儕輩皆以善從之遊氣像高元雖柳
相國成龍壓倒之性喜為人之首而不肯下於人李景涵知其
後有斁不許清望衆論罾〻又有自中朋黨之漸西厓以銓相
自南來景善一隊延拔江上言及景善不容於時而見答曰叔
獻扶護鄭澈為士論所棄景涵士流不可與士流爭鋒景善亦
士流袀必知之其時用之亦未晚也未久出拜延安府使蓋景
善在會賢洞景涵在歙義洞以此分為南北　宣廟末年東人

分依南北之人自中歲之分裂或稱清北濁北骨北肉北終為
大中小之北至廢朝一節甚於一節以至國破身亡其宗金相
國應南燕禍胎也李慶全鵝溪山海之子初進浮薄之人薦為
吏郞鄭經世韓浚謙金弘嶷防之應南山海之妹夫漢陰李德
馨山海之女婿兩公主北故慶全一隊依舊在山之勢攻擊南
人無所不至應南未久身死德馨知其漸不可長還入於南㟁
愚心中每以牛溪山林之士與於時事為惜及盧相國遘毋夫
人喪抵書於人曰彼輩既失左台無抵鋸授陳之漸先生聞之
曰此十年人之喪也自此交道遂踈其後先生過牛溪家不問牛
溪心唎之漸成猜貳仍為禍本以三峰為守愚別緖禍將不測

善山居士人金宗儒字醇仲牛溪門人於守愚亦親切人也為
守愚仕見牛溪於坡州泣言曰守愚事先生不可不救之後必
有議牛溪默默良久曰其為人偏僻底人三峯恐是溟別歸也
醇仲曰三峯怪鬼做出之言先生何忍發此言乎歸路訪諸友
於京中曰守愚死矣牛溪無救之意自此遂貳於牛溪之門
牛溪遣其子問候於禁獄及先生出獄又遣其子慰之人謂先
生曰牛溪致教如此可謂不負先生矣先生笑曰此吾所以不
取者也先生再因供辭有曰李珥名重士林一時年少輩援為仕
進之路交口稱譽於臣之笑而不荅以此為詆毀李珥眾謗朋興
此臣之得禍也晉州判官洪廷瑞居官多有不滿人意鄙其為

卷之四十三 掛一錄・附晉陽誌   一四九

人累請見不接以此做作無形之說臣病不能出門已久安與
汝立相會於七百里外之地乎鞫廳請拿致廷瑞面質及廷瑞
拿來之際蒼黃失措謂監官鄭姓人弘祿曰此言得聞於汝〻
毋隱譚監官愕然大驚曰城主何以發此言余之夢寐所不知
之言何以及之於余身廷瑞曰余聞於監官曰此
天㐫之秋奈何廷瑞曰汝與我禍福同事則富貴共之監官俾
應曰諾廷瑞詣獄招辭曰聞於監官其人故監官一時率來卽
拿問監官則答曰矣身之居距其家六十里雖有此事矣身何
能及知崔其杜門不出隣里之人動靜不得聞知况在遠之人
乎判官無根之言無所指的以臣為證臣雖無狀安敢陷賢者

一五〇

不測之地乎寧死爲義鬼不顧生爲不義之人受刑二次放之
廷瑞知其反坐以毒酒饋先生先生即死廷瑞得免先生素之
病專廢食飲朝夕以燒酒一二盃服之廷瑞知其飲燒酒中間
以毒換入守愚臨死氣息奄奄鄭澈遣醫官診脉守愚揮手而
言委官不可診我脉遂逝弟子請言後事先生操筆書正字未
畢畫而終其後權愉上疏伸寃
工曹承議給料先生妻子　　宣廟深悔爲鄭澈所賣每稱毒澈
奸澈邪澈安置江界初特命晉州安置此　　聖主有念存焉守
愚初凶晉州獄士子及品官知與不知聚會獄門幾至千餘人
先生閉獄門不納露宿數日不敢人間曰先生在獄累朔如有

一毫動念否荅曰死生已忘過三十年矣先生謂人曰食慾最
重間曰何以癈此言先生曰余拿入東大門内路邊菜葉濃綠
一欲裹飯喫之心油然生矣仍大笑此先生戲言置死生於度
外視身有若無事者黙思食之心或有此事矣

掛一録終

考政院日記則激之還為委官在庚戌三月十
三日李潑母夫人及稚子之被刑致死在庚寅
五月初四日酉時也里西人為委官之時西
人筆以謂李潑老母之死在同月二十日而
未為委官之時也乃良可痛也

掛一録作者之名不傳而乃已卯名賢李司諫弘幹之
孫鴻山縣監其之弟也尹元衡之妾顈貞有女求婚於
鴻山之家而不聽則元衡大怒陷入死地禍將不測其

一五二

弟曰寧棄一身以續父命遂爲元衡之婿終身自廢云
沈青原金省巖皆其親友也沈青原仍公事徃元衡家
入其婚書室見金之寢具而心鄙之傳言扵人遂成東
西黨論云鴻山子孫今居龍仁韓山士人洪涵之妻家
乃鴻山之後故聞扵子孫如此

附晉陽誌

鄭弘祢字士應仁平之子也性質醇厚鄉黨推許之己丑之變
晉州判官洪廷瑞曰迷賊常徃來崔某家言得聞扵州別監鄭
弘祢弘祢目擊王獄少無胡亂嶺右士林得免
守愚在囚時有人作獄中記曰有晉州人鄭弘祢坐公獄棄被

괘일록(홍중인, 《아주잡록》 권43 수록본)

(『조선 당쟁관계 자료집』(이이화 편) 40, 여강출판사, 1990)

여기서부터 영인본을 인쇄한 부분입니다. 이 부분부터 보시기 바랍니다.

역주자 신해진(申海鎭)

경북 의성 출생
고려대학교 국어국문학과 및 동대학원 석·박사과정 졸업(문학박사)
전남대학교 제23회 용봉학술상(2019)
현재 전남대학교 인문대학 국어국문학과 교수
BK21플러스 지역어 기반 문화가치 창출 인재양성 사업단장

저역서 『토역일기』(보고사, 2020)
　　　『후금 요양성 정탐서』(보고사, 2020)
　　　『북행일기』(보고사, 2020)
　　　『심행일기』(보고사, 2020)
　　　『요해단충록 (1)~(8)』(보고사, 2019, 2020)
　　　『무요부초건주이추왕고소략』(역락, 2018)
　　　『건주기정도기』(보고사, 2017)
　　　『심양왕환일기』(보고사, 2014)
　　　『심양사행일기』(보고사, 2013)
　　　이외 다수의 저역서와 논문

괘일록 掛一錄

2020년 8월 31일 초판 1쇄 펴냄

지은이 이조민
역주자 신해진
펴낸이 김흥국
펴낸곳 도서출판 보고사

책임편집 이경민
표지디자인 손정자

등록 1990년 12월 13일 제6-0429호
주소 경기도 파주시 회동길 337-15 보고사 2층
전화 031-955-9797(대표)
　　　02-922-5120~1(편집), 02-922-2246(영업)
팩스 02-922-6990
메일 kanapub3@naver.com/bogosabooks@naver.com
http://www.bogosabooks.co.kr

ISBN 979-11-6587-086-7 93910
ⓒ 신해진, 2020

정가 23,000원